旧格局与新周期

全球金融周期下的中国经济

赵巍华 徐以升 著

中国友谊出版公司

图书在版编目(CIP)数据

旧格局与新周期:全球金融周期下的中国经济 / 赵巍华,徐以升著. -- 北京:中国友谊出版公司,2015.4

ISBN 978-7-5057-3509-5

Ⅰ.①旧… Ⅱ.①赵… ②徐… Ⅲ.①中国经济 – 研究 Ⅳ.①F12

中国版本图书馆 CIP 数据核字(2015)第 067405 号

书名	旧格局与新周期:全球金融周期下的中国经济
作者	赵巍华　徐以升
出版	中国友谊出版公司
策划	杭州蓝狮子文化创意有限公司
发行	杭州飞阅图书有限公司
经销	新华书店
印刷	杭州钱江彩色印务有限公司
规格	710×1000 毫米　16 开 20.25 印张　289 千字
版次	2015 年 4 月第 1 版
印次	2015 年 4 月第 1 次印刷
书号	ISBN 978-7-5057-3509-5
定价	49.00 元
地址	北京市朝阳区西坝河南里 17 号楼
邮编	100028
电话	(010)64668676

目 录

序 /高坚 001

推 荐 005

上部 "旧格局"

第一章 起点2001：产能与货币共同融入世界 003
- 第一节　融入国际生产分工体系和国际货币金融体系　007
- 第二节　投资与出口主导的高增长时代　014
- 第三节　美国财政金融扩张以及中国过剩储蓄主导全球化繁荣　022

第二章 货币金融是过去10年经济的中心环节 031
- 第一节　全球经济从共同繁荣走向大分化　035
- 第二节　货币金融和实体经济的关系：并非虚拟和实际　046
- 第三节　再谈中国经济：从实体经济与货币金融的三重对应关系出发　051

第三章 外汇占款创造基础货币机制的兴衰 065

第一节　央行"被动"主导的基础货币发行机制　069

第二节　外汇占款的兴衰与全球经济结构失衡、再平衡　083

第三节　对基础货币发行机制的进一步探讨　089

第四章 "大"政府推动下的信用繁荣 095

第一节　银行业信用扩张的繁荣10年（2001年至今）　100

第二节　"大"政府推动旺盛的债务融资需求　108

第三节　非常规货币政策与信用繁荣　113

第四节　扩散的政府信用保证加剧信用扩张　119

第五章 资产负债表视野下的"高增长时代" 129

第一节　债务扩张主导的非金融部门资产负债表膨胀　133

第二节　"赶英超美"式的金融机构资产负债表扩张　141

第三节　资产负债表是一面镜子　154

下部 "新周期"

第六章 美元与全球货币金融、经济新周期 161

第一节　美国财政从全面扩张到相对收缩　164

第二节　美国再工业化收窄经常账户赤字　171

第三节　美元汇率从弱势周期转强势周期　179

第四节　全球进入美元紧缩周期　183

第五节　美元紧缩周期下的中国经济金融变化　187

第七章 基础货币发行机制由"外生"转为"内生" 191

第一节 人民币基础货币发行方式面临转变 196

第二节 基础货币发行方式转变的路径 205

第三节 与基础货币发行方式转变相关的一些深层次问题 212

第八章 债务压顶呼唤平稳的去杠杆进程 223

第一节 去杠杆进程难以避免 227

第二节 多因素联动的动态债务杠杆分析模型 233

第三节 "漂亮"的情景：相对平稳的去杠杆进程 243

第四节 "丑陋"的情景：相对动荡的去杠杆进程 264

第九章 中期利率和汇率政策在夹缝中艰难平衡 269

第一节 大转型中的人民币汇率 273

第二节 人民币汇率走向何方 282

第三节 对货币和汇率问题的再思考——中心货币、次中心货币和外国货币 292

后 记 301

序

国家开发银行原副行长 高 坚

冷战结束之后特别是21世纪以来,对全球经济、金融和政治等格局影响最大的事件当属中国崛起。中国崛起首先也主要体现在经济总量和增速层面。21世纪头10年,中国经历了翻天覆地的变化。中国一跃成为世界第二大经济体。一直以来,我的看法是中国经济迎来了两个机遇:从需求方面看,中国加入世界贸易组织(WTO)大大增加了各国对中国加工品的需求;从供给方面看,基础设施的改善,大大提升了加工业的劳动生产力。而基础设施的改善是和国家开发银行自21世纪初开始的基础设施投资分不开的。

这种需求和供给方面的机遇有特定的历史条件。关于这一轮高增长的起源、实质和前景,曾有不少书籍和文章进行过讨论和分析,这些讨论大多围绕人口因素、实体经济和产业格局等层面展开。赵巍华和徐以升的《旧格局与新周期》更深刻地揭示了产生这两个机遇的历史条件,并提出了"新周期"的思想。我认为年轻人研究这样深层次的问题是难能可贵的。

《旧格局与新周期》一书的角度比较独特,该书站在全球和国内货币金融格局的角度,通过货币金融对实体经济多层次的影响机制,全面、系统且深入地梳理了2001年以来中国经济"旧格局"的多个方面。阅读本书,能使读者从一个较新颖的角度更好地理解中国经济的过去、现在和未来。本书从多个层面梳理并分析了2001—2013年中国经济的"旧格局"。

从国民经济核算角度看，这一时期我国经济增长由投资和出口主导；从资产负债表角度看，我国经济增长是由地方政府部门和非金融企业部门主导的资产负债表扩张所推动，所有非金融部门的资产负债表均大幅扩张。投资增长需要融资扩张支持，没有融资扩张就没有投资增长。2008年以后，经济增长越发依赖投资增长，而融资的扩张越发依赖外部的债务融资膨胀；非金融部门资产负债表扩张需要负债或者所有者权益端扩张来与之匹配，2009年以来通过债务融资撬动财务杠杆是资产负债表扩张的最主要动力。

2009年以来，融资扩张形成了债务的堆积，而投资增长则形成了产能和资产供应过剩。产能过剩与债务堆积是相生相伴的一对问题。由于债务融资的期限较短，而过剩产能的流动性较差等原因，因此债务的再融资或者债务问题的化解往往是更为紧迫和重要的问题。

由于"旧格局"下投资欲望过于强烈，因此长期以来融资决定着投资。融资主要是金融部门提供的，信用的创造往往对应着债权债务关系的形成。央行通过基础货币供给向金融机构和非金融部门提供融资，而商业银行为代表的金融机构则通过自身的信用媒介作用在对外提供融资的同时派生信用。在"旧格局"下，央行的基础货币供给是由外汇占款主导的，即央行大致以其外汇资产为背书来投放基础货币。而央行外汇资产最终来源于国际收支。2010年以前，我国国际收支盈余主要是由经常项目盈余来提供，而这种盈余既植根于中国过剩储蓄和美国双赤字的全球经济结构性失衡格局，也植根于全球化进程繁荣时期的产业跨国转移。2010年以来，国际收支盈余变动主要由资本项目变动来影响，美联储非常规货币宽松政策的出台和谢幕通过资本项目对我国资本项目盈余的变动产生了重要影响。"旧格局"下金融机构的信用派生受到大政府主导下信用供给和需求的影响。政府信用支持和后发国家非常规宏观政策等因素，使得金融部门的信用供给和非金融部门的信用需求均很强烈。政府信用广泛介入信用环节，也使得"刚性兑付"和"风险大锅饭"普遍存在。

温故是为知新，通古是为鉴今，我国经济正告别"旧格局"并迎来"新周期"。2008年后，特别是2013年以来，随着美国经济和政策转向、欧日等经济在底部震荡，以及中国等新兴市场国家的结构性问题持续积累等，全球经济进入相对收缩的低增长时代，全球化呈现明显的退潮之势，我们正迎来不同于以往几十年的"新周期"。近几年来，全球国际贸易增速持续低迷，国际贸易在全球经济总量和增长中的作用下降，部分国家正大力推动跨太平洋伙伴关系协议（Trans-Pacific Partnership Agreement，TPP）和跨大西洋贸易与投资伙伴协议（Transatlantic Trade and Investment Partnership，TTIP）等高标准的贸易区域化框架，以取代WTO下低标准的贸易全球化框架。而我国恰恰是10余年来WTO框架下最大的受益者。作为主导货币国的美国，其财政和贸易双赤字持续改善、美联储开始逐步收紧非常规的货币宽松政策，这使得大量美元不断从全球市场回流美国，全球市场的美元供给趋于紧缩，跨国金融活动有收缩之势。2001—2013年美国先后通过经常项目和资本项目对外（主要是新兴市场国家）输出美元，这近似等同于美联储对新兴市场实施货币宽松政策；而当美元趋势性回流，则意味着美国对前些年大举借入美元债务的新兴市场国家实施货币紧缩政策，美元走强背景下新兴市场持续承压也就在所难免。

  由于2008年之后低效率的投资"狂飙突进"，我国非金融部门债务规模和过剩产能规模均井喷，经济增长动力不断下降，微观层面比宏观层面寒意更甚。对我国而言，当下的要务在于设法收拾"旧格局"下狂欢后散落的一地鸡毛（产能过剩、债务高企、微观活力不足等），并通过改革挖掘红利应对较为寒冷的"新周期"。从"旧格局"到"新周期"绝非一个轻松的历程，"旧格局"下遗留和堆积的各种问题纵横交织、错综复杂，不少矛盾交织的敏感点往往牵一发而动全身。我国未来经济增长的瓶颈是体制上的约束，基本的生产要素，如土地和资金的价格还没有完全放开。金融领域改革的重点，比如利率和汇率的市场化仍未完成。国家的经济管理职能的改革是一个长期任务。"基础货币发行机制转型"、"债务去杠杆"和"人民币汇率"是本书所强调的新旧转型过程中三个矛盾集中点。

  最后，在全球众多国家结构性问题凸显的背景下，各国难有通过无痛改革走出困局的可能，有时是需要在审慎谋定的基础上大刀阔斧、敢于担当的决心和勇气。在复杂的形势下，目标太多也往往难以顾全，当各目标发生矛盾时，需要客观分析短中长期的利害得失，有取有舍、以大局为重。

　　本书通过对这三个主题的深入分析，讨论了财政预算改革、货币政策转型、人民币国际化等众多举足轻重的重要话题，展望了中国经济在"新周期"中的若干图景，值得一读。

推 荐

房四海（申万宏源证券集团总部首席经济学家、香港九方宽客宏观研究院院长）：

1987年诺贝尔经济学奖得主索洛的索洛经济增长模型，对美国宏观计量实证的结果表明，支撑美国100多年经济增长的反而是索罗残差，即全要素生产率（TFP）。这一歪打正着的宏观计量结果，正是索洛经济增长模型隐含的唯一亮点。这也是中国十八大之后新一代领导人反复强调的，中国增长必须从要素驱动向创新驱动的宏观计量经济学之依据。

然而，即便是在创新最前沿的美国，也走了一些弯路。2001—2007年美国国家资产负债表靠加杠杆的手段，以房地产泡沫支撑发展的模式，终于引发2008年的全球金融危机。但目前走出这一危机的唯一国家还是美国，美国走出危机的方式就是整体去杠杆，鼓励产业和社会创新。

《旧格局与新周期》论述的就是这一事实，本书从货币锚、国家资产负债表，以及全球产业链再平衡，这个三位一体的全球宏观最核心的主题出发，客观论述了过去的全球事实，并对未来做了展望。

经过本轮危机，美元体系比过去更强大了，这得益于美国国家总体去杠杆和美国新产业的兴起。货币锚稳健，去杠杆既非要素驱动而是新产业兴起，全要素生产率提高，看起来是三个问题，其实逻辑指向一致。

目前中国宏观政策的主要指向，反腐败、放松管制从而鼓励创新，降低杠杆并鼓励人民币走出去。我们相信中国的未来会更美好。本书出版正是时候。

李蓓（上海泓湖投资管理有限公司投资总监）：

本书全面、严谨、客观、科学。以全球互联互动的框架，分析了央行、财政、银行体系、实体企业4大主体的动态关系的发展变化。对于一些焦点问题的讨论，有着基于科学方法的深度分析。例如：讨论4种不同的基础货币发行机制对宏观经济各主体的影响；运用高等数学以微分建立动态债务杠杆分析模型，分析影响一国债务杠杆水平趋势的因素等。

该书的特点使得它非常适合用来了解当代经济的背景，并学习科学严谨的分析方法。我能想到的非常适合本书的读者群体是，高校经济类学生、金融市场上的周期性行业分析师和商品分析师等。

刘海影（上海国富投资管理有限公司合伙人、首席经济学家）：

中国经济奇迹正遭遇30年来最大的挑战。波谲云诡的局势中，大格局把握最重要，本书打通金融与实体、中国与国际、债务与汇率，以新颖的实体经济与货币金融三重对应关系分析框架，对中国经济与金融未来需要应对的挑战做出了精彩分析，提前预言了即将到来的金融经济新周期。

孟原（太平洋投资管理公司亚太投资决策委员会委员）：

无可奈何花落去，似曾相识燕归来。难破难立，中国债务推动投资的旧格局似乎已经难以为继，结构改革举步维艰，"新常态"[①]的平衡艰难摸索尚未确立。

2015年，全球主要经济体宏观政策走势日益分化，美国经济复苏势头良好，美联储即将结束零利率开启加息周期，欧洲、日本加码量化宽松（QE）对抗通缩增长压力，新兴市场经济和大宗商品艰难挣扎。

《旧格局与新周期》涉及的都是"Billion Dollar Question（非常重要的问题）"：

[①] "新常态"（New Normal）是太平洋投资管理公司（PIMCO）在2008年金融危机之后创出的新名词，表示宏观经济从繁荣—衰退周期到正常的恢复过程，即经济转型、再平衡过程。——编者注

新年伊始，外汇与大宗商品市场巨幅波动由何驱动？美联储货币政策紧缩，外围新兴市场是否重蹈20世纪90年代危机覆辙？中国如何平稳去杠杆，防范"明斯基时刻"（即资产价值崩溃时刻）和债务通缩？财政改革如何化解政府信用推动的债务金融风险？央行货币政策在利率调控、数量调控和汇率稳定多目标约束下如何艰难选择？世界第二强的人民币汇率走势政策如何抉择利弊？怎么理解钱荒不断的利率市场的重重迷雾？

认识作者徐以升多年，每次对谈都获益良多，他虽非市场第一线的投资者，但局外人的超脱和笔耕不已的勤奋往往使他获得不同寻常的客观视角。

三类读者会从这本新作中获益良多，第一类是财经货币当局的宏观决策者和研究人员，本书立论视野宏大，追溯2000年来国际经济金融波动和国内信用投资资产周期的共振，探索中国财政货币信用利率汇率的复杂联系，对"新常态"下的宏观决策有重要参考意义；第二类是我们这样的金融市场第一线，特别是固定收益投资交易者，本书从纷繁复杂的宏观经济、政策、市场信号中梳理提炼出有逻辑的分析框架，信噪比极高；第三类是金融、地产、贸易等企业的管理人员，相比市场上汗牛充栋的宏观经济著述，本书作者是大胆假设小心求证的诚实思考者。

莫泰山（上海博道投资管理公司董事长）：

本书既有对中国经济"旧格局"来龙去脉的梳理，又有对"新周期"的特点和宏观政策应对的系统思考，既有开阔的大视野，也有对核心问题模型化的雕琢，实为对当前"新常态"下经济、金融体系研究的一本力作。对本书印象最深有三个方面。

第一，站在全球尤其是中美的角度思考中国经济的问题。认为"旧格局"的形成，是中美各自的结构性失衡在一起有效平衡的结果，而今天的"新周期"，也和金融危机后这种平衡的打破有关。在中国已经深度融入全球化的今天，站在全球的角度思考问题，而不是就中国而论中国，有利于全面、系统地分析和把握问题。

第二，提出中国实体经济和货币金融存在的三重对应关系。这应该是一个较好理解中国经济和金融的分析框架，道出了货币和经济互为表里的关系，也有利于全面理解我们的"旧格局"，更有助于我们思考如何应对"新周期"。

第三，对中国经济如何"漂亮的去杠杆"做了系统的思考。债务杠杆率过高是各个经济体都需严肃面对的问题，书中通过模型刻画，而在此基础上提出的很多思考和政策建议，非常具有参考意义。

缪子美（荷宝投资管理集团亚太股票联席主席兼中国首席投资总监）：

中国每年的国内生产总值增长超过50%是由政府或国企的投资所带动的，经济金融政策的转变是我们作为股票市场投资参与者的必修课题。作者以金融从业人员的语言来陈述各种经济问题的来龙去脉，很有创意及独特的见解。

投资者在股票市场上最容易犯的错是顺应市场随波逐流，短线投机，忽视研究总体宏观经济的基本功，细读本书将对投资者提升内功大有帮助。

彭文生（中信证券全球首席经济学家）：

本书聚焦货币金融体系与实体经济的相互联系，重新审视驱动中国经济周期的机制和因素，有别于传统的划分实体与虚拟经济的视角。在这个框架下，作者对债务压力的来龙去脉、人民币汇率前景等关系当前经济运行和未来发展的热点问题提出了独到的分析和观点，值得一读。

孙涛（国际货币基金组织高级经济学家）：

格局和周期，是分析过去、把握现在、展望未来的关键视角。把握格局便于定位空间，摸准周期便于锁定时间。古往今来，既有以空间换时间的经典案例，也有以时间换空间的砥砺故事。《旧格局与新周期》把时空经纬联系在一起，结合中美经济金融格局演变，对比中美经济金融周期，分析了全球经济失衡、美元升贬周期、国内经济增长模式转换、资产负债表扩张、债务压力及去杠杆化趋势等当前许多国家面临的重大问题，探讨了旧格局和旧周期向新格局和新周期的转换。该书资料翔实，论证有力，有助于读者理解当前国内外经济金融格局和发展趋势，对思考中国改革尤其是金融改革具有借鉴意义。

唐毅亭（北京乐瑞资产管理有限公司董事长）：

我上大学的时候，总觉得货币银行学很难学进去。工作以后，又曾有相当长的一段时间负责银行的资金交易和债券交易业务，其中重要的内容就是与央行公开市场操作作为对手方。令人惊讶的是，2000年以来央行的货币政策和公开市场操作完全不同于货币银行学教科书上的标准操作。仔细揣摩，原理上是相同的，但是表现形式完全不一样。主要原因是货币银行学教材源自西方货币金融实践，而2000年以来我们国家的货币金融条件完全不同于西方国家。

本书对2001年以来的货币金融格局进行了非常好的梳理和总结，建立了以外汇占款为基础货币投放之源，以金融体系资产负债表大规模扩张为特点的"旧格局"经济运行框架。在旧格局中，投资高涨、产能过剩、资产价格飙升。与其相对应的是金融部门资产负债表大幅扩张，非金融部门负债率直线上升，经济运行效率恶化。在"新周期"里，过去的外汇占款投放渠道萎缩，金融部门资产负债表扩张速度降低，非金融部门去杠杆正在进行时。

本书更像一本完全源自我国货币金融实践的货币银行学，解决了很多传统的货币银行学教材无法解释的问题，是一本学习了解中国货币金融格局的必读好书。

王家春（中国人保资产管理股份公司首席经济学家）：

这本书突破了目前依然多见的"就中国论中国"和过分聚焦于"增长/通胀"的狭窄框架，把中国经济置于世界货币金融经济体系尤其是"中美循环"的大格局之中，全面把握货币金融体系与实体经济之间的交互影响，进而对中国经济由"旧格局"向"新周期"切换的必然性以及"新周期"主要特征，给出了全面、独到的分析。对于机构与个人投资者思考其长期资产配置，此书很有启发意义。

薛澜（禾其投资合伙人）：

2001年是中国的一个历史性的转折点，虽然之前已经改革开放20多年，但中国仍然是一个在很多人眼中封闭的运行体。但随着中国加入WTO，中国作为世界经济最重要的一分子开始崛起。这是整个世界经济政治布局的新起点。

在《旧格局与新周期》中，作者以货币金融为出发点，详尽地讨论了实体经济过去15年来如何面对境内外局势的剧变而转变。这期间，中国经历了加入WTO后外贸急升带来的失衡，美国"9·11恐怖袭击事件"之后的极度信贷扩张以及随之而来的金融体系的崩溃，国内流动性过剩带来的房地产泡沫和产能的急剧过剩，以及金融危机后全球量化宽松而国内反其道而行的紧缩。

迈入2015年，中国金融政策又站在一个新起点，需要面对即将到来的美国加息周期，国内经济的不振。创立亚投行以期在国际货币金融上有更多话语权，但随之而来的政治经济两方面的挑战亦会不可避免。

温故知新，这本书提供了很多扎实的分析，帮助我们在众多的不确定中找到一些对前景判断的可靠依据。

徐小庆（敦和投资有限公司宏观策略总监）：

作为一名曾经从事债券研究的分析师，我认为本书提供了一个很好的框架去理解为什么2003—2013年这10年中国利率中枢在不断上移，其对应的正好是美元弱势周期，引发了中国货币快速扩张、高通胀以及企业过度加杠杆，而书中也详尽分析了在新周期中上述各方面已经或者将要发生的重大变化，随着美元强势周期的到来和中国经济开始去杠杆，低通胀低增长将成为常态，利率中枢或许重新下移，并进而对各类资产的定价产生深远影响，相信从事投资的朋友们都能从书中获得很大的启发。

杨爱斌（北京鹏扬投资管理公司总经理）：

当前中国经济已正式步入"新常态"发展阶段，如何准确理解中国经济"新常态"的内涵，如何正确把握未来中国经济金融政策的大趋势，如何积极防范化解中国经济转型期的经济金融风险，市场是存在一定分歧和广泛争论的。赵巍华和徐以升合著之《旧格局与新周期》，立足大视野，基于大周期，系目前本人所读到的国内最深刻最全面对上述问题进行探讨和思考的专著，欣然推荐。

本书首先全面地阐述了中国高投资、高储蓄、高出口的旧经济增长模式的形成根源，系统论述了中国实体经济的高增长与中国货币金融体系快速扩张的高度相关性，并深刻指出其实质是以中美两国为典型代表的全球经济失衡关系的互为映射的自然结果。2008年金融危机的爆发，反映全球经济失衡达到史无前例的程度，其背后根本原因是以美国为代表的逆差债务国无法在如此高的债务水平继续履行偿还债务，而以中国为代表的顺差债权国也不愿意继续增加债权而转向实物资产并推高全球通货膨胀水平，并最终摧毁美国金融部门和私人部门的高杠杆运作模式。

2013年以来，全球经济出现"大分化"的新格局，集中表现是英美等发达经济体逐步走向复苏，但在金融危机前后表现良好的新兴经济体反而面临回落风险。本书指出，其原因是金融危机后作为全球经济失衡一方的发达经济体，如英美等发达国家凭借全球储备货币的地位，通过量化宽松的货币政策压低名义利率和汇率水平，逐步控制政府债务过度扩张，显著降低非金融部门的债务杠杆水平，实现了经济金融的大调整，即所谓漂亮的去杠杆。但非常遗憾的是，作为硬币另一面的新兴经济体国家，如中国、巴西和俄罗斯等资源国，未能在金融危机后调整结构，反而在外部资本流入压力下，在政府信用支持下，通过各种形式的货币信贷放松，进一步刺激房地产、基础设施或工业产能等固定资产投资，形成当前产能过剩、债务压力加剧的不利局面。

针对当前我国债务杠杆风险如何化解的问题，本书前瞻性地提出通过降低融资成本、控制温和通胀、在全面深化改革推动下建立依靠经济转型升级和生产率提升的创新驱动型增长模式，实现经济可持续、更加均衡增长，并最终实现所谓"漂亮的去杠杆"，规避过度紧缩或恶性通货膨胀主导的所谓"丑陋的去杠杆"。

不仅如此，本书还详细探讨了人民币汇率政策如何选择，为实现中国经济成功转型和化解金融风险争取时间和空间。事实上，我们认为人民币汇率的低估在旧格局的形成有着核心关键因素的作用，在"新常态"下，在美元走强、人民币汇率软钉住美元的背景下，人民币实际有效汇率逐步走向高估将加剧中国经济的转型风险，这需要政策制定者在制定人民币国际化、资本项目开放等重大政策上要极为慎重。

总之，本书理论基础扎实，专业水准颇高，值得一读。

张晓朴（中国银监会政策研究局副局长）：

本书的研究基于实体经济和货币金融的三重对应关系：投资—融资、资产—负债、资产价值—货币供给，对我国经济格局的演变历程和一些重要问题给出了较为独特的分析，同时从债务去杠杆、人民币汇率机制改革、基础货币发行机制转型三个方面给出了新周期的应对举措。本书视角新颖，逻辑清晰，非常值得一读。

张智威（德意志银行大中华区首席经济学家）：

中国经济上一轮的繁荣周期从2003年开始启动，其主要特征是高投资和大量的贸易盈余，其间伴随着房地产的持续繁荣和财政收入的高速增长。在国际上，与此对应的是美国的贸易赤字和低储蓄率，分析人士也将中美经济和金融之间的这种紧密联系称为"Chinamerica（中美国）"。但是2008年金融危机之后，这种模式发生了深刻的变化。美国家庭部门（household sector，又译"住户部门"、"居民部门"）的储蓄率开始提高，政府部门的资产负债表加速膨胀，对外贸易则出现了盈余；中国的企业部门杠杆率快速上升，地方政府债务问题日益严峻，在贸易盈余减少的同时还出现了更频繁的跨境资本双向流动。

中国经济在新的国际环境下如何应对这些挑战？赵巍华和徐以升两位学者在本书中给出了自己的答案。他们的分析不局限于现象的描述，对经济面临的风险没有回避，而是通过设立清晰的分析框架来讨论未来可能出现的不同情境，并且提出解决方案。分析方法既借鉴了国际前沿的思想，又切合中国实际情况。本书展示了作者广阔的国际视野和对当下市场关心的宏观问题的敏感，对政策制定者和投资者具有很高参考价值。

（以上排名按音序排列）

上部 "旧格局"

第一章
起点2001：产能与货币共同融入世界

新世纪以来，中国经济经历了一个全球化主导的繁荣时代。2001年是关键的起点年，拉开了一轮波澜壮阔的经济高增长时代的帷幕，其中2002—2007年更是中国经济发展的黄金时代。经过这一时期的高增长，我国经济、金融以及国家的基本面貌发生巨大改变。

2001年之后，以加入世界贸易组织(WTO)为契机，中国经济进一步全球化，实体经济更深地卷入国际生产分工体系，我国货币金融体系与国际货币金融体系的联系更趋紧密。在这10余年中，我国经济发生的重要变化可概括为"一表一里"。

"表"主要体现在实体经济层面的高增长。投资和出口主导的经济增长模式成果辉煌，我国经济总量从世界第六跃居世界第二，2013年实际国内生产总值（GDP）较2001年增长317%，同期名义GDP增长519%。产能和资产规模快速扩张，工业化和城市化快速推进，房地产、土地和大宗商品等大类资产市场出现长时期价格上涨的繁荣局面。

"里"主要体现在货币金融层面的规模扩张。被贸易部门消化的过剩储蓄通过净出口转化为经常项目下的高盈余。与此同时，由于外商直接投资（FDI）和热钱流入增多也使得资本项目下持续盈余。在央行出资购买外汇储备等制度安排下，持续的国际收支双盈余引致高增长的外汇占款,这既催生了以外汇占款为主导的基础货币发行机制,也使得央行资产负债表规模于2006年就已位居世界各国央行之冠。在积极的财政政策和非常规的货币政策等支持下,我国债务融资规模快速扩张了10余年,推动我国货币供应量(以广义货币M_2为度量)早早跃居世界第一。

第一节
融入国际生产分工体系和国际货币金融体系

世纪之初的2001年是风云变幻的关键年,这一年发生了诸如阿富汗战争等众多影响深远的大事件。在今天看来,其中两大事件至为重要,深刻地改变了新世纪以来的国际政治、经济和金融格局,对之后10余年的中国经济和金融影响深远。

中美关系改善为中国经济进一步融入全球化奠定基础

第一件大事是当年震惊世界的"9·11恐怖袭击事件"。

美国是当今世界的头号强国,也是包括经济金融秩序在内的国际秩序的主要制定者和维护者。客观上说,中美关系是中国最重要的外交关系,对中国经济的全球化进程有重大影响。冷战结束之后的1997—1998年,是20世纪末中美关系的高点,克林顿政府更是于1997年将中美关系定位为"战略合作伙伴"。但好景不长,因一系列双边摩擦事件影响,1999年后中美关系迅速降温。2001年1月上台的共和党小布什政府更是带有较为浓厚且强硬的保守主义,在国际关系上奉行单边主义外交路线,将中国崛起视作美国及现存国际秩序所面临的重大外部挑战。小布什政府在执政之初便改变了其前任克林顿政府对中美关系的定位,更多地将中国作为美国的"战略竞争对手"加以防范和遏制。中美关系随之进一步陷入低潮,2001

年两国局部摩擦不断且双边关系有紧张升级之势。紧张的中美关系给中国对外贸易等带来诸多外部不确定性，不利于中国经济进一步融入全球经济的进程。

但是，2001年9月11日震惊世界的恐怖袭击事件促使中美关系走向缓和并逐步升温。"9·11恐怖袭击事件"的发生既标志着极端国际恐怖主义发展到了新阶段，也表明崛起中的国际恐怖主义势力才是美国以及国际社会的头号共同敌人。该事件促使小布什政府的外交政策重心转向推行全球合作反恐的战略，美国外交政策的大转向为中美关系由冷转暖提供关键契机。之后美国与各大国合作反恐的需要凸显了中美之间的共同利益，这促使小布什政府逐步调整其上台之初所采取的大力遏制中国的战略。在美国官方外交语言中，中美关系也从"战略竞争关系"升格为"建设性合作关系"。之后虽然小的双边摩擦仍时有发生，但总体上中美两国进入政经联系日益紧密的新时期。中美关系的升温为中国日后进一步融入国际生产分工体系和国际货币金融体系打下了良好的国际关系基础。

此外，为稳定受"9·11恐怖袭击事件"冲击后疲弱的美国经济，美国联邦政府出台了一系列财政刺激政策，美联储也两次降息以稳定金融市场和美国经济。而之后美国主导的国际反恐战争持续多年，使得美国国防开支等高烧不退，推动美国财政支出持续扩张。2001年后，美国联邦财政赤字率不断攀升，直至2009年攀顶。

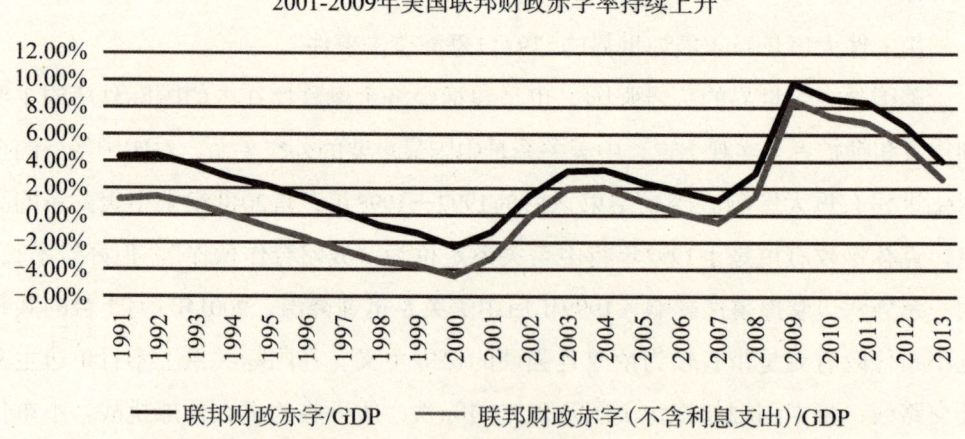

图1-1 1991年以来美国联邦财政赤字率走势

资料来源：Wind资讯，中信资本

从2001年"9·11恐怖袭击事件"到2004年6月30日美联储开始连续加息,由于美联储货币政策宽松以及大量国际资本流入,美国经济和金融市场的流动性环境总体宽松、各期限国债利率均有所下行。这侧面显示联邦政府公共需求增加并未显著挤出私人部门投资,从而美国的财政赤字推升了美国经济的总需求。从2004年6月到2006年6月,美联储连续17次提高联邦基金目标利率,联邦基金利率从1%提高到5.25%,累计上行425基点。但由于中国等外国央行所增加的外汇储备继续大量投入以债券市场为主的美国金融市场,因此美国中长端国债利率上行幅度仅约100基点。在2005年6月底前,虽然美联储加息导致短期利率上行超200基点,但5年期以上的长端国债利率几乎没有上行,甚至较美联储加息前还略有下行,这种情形一度被时任美联储主席格林斯潘称为"利率之谜"。于是乎,虽然美联储加息使得2004年后美国总需求趋弱,但由于市场流动性充裕和市场利率上行速度偏慢,因此在2007年6月次贷危机爆发并升级前美国经济总需求增长下滑幅度有限。

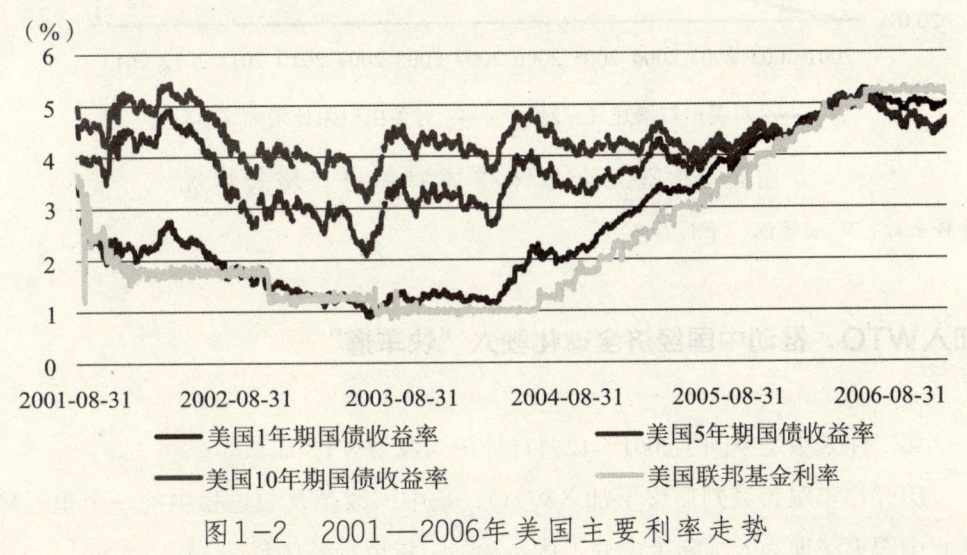

图1-2 2001—2006年美国主要利率走势

资料来源:Wind资讯,中信资本

此外，美国国内总需求旺盛和国内总供给能力相对不足所导致的过剩总需求为全球其他国家的贸易部门提供了良好的机会。由于美国私人部门投资需求旺盛且联邦财政赤字相对较高，因此美国经济总需求相对旺盛。但这一时期美国国民储蓄不足，这也体现为美国国内总供给能力不足，于是其国内总需求存在一定程度过剩。这自然增大了美国进口全球商品和服务的需求，给中国贸易部门创造了快速增长的契机。

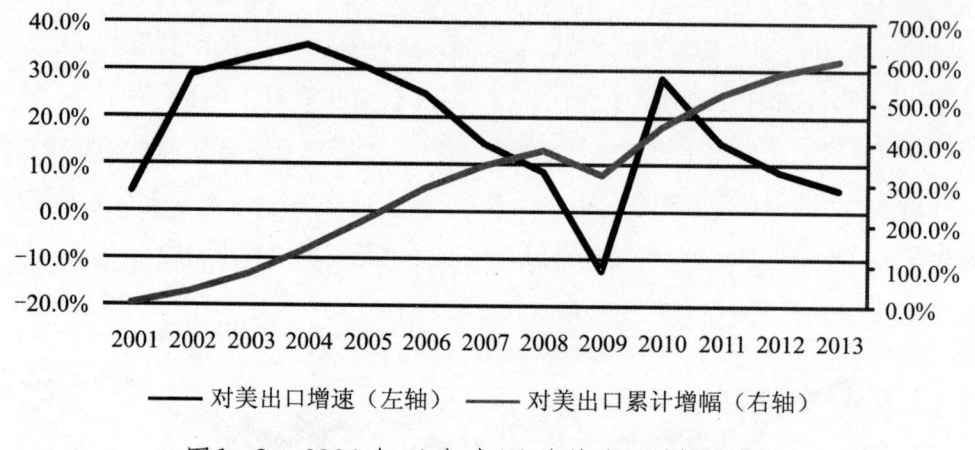

图1-3　2001年以来中国对美出口增长情况

资料来源：Wind资讯，中信资本

加入WTO，推动中国经济全球化驶入"快车道"

第二件大事是中国于2001年12月11日正式成为WTO成员。

历经13年艰苦谈判后终于加入WTO，是中国改革开放进程中的一个里程碑，从此中国更深地融入国际生产分工体系和国际货币金融体系。

2001年之后的数年，全球经济处于上行周期。加入WTO打破了诸多长期困扰中国经济的贸易壁垒，为我国分享全球化进程带来的经济增长盛宴创造了关键条件。实事求是地看，在2001年后的全球化盛宴中，中国是最大的受益者之一。

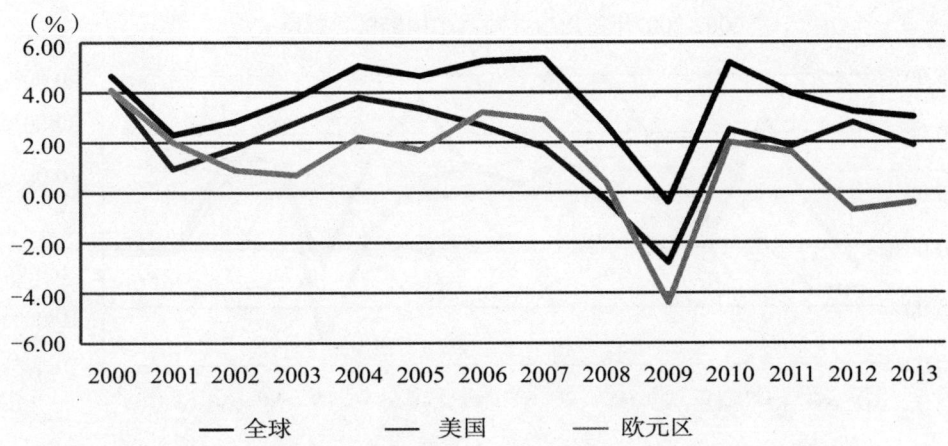

图1-4　2000年以来全球和主要经济体实际经济增速

资料来源：Wind资讯，中信资本

以今日眼界观察昨日之事，可见加入WTO对我国经济和金融的影响主要有以下几点。

第一，中国经济更深地融入全球生产分工体系，中国制造业成为全球分工链条中的重要一环。通过参与在全球范围内优化配置资源，中国制造的竞争力、中国经济的整体效益以及全要素生产率增长率在这一时期得到明显提升，特别是在2002—2007年这一中国经济的黄金时代。

第二，贸易部门崛起，一度成为拉动经济增长的最重要引擎之一。快速发展的贸易部门和扩大的贸易顺差，利于我国通过对外贸易消化在20世纪90年代堆积的过剩产能，为国内大规模基础设施建设和房地产开发等固定资产投资积累资金，并极大地重塑了国内的产业格局。另外，由于出口部门产业集聚的规模效应，一批经济分工协作密切的城市经济带（如长三角和珠三角城市群）快速发展，我国进入一个工业化和城市化进程加速向前并互相提振的时期。

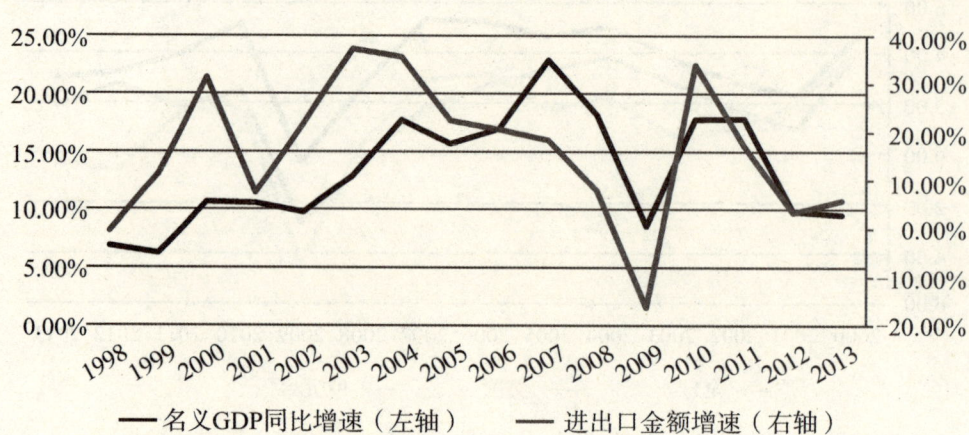

图1-5　1998年以来中国名义GDP同比增速和进出口金额增速

资料来源：Wind资讯，中信资本

第三，中国更深地融入了国际货币金融体系，央行外汇占款成为我国基础货币供给的主渠道，我国整体流动性从偏紧走向过剩。2001年之前，我国基础货币供给主要依赖央行的再贷款、再贴现等投放渠道，国内流动性总体偏紧。2001年之后，在资本项目未开放、人民币不可自由兑换以及强制结售汇等制度安排下，经常项目下由贸易部门带来的大量净出口和资本金融项目下快速增长的外商直接投资等，都导致央行口径外汇占款快速增长，央行外汇占款也成为10余年间我国基础货币供给的主渠道。人民币基础货币投放事实上依靠美元资产为主的外汇储备来背书，人民币汇率和美元也从未真正脱钩。高能的基础货币快速增长，既直接增加了金融机构和金融市场的可用资金，也间接推动了金融体系的信用创造，使我国流动性从之前的偏紧走向相对过剩，并一度流动性泛滥。而央行用外汇占款购买的外汇储备则主要投向以美国固定收益市场为主的金融市场。这既使得我国在另一个层面更深地融入国际货币金融体系，也使得中国在国际货币金融体系中的重要性显著提升。

第四，基建和房地产开发等主导的投资逐渐成为经济发展的主引擎。一方面贸易部门积累的过剩流动性，为资金密集型的基础设施建设和房地产开发提供了较好的流动性支持。另一方面，基础设施建设和房地产开发等固定资产投资带来的巨大债务融资需求也推动了金融系统更大规模的信用创造。而投资相对刚性的高增速使得其所对应的债务融资规模快速扩大，对流动性的吞噬能力越来越强。这为2008年后我国投资率过高、债务规模不断膨胀埋下了伏笔。

不容否认，2001年是新世纪中国经济的新起点。之后在国内和国际特定货币金融制度等上层建筑的导向下，我国形成并强化了投资和出口主导的经济增长模式。在2002—2007年间，这一模式帮助我国分享了全球化繁荣，并推动实现了国内经济光辉夺目的高增长；不过，在2008年金融危机后的数年里，过于滥用投资拉动经济的模式也让我国积累了产能过剩、债务问题压顶等大量目前亟待解决的难题。

第二节
投资与出口主导的高增长时代

2001年后投资与出口主导的经济增长模式形成并强化

2001年至今的中国经济总体处于投资与出口主导的高增长时代。

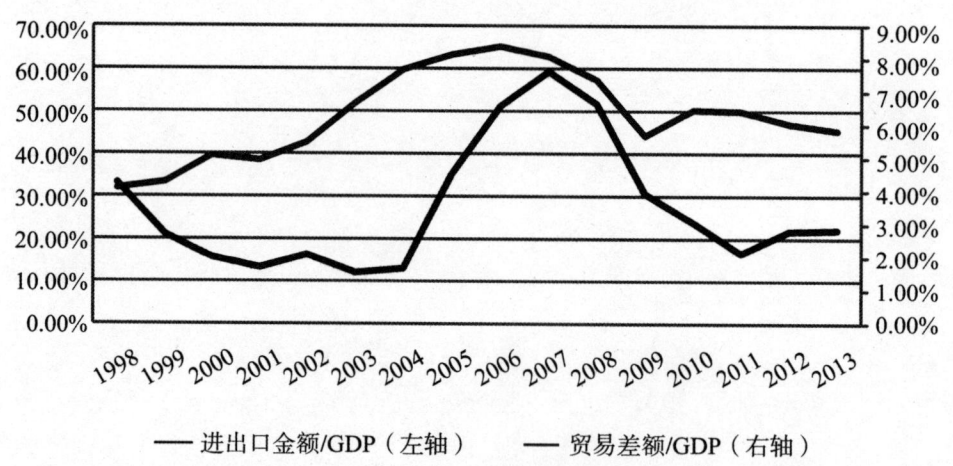

图1-6　2001年以来贸易部门在中国经济中的作用增大

资料来源：Wind资讯，中信资本

出口导向模式是亚洲后发国家在经济起飞阶段最具代表性的一种增长模式。在这种模式下，由于劳动力等要素价格低、环境成本低等多因素形成较强竞争力，因此可通过发展劳动力密集型产业来推动出口部门快速发展。而出口所赚取的外汇可用来补充国内工业化和城市化所需的资金。

虽然改革开放以来，我国一直十分重视挖掘出口和投资对经济的拉动作用，但是在2001年后，我国才真正形成投资和出口主导的经济增长模式，并不断强化。这一增长模式能够在2001年后形成，既得益于我国自身资源禀赋的优势，也得益于前文所述国际和国内环境在2001年开始发生的变化，更得益于在一段时间内投资和出口彼此互相带动。

按照国家统计局的支出法GDP构成，2001年之后，我国最终消费率从约62%快速下滑到2010年的48.19%；投资率从21世纪初约35%快速上升到2011年最高的48.31%；净出口比率波动较大，从2001年的2.13%猛涨到2007年最高的8.79%。最终消费率下滑的背后，对应着储蓄率提高，特别是以国有企业为代表的非金融企业部门储蓄率上升。

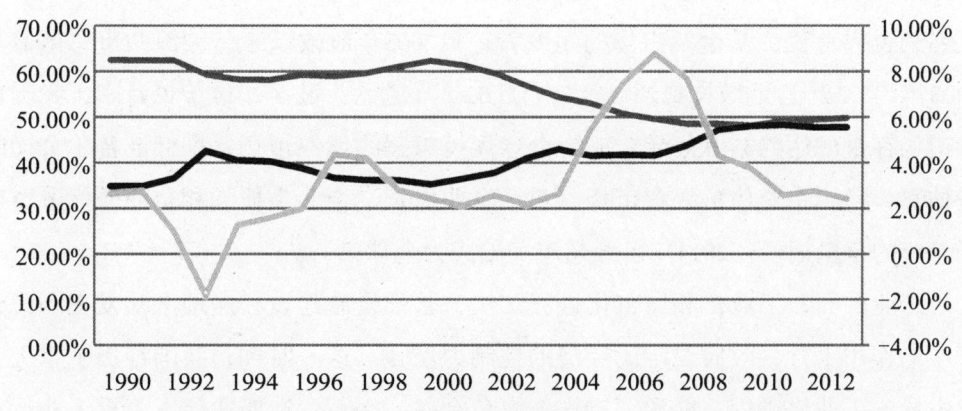

图1-7　2001年后中国投资率快速上升，但最终消费率下降

资料来源：Wind资讯，中信资本

在投资和出口增长带动下,我国进入一个众所周知的经济高增长时代。这个时代在经济、财政、金融和产业等层面有很多国人耳熟能详的特点。

经济总量层面,名义GDP增长超过5倍,实际GDP增长超过3倍,全球经济进入所谓的中美G2(两极)时代,中国经济成为世界经济增长最主要的发动机之一。

财政层面,政府支配的国民收入占比大幅上升。预算内财政收入增速连年超越GDP增速,以土地出让金收入为主的政府性基金收入成为重要的地方财力来源,以政策性银行和铁道部(现为中国铁路总公司)为代表的表外中央财政和以城投平台为代表的表外地方财政通过负债融资也扩展了各级政府实际财政支出能力。

金融层面,金融机构和金融市场经历了快速发展的时期。1993年国务院《关于金融体制改革的决定》中所规划的现代金融体系初步形成,商业银行、政策性银行、证券业、保险业、信托业和基金业等均有显著发展,金融市场也快速扩容。从金融机构的角度看,作为最大金融细分行业的银行业资产规模快速增长,截至2014年6月末已超过160万亿元,银行业资产质量和赢利能力较普遍坏账率高企、部分大中型银行技术性破产的21世纪初大为改善;央行资产负债规模和M_2规模均已名列世界首位。从金融市场的角度看,自2005年股改以来,沪深两市总市值从2005年约3.2万亿元增长到2014年11月底32.8万亿元;截至2014年12月底,我国债券市场存量已达约35万亿元,成为全球规模第三的债券市场;据标准普尔公司的统估算,我国企业债务融资市场(包括企业信贷、企业类债券和企业非标融资市场等)的存量规模在2014年已经超越美国成为全球第一。

产业层面,工业化和城市化进程加快,基础设施建设和房地产开发在国民经济中的作用上升,政府对国民经济的控制力增强。这一时期,我国经历了重工业化主导的工业化进程,能源、钢铁、有色金属、水泥、造船和化工等重工业行业实现大幅的产能扩张。城市化进程也显著加快,城镇人口比重从2001年年底的37.66%增长到2013年年底的53.73%,城市人均住宅面积从2001年年底的20.8m^2增加到2012年年底的32.9m^2。基础设施建设和房地产开发成为推动经济发展的重要动力源,房地产业和建筑业成为国民经济中举足轻重且辐射力极强的主要行业,带动了钢铁、水泥、玻璃和汽车等众多上下游产业的发展。根据统计局的GDP统计数据，建筑业和房地产业在GDP中的直接占比从2004年的9.9%提升到2013年的12.3%。包含基建和房地产上下游产业在内的整个产业链条对GDP的贡献更高。此外，虽然国有经济的资产规模和产出规模等指标在我国经济中的占比仍趋于下降，但相对于同时期民营经济的发展态势和国有经济在20世纪90年代后期的情形，国有经济的扩张在这10余年间更为强势。国有经济在固定资产投资、金融资源分配等占据明显优势地位。相较于"无形的手"，"有形的手"的边界显著扩展，政府力量对资源配置的影响增强。

若干高增长时代的其他特征

狄更斯在《双城记》中说："这是最好的时代，也是最坏的时代；这是智慧的时代，也是愚蠢的时代；这是希望之春，也是绝望之冬。"2001年后中国经济经历了高增长时代，2002—2007年更是其中的黄金时代。当然高增长时代绝谈不上"最坏"、"愚蠢"或"绝望"。不过，除了带来繁荣外，投资和出口主导的经济增长模式也有其他派生物。除了前文提到的政府支配的国民收入占比提高、政府和市场的边界划分向政府倾斜外，下文着重强调三点特征或派生物：流动性泛滥、供给弹性差的资产价格暴涨，以及国际和国内两个层面的经济结构失衡。

1. "出口攒钱，投资花钱"，以及流动性泛滥。

投资和出口主导的经济增长模式不仅涉及实体经济的产业布局，更涉及宏观层面的流动性安排，简单说即"出口攒钱，投资花钱"。

支出法GDP统计中的投资即资本形成，包括固定资本形成和存货增加两部分，其中以固定资本形成为主。固定资本形成的主要来源是固定资产投资，而固定资产投资主要包括基础设施投资、房地产投资和制造业投资等。无论何种固定资产投资均需大量内外部融资支持才能进行。2001年之后，随着我国工业化进程从以轻工业为主向以重工业为主演进，以及城市化进程加快了房地产业和建筑业等的发展，经济增长更加需要流动性扩张来支持。企业和政府部门的自有资金积累较为缓慢，因此要在短期内撬动投资快速增长，就往往使用债务融资来撬动财务杠杆。基础设施建设和房地产开发等更是盛行高财务杠杆融资。

债务融资的规模和增速与金融系统的流动性创造能力关系密切，流动性或者说货币的创造过程大体也是债权债务关系形成的过程。静态来看，制约金融机构流动性创造能力的主要是货币乘数高低和基础货币多寡。货币乘数既与资本充足率、信贷规模管控等监管规则有关，也与银行自身稳健经营对资金管理的内在要求有关，更与实体经济的融资需求有关，主要是一国金融体系的内生变量。而基础货币供应由央行掌控。对我国来说，央行的基础货币供应渠道主要有两个，一是通过向商业银行买卖外汇来吞吐的外汇占款，二是主动增减对其他存款性公司债权等。在2001年以前，由于经常项目和资本项目下盈余总量较少，因此基础货币主要通过央行的再贷款、再贴现等渠道投放。对于非主要储备货币国，如果短期内再贷款等央行主动渠道投放基础货币太多，容易导致货币和信用泡沫，进而引起通货膨胀和汇率贬值压力。因此，2001年前由于缺乏资金支持，投资在GDP中占比相对有限。但在2001年后，贸易部门的净出口井喷带动了外汇占款猛增，直接大幅增加金融系统可用资金，并间接拓展金融系统流动性创造能力的边界。这为资金密集型的投资提供了相对宽松的融资环境，从而为固定资产投资等的快速上升打下了坚实的融资条件。此外，由于贸易部门积累了大量的贸易盈余，人民币不仅没有对外贬值压力，反而在很长一段时间内存在升值压力。"出口攒钱，投资花钱"这种宏观流动性安排，是投资与出口主导的经济增长模式的重要内在机制和核心特征之一，对这一时期经济高增长贡献很大。

当然这种流动性安排也存在一定问题。因为金融制度等方面的种种原因，金融资源主要由国有部门支配，基础设施等固定资产投资中也是国有部门占大头，因此固定资产投资增长也从20世纪90年代的私人部门制造业投资主导逐步转为政府和国有部门基建投资主导。哪怕贸易部门主导的外汇占款高增长时代高潮已过，但预算约束不强的国有部门投资需求仍过于强烈，于是2008年后我国出现了类似于日本20世纪90年代"投资中毒症"的情形，投资边际收益率日益下降而整体债务压力日益扩大。

2. 不可贸易产品相对可贸易产品价格上涨，与房地产、基建投资相关的资本品相对价格上涨。

投资和出口主导的经济增长模式既导致不可贸易产品相对可贸易产品价格上升，也导致与房地产、基建等投资相关但短期供给弹性差的资本品相对价格上涨。这有些类似固定汇率制下巴拉萨－萨缪尔森效应（Balassa-Samuelson Hypothesis）的结论，特别是前者，但具体机制有所不同。

加入WTO后，由于贸易部门生产效率提高，因此可贸易产品价格总体趋向于相对下跌，特别是短期供给弹性好的产品。另外，由于可贸易产品全球定价，因此竞争较为充分的贸易部门单方面提价的能力相对有限。但诸如教育、医疗等国内服务业总体属于不可贸易部门或贸易成本高的部门（长期看通过跨地区或跨国移民流动，教育、医疗和房地产等行业部门也能实现一定程度的可贸易，但中短期看这些行业产品的贸易成本对一国多数居民过高从而属于不可贸易部门），这些部门提供的产品和服务更多是国内定价。受优质师资和医疗资源的供给难以如工业品般大规模生产、土地的区位具有排他性等因素影响，上述不可贸易部门的有效供给提升空间有限，其产品具有相对稀缺性从而相对价格上升。

土地和房地产这两类资产规模庞大的不可贸易资本品的涨幅尤其引人注目。中国地理版图面积虽与美国相当，但中国多崎岖高原和山地而少平原特别是少耕地的地理特征本就限制了潜在的土地供给。而土地供应市场非市场化，特别是地方政府有意控制土地入市力度等，更加剧了城市建设用地的稀缺性，从而新增房地产供应在一段时间内落后于城市化带来的需求上升。这自然有利于土地和房地产价格上涨。更深一层说，住宅和商业地产等不动产不仅是重要的消费品，也是重要的资本品或投资品。不论住户或者企业购买不动产是否以资产投资为目的，土地和房地产等不动产总归是居民部门资产负债表中资产端的重要资产。不动产市场作为我国规模最大的资产市场，其整体的货币价值势必与货币供给总量关系密切。而2001年之后货币供给膨胀的速度在较长的时间内超过土地和房地产等不动产供给的增长，因此这类不可贸易产品相对于可贸易产品的价格涨幅就尤其巨大。

此外，由于我国基建投资和房地产投资规模过大，而与之相关的金属类大宗商品等虽然属于可贸易产品，但由于短期内全球供给能力增长一度弱于中国基建和房地产投资爆发带来的需求上升，因此价格上涨较多。

3. 国内经济结构失衡与全球主要国家经常账户进一步结构性失衡并存。

虽然投资与出口主导的经济增长模式为我国带来了10余年的经济高增长，但如此高的投资率和如此低的最终消费率不仅在我国改革开放以来少见，而且在世界各主要国家工业化进程中也是绝无仅有的。过低的最终消费率不仅意味着我国经济存在严重的内部结构性失衡，也意味着投资与出口主导的经济增长模式终将由盛而衰，并逐步走到尽头。我国需要进行经济增长模式的转型升级并逐步实现经济结构的再平衡。

2001—2008年，不仅中国国内的经济结构性失衡加剧，而且国际上主要经济体之间经常账户结构性失衡也加剧。加入WTO后，我国出口快速增长，与全球经济结构性失衡有关，也加剧了上述失衡。有一种流行观点认为，如果一国经常项目下贸易盈余超过当年GDP的4%，则可认为该国经常项目存在结构性失衡。而2007年我国净出口占GDP比例超过8%。

2001年到2008年金融危机之前的国际经济，大体上存在一个对称的结构性失衡格局：以中国为主要代表的部分国家存在过剩储蓄、过剩的潜在供给能力、不断扩大的经常项目盈余和国内需求相对不足；而以美国为主的部分发达国家则存在国内储蓄不足、国内总供给相对不足、恶化的经常项目赤字和总需求相对过剩。

一旦贸易壁垒大幅减少，中国出口部门的崛起便是理所当然。快速扩张的净出口使中国积累了大量的贸易盈余，也在另一面表现为美国等积累了越来越多的贸易赤字，特别是对中国存在大量贸易赤字。

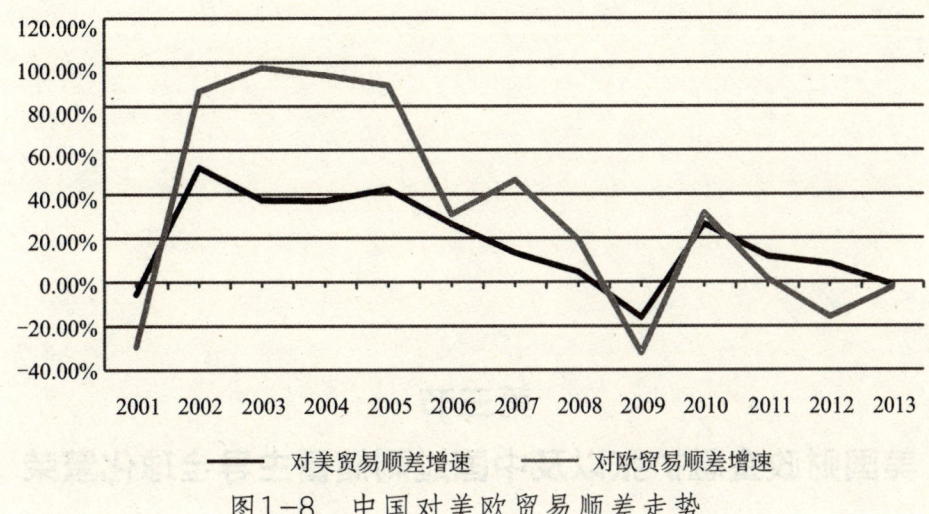

图1-8 中国对美欧贸易顺差走势

资料来源：Wind资讯，中信资本

由于中国将经常项目和资本项目下积累的外汇盈余通过外汇储备投资的形式投向美国等发达金融市场，因此实际上为美国等国家的贸易赤字提供了融资。资金回流美国，也利于压低美国利率水平，部分使得2001—2006年美国总需求扩张并未引起显著的美元中长期利率水平上升。低成本的中国制造涌入，也使得美国通胀水平迟迟并未随着总需求扩张而上升。因此，虽然2001年后美国总需求就不断扩张，但美联储迟迟未决定进入加息周期，直到2004年6月30日才开启为期两年左右的加息周期。全球经济的结构性失衡也就越走越远，其逆转直到2008年全球金融危机之后才逐步开始。

2008年金融危机爆发之后，中美两国均需要实现自身经济结构的再平衡。随着美国经济去杠杆进程的推进，其财政赤字率在2009年达到顶点后趋于下降，居民储蓄率有所提高，新能源等为代表的再工业化进程也逐步发挥进口替代的效果，使得美国贸易赤字有所好转，并推动经济失衡有所改善。2008年以后，出口对我国经济拉动作用削弱，但我国先后推出多轮刺激投资的政策来保增长。由于国内需求较国外需求更为旺盛，因此投资率上升、净出口比率下降但最终消费率改善有限，使得投资率/消费率更高。总的来说，危机之后中美之间经常账户失衡有所改善，但我国国内经济结构的再平衡仍有很长的路要走。

第三节
美国财政金融扩张以及中国过剩储蓄主导全球化繁荣

2001—2007年全球化繁荣与两种经济结构失衡

全球经常账户失衡在2001—2007年日益成为国际经济中的焦点之一,其后续影响延续至今,如美国持续就人民币汇率升值问题施压以及督促中国实现经济再平衡。我国最终消费率低下的国内经济结构失衡在2008年之后更是一年比一年热门的话题。

笔者认为,2001—2007年全球主要国家经常账户日益失衡和我国国内经济结构失衡加速之间存在相关关系。2008年全球金融危机后,关于何者为因、何者为果也曾有过所谓Pull-theory(主要是国际经济结构失衡引致中国国内经济结构进一步失衡)和Push-theory(主要是中国国内结构失衡推动国际经济结构进一步失衡)的争论。从大国政治博弈的角度看,争辩鸡生蛋还是蛋生鸡,自然意义重大。不过从实证经济分析的角度看,更重要的是探究事实,以便更深入理解这一时期全球经济运行机制。因此,进一步分析两个结构失衡之间的关系,不仅有利于我们思考2001年之后全球化繁荣和2008年金融危机后中美经济走过的历程,也有利于理解国际货币金融格局对经济运行的影响。

总体上看，在2001—2007年，一方面，国际经济结构失衡对应着中美国内经济结构失衡；另一方面，该轮全球化繁荣时代也对应着两种经济结构失衡的时代。上述对应关系都可以理解为一枚硬币的两面，或者一面镜子的镜像和原像。从对全球经济增长的贡献来看，这一时期全球经济增长主要由美国和中国来拉动，美国财政金融扩张和中国过剩储蓄主导了这一轮全球化繁荣。

国际经济结构失衡对应着国内经济结构失衡

2001—2007年，以中美经常贸易账户失衡为代表的国内经济结构失衡，意味着美国贸易赤字增大而我国净出口盈余规模及在GDP中的占比上升。

对我国而言，根据GDP核算的总需求恒等式，即使投资率不变，净出口占比的上升都会导致最终消费率下降，从而使得投资、消费出现失衡。更何况这一时期，由于在我国GDP构成中投资率还在上升，因此国内经济结构失衡显得更为严重。而主要国家经常账户出现严重失衡，势必会有某个国家国内经济结构失衡来与之对应，具体到这一时期就是对应着中国国内经济结构失衡。此外，最终消费率的下降对应着储蓄率的上升，因此储蓄率快速上升是我国国内经济失衡的另一种观察角度。

对美国而言，扩大的贸易赤字既意味着国内消费和投资在内的总需求相对旺盛，也意味着美国国内储蓄（包括私人部门储蓄和政府部门储蓄）相对不足，因此需要用贸易赤字进口国外储蓄来补足。从这个角度上讲，美国经常账户的失衡，意味着美国经济也存在国内结构失衡，表现在其国内储蓄不足但总需求旺盛。

综上分析，这一时期中美经常账户的失衡对应着各自国内的经济结构失衡，而中国国民储蓄过剩的国内失衡也对应着美国国民储蓄不足的国内失衡。

美国是全球最大的开放经济体，美国总需求相对过剩导致的贸易赤字上升，势必会扩张全球总需求，利于提升包括中国在内各国的经济景气程度。此外，由于美元是全球主导货币，美国贸易赤字对应着美元输出，扩充了全球的流动性状况，利于催生全球经济繁荣。而中国储蓄率的提高，使得中国生产边界向外扩张,有多余的供给能力满足以美国为代表的过剩需求,从而变相将部分过剩储蓄输出给美国等。在这个国际和国内经济失衡共振的过程中,中美都经历了非同寻常的全球化繁荣。于是,这一时期的全球化繁荣也紧紧地与全球经济结构持续失衡联系在了一起。此外,由于中美在本轮全球化繁荣中的核心地位,因此本轮全球化繁荣很大程度上是由美国的总需求扩张和中国过剩储蓄导致的总供给扩张所主导的。

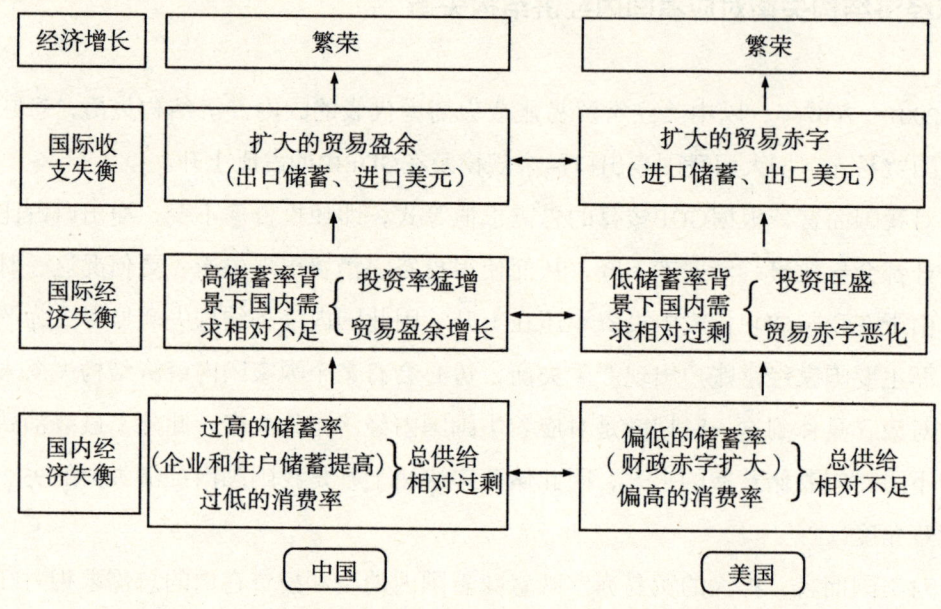

图1-9 2001—2007年中美经济失衡关系对照

资料来源:中信资本

美国财政赤字扩张主导贸易赤字扩张

2001—2007年美国贸易赤字扩张的同时,美国财政赤字也在扩张,而且双赤字呈不断扩大之势。这一时期美国国内和国际上对美国经济双赤字的讨论和担忧都很多。有人认为财政赤字决定贸易赤字,有人认为并不存在这种简单的等价关系。为便于讨论双赤字之间的关系,这里引入一组国民经济核算恒等式。

根据国民经济核算相关原则,有下列恒等式成立:

$$NS = S - GD = I - TD \quad (1)$$

其中:NS(National Saving):国民储蓄;

S(Private Saving):私人部门储蓄,在我国为非政府部门储蓄;

GD(Government Deficit):政府赤字,衡量政府储蓄

I(Investment):国内投资

TD(Trade Deficit):贸易赤字

简单来说,上述等式的含义是:从来源方看,一国国民储蓄来自私人部门储蓄和政府部门储蓄(财政赤字或盈余);从运用方看,一国国民储蓄用于投资和净出口。如果储蓄不足而投资旺盛,则需要通过贸易赤字从国外进口储蓄;反之,如果储蓄过剩而国内投资或消费相对不足,则需要通过贸易盈余来向国外出口储蓄。如果私人部门储蓄不变而政府赤字增加,那国内投资可能面临被挤压,而贸易账户可能恶化。

静态地看(1)式,财政赤字未必等于贸易赤字,因为私人部门储蓄(S)往往不等于投资(I)。不过,把条件适当放松,从动态看,如果贸易赤字的变化值与财政赤字的变化值存在相关关系,即如果存在 $\triangle GD = \triangle TD$,或者 $\triangle GD$ 是解释 $\triangle TD$ 变化的主因素,那么就可以认为财政赤字变化决定贸易赤字变化。鲁里埃尔·鲁比尼(Nouriel Roubini,2004)对美国的国际收支等数据做了严谨的分析,来论证2001—2004年 $\triangle GD$ 是解释 $\triangle TD$ 变化的主因素。由于本章主题和篇幅所限,这里不做严格的论证,但提供两个理解的角度。[①]

一是,虽然政府支出增长,特别是政府投资支出增长较快,但2002—2007年私人部门投资增速并未显著放慢,私人部门投资支出不仅在总投资支出的份额比较稳定,而且与私人部门净储蓄的比率也较为稳定。

二是,在高度市场化的美国,政府赤字挤出私人部门投资的主要机制大体是

[①] 希腊字母delta($\triangle$)指某值的变化值。——编者注

与私人部门竞争有限的金融资源，通过推高利率来挤出部分私人部门投资需求。但如前文所说，这一时期直到2004年6月底美联储开始持续加息前，美元利率总体稳定。相对宽松的货币利率环境，也有利于信用扩张，在融资层面支持财政主导的实体经济扩张。之后利率上涨，更多是美联储连续17次加息的后果，而不是政府财政和私人部门竞争有限金融资源的结果。基于以上分析，笔者也赞同，美国财政赤字主导了这一时期贸易赤字的扩张，从而参与主导了这一轮全球经济繁荣。

正因为美国财政扩张和相对宽松的货币政策环境是2001—2007年全球经济繁荣的最重要推动力之一，因此当2009年美国财政赤字率触顶并开始下降时，意味着与过去不同的新一轮经济金融周期正逐步拉开帷幕。

中国投资与出口主导的经济增长模式参与主导全球化繁荣

2001—2007年全球化繁荣另一核心推动力就是中国经济。除了中国自身的高增长本来就是全球化繁荣的重要体现外，中国的增长也对同期世界其他国家的繁荣有巨大作用。如果没有中国储蓄高增长推动的生产边界外延和总供给能力提高，美国总需求的扩张可能会在更短的时间内诱发通胀上升。如果没有中国将积累的外汇储备投入以美国为主的发达经济体的金融市场，特别是投入美国高等级债券市场，美元利率很难在长时间内维持低位，那么本轮全球化繁荣不仅很难持续如此久，也难以走得这么远。此外，如果中国没有利用贸易部门积累的资金去推动堪称迄今为止人类历史上规模最大的高速工业化和城市化进程，那么不仅以能源、金属类大宗商品等为代表的原材料市场难有长达近10年的牛市，钢铁、化工、造船、海运等产品和服务市场也难有长周期的高度繁荣，而且澳大利亚、俄罗斯、巴西等资源型工业比重高的国家也难有长时期的高景气经济繁荣。总之，这一时期中国经济繁荣对世界经济的拉动体现在方方面面。

投资与出口主导也即高储蓄率主导。2002—2007年，我国储蓄率上升与最终消费率走低，不仅有人口年龄结构、社会保障相对欠缺、文化传统等因素的影响，更是一系列结构性的制度因素和环境的内在结果。

第一，国民收入分配格局的结构性变化是最终消费率下降的首要原因。国民收入分配格局的变化集中体现在：居民可支配收入增速连续多年相对较慢；受金融压抑下低实际利率和低名义汇率的影响，经济利益从住户部门转移至政府部门和企业部门（国有企业为主）。劳动力工资增速长期慢于GDP增速，因此住户部门工资收入在国民收入中份额减少。而金融压抑导致金融投资手段偏窄以及实际利率偏低，使得居民储蓄利息收入偏低，从而金融财产性收入偏低。实际利率偏低，使得债务融资方特别是高杠杆的债务融资方得利，鼓励了企业部门投资并推升了企业利润和储蓄率等。实际汇率偏低，有利于出口行业、进口替代行业的发展和盈利积累，但变相提高了进口产品等价格，降低了居民可支配收入的购买力。由于上述因素影响，企业部门在国民收入分配中的占比上升。而国内企业部门长期分红率低，因此储蓄率比较高。企业部门储蓄快速增长是导致这一时期储蓄率快速提高的最重要原因之一。此外，实际税率提高使得财政收入连年大幅高于GDP增速。而土地财政崛起等因素，则使得政府部门所占有的国民收入进一步提高。总的来说，多种结构性因素使得国民收入分配向政府部门和企业部门倾斜，居民收入增速总体弱于政府部门等。而政府又将收入主要投向建设领域而非完善社保体系或转移支付给普通居民，因此收入增长相对缓慢的居民的消费在国民经济中占比下降、政府公共消费也较低。

第二，人口年龄结构和文化传统的影响。虽然人口老龄化的阴影日益临近，但这一时期整体人口结构仍在趋于年轻化，15—64岁人口占比上升，而这一年龄段的群体是净储蓄的主力。因此，这一时期人口年龄结构的特征对住户部门储蓄率提高有正向作用。在日本、中国台湾等受中华传统文化（特别是强调勤俭持家的儒家文化）影响的国家和地区，由于一般家庭通常会对储蓄有一定的偏好，因此储蓄率通常较高。这一时期我国居民收入提高后，衡量刚性生活支出的恩格尔系数等下降，新增收入的边际储蓄率较高，也推动了住户部门储蓄率的提高。

第三，由于社会保障体系不完善等原因影响，住户部门预防性储蓄较高。这一时期，政府在国民收入分配中份额增大，综合财政预算收入、政府性基金收入、社会保险金收入和国企红利上缴收入等的政府财力在国民收入分配中的占比已经超过美国，并逼近北欧国家。但我国社会保障体系对居民的保障力度尚且与美国有很大差距，更无法与北欧社会福利主义国家相比。特别是在市场化改革过程中的一段时期，教育、医疗、住房和就业陆续都实行了市场化，政府在社会保障、住房保障等民生领域大幅退出，公共服务供给严重不足，住房难、看病难、上学难和养老难仍有不同程度存在，甚至加剧。这也使得住户部门预防性储蓄较高。此外，有许多跨国研究表明，高企的房价和较高的首付款会提高住户部门储蓄率。

总之，与收入分配相关的结构性因素是造成最终消费占比下降的首要原因，人口年龄结构和社会保障缺乏等也起到了一定作用。

通过比较可以发现，造成消费占比低的许多结构性因素和推动投资与出口主导的经济增长模式的因素相同。除了上文提到的偏低的实际汇率和利率等，这些共同因素还有国有经济的垄断优势加强、户籍制度及其背后的城乡二元格局对劳动力的束缚等。共同的推动因素，既使得低消费占比与高投资占比是一枚硬币的两面，也使得不改变现有经济模式而试图启动消费的尝试必将举步维艰。

随着金融危机后美国转向，中美经济均需要通过结构调整来实现再平衡。我国投资与出口主导的经济增长模式也越发难以为继，先是出口高增长熄火，然后是刺激政策推动的高投资率越发难以为继、基建和房地产开发支撑的高投资增速面临周期性调整，再后来将是人口老龄化推动储蓄率趋于下降等划时代的转变。我国经济转型和再平衡终归要到来，这也意味着与过去10余年不同的经济金融新周期正逐步拉开帷幕。

国际货币金融制度与全球化繁荣、危机

前文指出，2001—2007年为代表的全球化繁荣这枚硬币的另一面是：以国际收支失衡为代表的国际经济结构失衡和中美等主要国家的国内经济结构失衡。

推动经济结构失衡与全球化繁荣相连的核心纽带是国际货币金融格局。

2001年以来的国际货币金融体系有些近似于布雷顿森林体系，特别是中国为代表的一些新兴市场国家与美国之间的货币金融格局。这一格局被一些研究者称

为"新布雷顿森林体系"或"布雷顿森林体系Ⅱ"。这一格局的特点是：美元作为体系中主导性货币，以人民币为代表的新兴国家货币等在一个较窄的波动区间内钉住美元；美国为中心国家，中国等为外围国家，中国由于自身的经济规模和辐射力而成为外围国家的核心；作为净债务国的中心国——美国输出美元债务向外围国家购买商品等，作为净债权国的中国等外围国家则将获得的美元投资于美国金融市场，从而使美元回流美国；中心国家的货币类似于布雷顿森林体系中黄金的地位，中国则以获得的美元背书来投放本国基础货币。与布雷顿森林体系类似，如果美国贸易赤字扩大，则向各外围国家释放更多的美元流动性，使得国际货币环境趋于宽松，这近似于主导货币国在全球实行宽松的货币政策。因此，全球经常账户失衡的时期往往也是全球化的繁荣时期，比如布雷顿森林体系下的20世纪五六十年代。

传统布雷顿森林体系的一个致命缺陷就是"特里芬难题"，简单说即：如果作为中心国的美国保持贸易盈余或是大规模收缩贸易赤字，则等于收紧全球货币环境，对全球经济起到紧缩作用；全球经济繁荣需要美国保持贸易赤字向各国输出美元，但若美国贸易赤字过多，则会使美元债权国不仅质疑美国滥用铸币权，更会担忧美元价值（美元兑黄金的比率）是否稳定。由于各债权国均大量持有美元储备，因此如果债权国对美元价值的担忧升级，则各国政府特别是各国居民倾向于卖掉美元储备或者直接将美元储备兑换为黄金。而这会导致美国黄金储备剧减，进一步加剧各方对美元的担忧，最后酿成美元危机。因此，当2004年后美国贸易赤字愈演愈烈时，市场颇为担心美国出现国际收支失衡加剧会导致美元危机。

不过，2008年全球金融危机并非源自美国经常账户严重失衡所可能导致的货币危机，而是源自美国资产价格危机所导致的金融危机。但是，美国资产端的价格泡沫和金融系统的高杠杆泡沫不仅有赖于所谓"新布雷顿森林体系"创造的宽松货币环境，也与"特里芬难题"有关。只是在所谓"新布雷顿森林体系"下，"特里芬难题"的表现形式有所变化，主要不是导致美元危机，而是催生中心国资产价格泡沫危机。具体来说，以中国为代表的各国美元储备规模过大，而黄金市场太小，欧元区金融市场不发达且欧元存在结构性缺陷，因此各国根本没有很好的美元资产替代物可选。各国只能将大量的国际收支盈余投向美国，支撑美元稳定，维系结构性失衡推动的全球化繁荣。但是，美国通过贸易赤字不断输出的美元回流后，会导致美国的货币环境在较长时间内过于宽松。宽松的流动性环境容易催生国内资产价格泡沫并最终推动通胀水平上升，触发美联储大幅紧缩货币政策来收紧美元环境，从而繁荣终会戛然而止。因此，所谓"新布雷顿森林体系"下全球化繁荣的破灭往往不是因美元危机所致，而是因中心国家资产价格泡沫等推动的经济硬着陆所致。总的来说，在类布雷顿森林体系的国际货币和汇率格局下，由于新的"特里芬难题"，全球化的繁荣期往往也是全球经济的失衡期，而且失衡的持续往往也埋下了全球化繁荣破灭的种子。

在所谓"新布雷顿森林体系"的繁荣终结后，需要各国经济进行结构调整，即中心国增加储蓄、降低贸易赤字、修补国内资产负债表；而外围国家降低贸易盈余、增加消费等内需并消化繁荣时期的不当投资。2008年后，美国开始了艰难的结构调整，全球贸易结构方面的失衡有所改善，美国通过贸易赤字而进行的美元输出减少。但美联储的量化宽松政策等则使得美国通过资本和金融项目向外围新兴市场国家等继续输出美元，因此在2009—2013年外围新兴市场国家的经济增长态势总体好于发达国家。但随着美联储量化宽松政策将逐步退出、美国财政赤字率下降和私人部门储蓄率有所好转等因素，未来美国经常项目下和资本项目下向外围国家输出的美元减少甚至为负，这相当于作为中心货币国的美国在全球推行紧缩的货币政策。毫无疑问，随着旧格局被打破，一个新的经济金融周期已经在向我们走来。

第二章
货币金融是过去10年经济的中心环节

2008年是中国经济以及全球经济的分水岭，发酵两年的美国次贷危机升级为影响全球的国际金融危机。在这之前的2002—2007年，不仅是中国经济高速发展的时期，也是全球经济共荣的时期，主要的发达国家和新兴市场国家较为同步地共享了这轮全球化繁荣。但是，以2008年金融海啸为拐点，之后全球经济出现了持续的大分化。

2008年金融危机并非源自美国经常账户严重失衡所可能导致的美元危机，而是源自美国国内金融监管局部失灵和货币政策当局政策误判等助长的房地产资产泡沫破灭以及其触发的金融系统动荡升级。不过，美国资产端的价格泡沫和金融系统的高杠杆泡沫能持续膨胀，仍有赖于持续高涨的全球化繁荣，也与所谓"新布雷顿森林体系"下的全球经济结构失衡关系密切。实际上，繁荣和结构失衡延长了泡沫的持续时间，并促使泡沫越吹越大。

泡沫破裂使得美国经济从此步入通过结构调整实现再平衡的进程，经常账户恶化的趋势有所改善。与此对应，出口增长的滑落也使得我国经济需要促进内需，以此来实现国际收支和国内经济结构的再平衡。但因种种结构性因素制约，2008年后我国内需的提升并非是通过改善已经严重偏低的消费，而是通过进一步刺激基础设施建设和房地产开发等固定资产投资剧烈上升。2008年后投资率快速增加到更加不可持续的水平，与之对应的是债务融资规模急剧膨胀。从静态看，在GDP中占比约50%的投资实在太难以保持较高的效率，不可避免地会出现投资边际效益快速下降；从动态看，以政府和国有企业主导的固定资产投资增速在短时间内偏离原有趋势增速并过快膨胀，势必导致其中经济效益低下的无效投资、超前投资增多，使得投资边际收益率快速下降。膨胀的投融资与下降的效率，使得产能过剩和债务还本付息等压力猛增。当下我国经济运行中很多亟待解决的问题在大规模刺激计划后开始浮现。

第一节
全球经济从共同繁荣走向大分化

面对2008年金融海啸的冲击,由于对各自经济形势的认识不同以及各国在全球生产分工体系和全球货币金融体系中的角色不同,各国政策当局采取了不同的应对之策。于是,2008年后发达国家和新兴市场国家在经济增长态势等方面进入了大分化时代。

2009—2013年发达国家经济相对低迷而新兴市场国家相对繁荣

1. 美国经济复苏乏力,但去杠杆进程和结构调整在量化宽松政策等辅助下平稳推进。

2009—2013年,美国经济总体处于平稳的去杠杆进程和曲折的结构调整时期。经济复苏力度仍偏弱且不够稳定,财政刺激政策相对有限,宽松的货币政策担当反危机政策的主角。

在2008年金融危机的冲击下,美国房地产市场低迷,成交价格继续下跌,新开工增速滑落。房地产市场不景气,引发财产缩水和预期收入增速放慢等效应,促使居民部门主动降低消费增速,这对短期经济增长产生抑制作用,但有利于居民储蓄率的回升和资产负债表的修复。由于以住宅为代表的不动产是住户部门和企业部门最重要的资产之一，因此房地产价格下跌而名义债务保持刚性会使得上述部门资产负债表恶化。这些部门有内在动力提高储蓄、减少债务，以修复自身资产负债表。此外，经济低迷的结构调整时期既缺乏大量有利可图的新投资机会，也要求企业留存较多的流动性资产来避险，因此企业部门，特别是大企业往往选择留存大批盈利，而不是逆周期扩大投资支出。这也使得企业部门持续去杠杆。

家庭和企业等私人部门去杠杆会降低总需求，对美国短期经济增长不利。为提振美国经济增速并控制债务紧缩循环的风险，美国联邦政府在金融危机后迅速采取了一揽子财政刺激计划，通过加杠杆来支撑总需求稳定。不过，这些财政刺激规模有限且可持续性差。其中有两个因素制约了美国联邦政府财政政策持续积极：一是金融危机前美国赤字率已经较高，危机后进一步提高赤字率的空间并不大；二是2011年后美国联邦政府开始频繁触及债务上限约束，国会两党博弈导致债务上限谈判十分艰难，共和党要求进行财政整固的压力较大，这使得民主党的奥巴马政府不仅难以扩大财政刺激，相反还需采取包括自动减支在内的一系列措施来减少联邦政府的结构性财政赤字。多种因素作用下，这一时期美国经济呈现私人部门去杠杆、政府部门加杠杆，但国民经济总体债务杠杆（用债务/GDP来衡量）稳中略有下降的局面。

金融危机后财政刺激力度有限，2011年后债务上限问题更使财政政策趋于收紧，因此美国反危机政策的主角由执掌货币政策的美联储担当。面对金融机构和金融市场的动荡、疲软的经济增长、过高的失业率以及通缩风险等复杂形势，美联储在雷曼兄弟破产后迅速将联邦基金利率降到接近零。在收益率曲线短端的利率降无可降、常规利率政策陷入"流动性陷阱"时，美联储又于2009年上半年开始推出多轮大规模量化宽松计划。通过量化宽松，美联储从二级市场大量购买长期限国债和住房贷款抵押支持债券（MBS），大幅扩张自身资产负债表规模，向金融系统注入大量流动性，稳定了金融机构和金融市场。量化宽松不仅直接压低了中长端无风险收益率水平，并且改善了市场的风险偏好，利于各期限信用风险溢价的下降和各类风险资产价格回暖。这就降低了私人部门和政府部门的再融资成本，减轻了债务人的负担，从而利于促进平稳去杠杆和经济复苏。虽然对量化宽松的传导机制、有效性和负面效果颇有争议，但量化宽松的确稳住了动荡不安中的美国金融体系，为金融危机后已运转不灵的美国经济注入大量润滑剂和新的动力，也为去杠杆进程的平稳以及经济结构调整提供了重要保障。

进入2014年后，美国经济增长虽仍处于所谓低增长的"新常态"，但美国经济复苏力度确实不断增强，在全球各主要国家中堪称一枝独秀。美国经济"漂亮"的去杠杆进程初步实现，经济结构调整也初见成效，住户、企业乃至政府部门的资产负债表都有明显改善，信息技术、能源和生物制药等行业都有显著发展并大有可能在未来带动全要素生产率全面突破。对此，美联储的量化宽松政策功不可没。综观危机后美国经济的历程，进一步显示了货币政策对实体经济的巨大影响。如果不关注货币金融体系，已经很难理解实体经济的过去、现在和未来。

2. 欧洲经济持续低迷，欧债危机使欧元结构性缺陷暴露无遗。

欧洲经济形势低迷，欧元区更是深受欧洲主权债务危机（以下简称"欧债危机"）和通货紧缩风险的困扰。2008年金融危机源自美国，但在发达国家中欧元区部分国家所受冲击更大。2009年年底希腊主权债务危机爆发并逐步蔓延至西班牙、葡萄牙和意大利等欧元区国家。欧债危机在2010—2011年反复发酵并高潮频起，直到2012年欧洲央行行长德拉吉表示不惜一切代价捍卫欧元区后才暂时平息。但是，经过这些冲击，欧元先天不足的结构性缺陷暴露无遗。而修补欧元现有缺陷的政治进程具有很大的不确定性，法、意等国结构性改革更迟迟未见实质性进展，德国在坚守物价稳定等原则上的让步空间有限，这都使得危机的魅影仍萦绕着欧元区。

回顾并梳理欧债危机爆发并升级的原因，主要是以下几点。

一是危机前希腊和爱尔兰等国经济结构相对单一，对外依赖性大，国际金融危机后由于全球经济不景气而经济增长动力不足。特别是希腊经济中航运业和旅游业对经济增长的贡献很高，而这两个行业在金融危机爆发后首当其冲且深受其害。

二是希腊等问题国家经济增长和财政收入弹性很大，但国内政治因素等使得财政支出特别是社会福利支出和工资水平的弹性很小、易上难下，从而财政收支平衡十分脆弱。在全球繁荣的年代里，由于经济增长和财政收支改善，这些国家的社会福利支出和工资水平上升较多。加入欧元区后，历史上社会福利水平较低的希腊更是快速上升。全球金融危机引爆国内经济危机后，希腊等国财政收入急速恶化。但财政支出相对刚性，减少社会福利开支和降低公务员工资水平等举措的政治阻力很大。希腊等国财政收支状况因而急速恶化，经济下行危机逐步转化为财政危机和主权债务危机。

三是由于欧元区各国已无独立的利率和汇率政策，因此希腊等问题国家难以通过大幅汇率贬值或大幅降息来刺激经济并降低本币债务负担。欧元区成立后，欧元区国家以放弃货币主权为代价换取进一步经济和金融一体化等红利。由于让渡了货币主权，因此这些国家没有使用利率和汇率政策应对本国经济危局的自主权。

四是由于欧元区内部各国经济发展和竞争力格局极不平衡，特别2005年后德国经济竞争力走强而希腊等南欧国家竞争力积弱，因此客观上欧元区很难依靠汇率和利率政策纾解个别国家或地区的经济困境。由于希腊出口部门太弱，因此如果单纯用弱欧元汇率政策解决希腊等国严重的双赤字，则欧元需要大幅贬值。但是，过大的汇率贬值幅度不易做到，而且间接成本巨大。归根到底，汇率政策是适用于全局的总量政策，推动欧元汇率显著贬值有利于缓解欧元区系统性的通缩风险和经济下行风险，但难以定向疗治希腊等局部国家所面临的结构性难题。如果使用货币宽松政策来对个别国家纾困，同样会面临结构性难题。通过直接货币交易（OMT）计划直接购买问题国家债券或者推出压低问题国家长期利率的欧洲版QE，固然能够缓解欧元区问题国家经济所承受的痛楚，但过于宽松的货币政策不仅会导致德国等基本面健康的国家未来发生资产泡沫和通胀的风险加大，也会降低问题国家进行结构改革的动力。因此，这样的政策势必遭到坚守价格稳定目标的德国的反对，推行难度并不小。在推出OMT计划后的很长时期里，德拉吉从未使用该工具就是侧面例证。日后若要顺利实施欧洲版量化宽松，欧元区仍需要进行大量有效的内部整合，特别是在各国财政整固、建立区域财政转移支付机制和推进结构调整等方面。而政治整合的过程注定充满了不确定性，欧洲央行的量化宽松会比美联储进行QE和日本央行实施质化宽松（Qualitative and Quantitative Easing，QQE）时所面对的局面更为复杂。

五是欧元区存在先天不足，20世纪90年代后，一体化进程放慢使得欧元的结构性缺陷固化。欧元在诞生之日就是个"早产儿"。欧元的诞生并非是欧洲经济一体化进程不断深化后的"顺产儿"，而是20世纪90年代初由法国策动，法国密特朗政府和德国科尔政府紧密合作，美、英、苏等其他大国默许的一个跨时代政治工程。虽然法德两国各有各的算盘，但两国当时一致的目标是：在东欧已剧变、苏联行将就木、两德走向统一的历史关口，用货币联盟加速欧洲一体化进程，将统一后的德国"限定"在一体化的欧洲，消弭两次世界大战的欧洲根源。由于欧元诞生是大国领袖们的政治动机主导，因此虽然当时欧元架构安排在经济和金融层面存在结构性欠缺，但这并不能阻止各国1991年年底草签的《马斯特里赫特条约》（即《欧洲联盟条约》）规定将于1999年1月推出欧元。按照密特朗和科尔等欧洲领袖们最初的设想，结构性缺陷可以随着日后欧元区在政治和财政等层面进一步一体化而得以解决。但20世纪90年代以后，由于欧洲联盟过早失去了共同的敌人、各成员国已经享受了经济一体化带来的多数好处、进一步的政治一体化困难重重，因此欧洲继续深入一体化的动力不足。冷战后的欧洲一体化更多成为一个由技术官僚机构推动的进程，而不是由远见卓识的领袖们推动的一项伟大事业。虽然使欧洲通过一体化重新成为世界次中心或中心是欧洲大国的共同目标，但作为欧元区的双核心，法国和德国对未来欧洲的蓝图不同，难以持续齐心协力。正如布热津斯基在《大棋局》（1994）中所指出的那样，法国希望通过欧洲一体化实现欧洲复兴并由自己领导欧洲，而德国则希望通过欧洲一体化获得救赎并无害地扩大自己在欧洲的话语权，两国对欧洲一体化建设的看法不同，但又都没有强大到单独实现自己的目的和主张。因此，欧元的结构性缺陷并未如最初预计的那样被逐步消除。欧元区的结构性缺陷集中体现在：存在统一的货币政策，但既没有统一的财政政策，也没有明确的财政跨国转移支付机制，更没有具有约束力的内部竞争力调整机制，甚至在欧债危机发生之初都没有诸如欧洲稳定机制（ESM）之类可直接用来救助问题国家的工具。当希腊等国家面临严重的财政收支困难时，由于短期内很难压缩开支，特定的救助计划又需要跟"三驾马车"（欧洲央行、欧盟委员会和国际货币基金组织）进行充满不确定性的艰难谈判，因此这类国家所面临的市场融资形势岌岌可危。一旦市场阶段性地对这些国家丧失信心，问题国家市场融资利率势必飙升、违约风险也会大增，就如希腊2011年主权债务融资所面临的情形。

六是结构性缺陷使得债务危机具有传染性。意大利、西班牙等南欧国家的经济和财政等状况与希腊相似。每当希腊债务危机恶化，金融市场投资者便担心西班牙、葡萄牙、意大利等南欧大国也会出现类似债务危机。市场的担忧会提高这类国家从金融市场融资的成本并加大融资难度。而一旦这些国家丧失从金融市场融资的能力，债务危机自我实现并发生链式反应的可能性就大增。总之，欧元区的机制缺陷使得债务危机很容易通过金融市场从希腊传导至整个欧元区的问题国家。

七是由于缺乏统一的财政政策，因此欧洲央行的作用就极为关键。但欧元区内部，特别是欧洲央行内部存在根深蒂固的不同货币政策理念，使得欧洲央行应对危机的能力和意愿并不确定，只能根据形势发展来相机判断。法德两国对货币政策的态度一直存在结构性差异。历史上，德意志联邦银行独立于德意志联邦政府，独掌货币政策，具有很强的独立性。深受魏玛时期恶性通胀（1921—1923）的影响，德意志联邦银行长期以来坚持相对稳健的货币理念，坚持货币政策只能钉住价格稳定的单目标。根据德意志联邦银行的传统观念，保持价格稳定是货币政策能为经济增长所做的最好支持，始终坚决反对货币当局直接为财政赤字提供融资，坚信财政收支困难只能通过结构改革而不是央行肆意印钞来化解。但法国和意大利等国的中左翼政党注重社会福利，这些政党不时上台执政，对所在国家政策拥有很大影响力，这使得结构调整的政治成本往往太高，从而这些国家政府更倾向于要求欧洲央行采取刺激政策来纾困，而非自身进行艰难的结构调整。法国和意大利经济增长形势持续恶化和经济结构性调整迟迟难有作为，已成为欧元区未来重大的隐忧。

由于以上种种先天不足，于是出现了另一个吊诡的结果，即危机策源地美国的货币——美元在危机前后未受到多少冲击，反而欧元在这场危机余波中遭到了更大的冲击，甚至其未来存亡的命运依然扑朔迷离。在全球金融危机爆发之前，由于美国贸易赤字严重恶化，因此世人更为担心发生布雷顿森林体系下类似20世纪70年代的美元危机。但全球金融危机的爆发反而强化了美元作为国际货币安全港的地位，并冲击了欧元这一美元最大的竞争货币。各国在货币金融格局中的角色不同以及各货币内外部架构安排的不同都会带来差异很大的影响，货币金融体系已是当下国际和国内经济格局的中心。

3. 新兴市场国家表面繁荣，但结构性问题积累。

2008年后，以中国为代表的新兴市场国家总体处于快速加杠杆、经济增速相对较高、不当投资增多和经济内在结构性问题积累并发酵的阶段。

由于危机后美欧经济增长低迷以及美国双赤字未进一步恶化，因此国际经济结构失衡对中国等新兴市场国家经济增长的促进作用弱化。中国等部分新兴市场国家通过经常项目从美国进口美元流动性的机制受阻，不利于新兴市场国家持续2008年前的经济繁荣。但是，美联储大规模量化宽松政策推出后，全球美元流动性极为充裕，仅美国银行系统就累积了万亿美元级的超额存款准备金。由于金融危机后一段时期内美元汇率较为疲弱、美元利率较低，因此美联储释放出的很多流动性通过资本项目涌进经济增速相对较高、利率较高、汇率短期有走强趋势的新兴市场国家。资本项目下资金流入剧增对冲了经常项目下资金流入放慢对新兴市场国家造成的流动性收缩。在2009—2012年这一美联储资产规模扩张的时期，包括中国在内的新兴市场国家不仅少有流动性短缺反而多有流动性相对过剩。这些廉价的"热钱"，促进了新兴市场国家固定资产投资等内需的火热，有助于新兴市场国家保持高景气。但短期大量涌入的热钱，推高了新兴市场资产价格并降低了实际利率，使很多常态下不具备经济效益的项目得以上马，很容易积累大量低效益的不当投资项目。一旦热钱从持续流入走向持续流出，新兴市场国家利率趋于上升、本币汇率趋于走弱，从而外债的财务成本大幅提高、国内流动性供给趋于收紧。这种局面极易给这些国家经济造成重创。2013年6月份后由于美联储开始考虑退出量化宽松计划，大量热钱快速流出印尼等新兴市场国家，一度给这些国家经济造成较大的短期冲击。

这一时期中国对新兴市场国家经济繁荣的作用巨大，特别是对巴西、澳大利亚等自然资源生产占重要地位的国家有很大的直接拉动作用。全球金融危机后美国经济在低迷中调整,因此美国需求对全球经济的拉动作用一度减弱。中国通过刺激国内投资替代净出口,支撑了自身的高增长,成为这一时期拉动全球增长的主要动力。通过进口贸易、外商直接投资和对外投资等渠道,中国经济高增长对全球其他国家的经济景气有明显促进。中国空前规模的基建和房地产等投资扩张,大量增加了对金属类大宗商品、能源产品和农产品等原材料进口,对相关商品主要出口国的经济有明显拉动作用。但潮涨潮落的中国需求也是一把双刃剑。随着中国过于依赖投资的经济增长模式日薄西山,放慢的中国经济向原材料生产国输入经济繁荣的力度将减少。此外,我国投资的失衡导致全球大宗商品等原材料产能扩展过快。由于中国需求的拉动,在金融危机后,澳大利亚、巴西和俄罗斯等原材料生产国加大了对原材料生产领域的中长期固定投资,形成了大量的产能。一旦中国需求持续趋弱,这些产业会持续受到冲击,从而对原材料生产国的经济景气产生长期压力。

总之,这一时期新兴市场国家经济增速相对较高,但是也积累了许多结构性问题。一旦美元宽松的货币环境转向收缩,或强劲的中国需求趋冷,新兴市场国家的表面繁荣会遇到2008年全球金融危机后的真正挑战。

2014年后美国经济继续改善,新兴市场国家经济增长面临的内外部压力渐大

2009—2013年,在弱美元、零利率、量化宽松等政策支持下,美国用了近5年的时间逐步实现了相对平稳的私人部门去杠杆过程。在低迷中挣扎了数年之后,自2013年开始,美国经济开始走向越来越显著的复苏,失业率等指标更是持续好转。由于全球经济整体低迷,以及全要素生产率等的突破仍是大概率的前景而非确定性事件,因此本轮美国经济中周期复苏的力度仍有限,趋势经济增速仍低于危机前,所谓"新常态"下低增长的特征仍将维持较长一段时间。但越来越确定的复苏仍会驱动美联储继续收缩宽松政策的预期。只不过在经济从低增长的"新常态"稳定地回归到更高水平的长期趋势增速(如3%)之前,美联储加息周期的累计加息幅度有限,大概率低于1994年和2004年分别开启的两个加息周期。此外,

由于量化宽松这类非常规的货币政策对于美联储也是前所未有的,因此美联储政策的"去宽松"进程在很大程度上也是"摸着石头过河",根据经济运行情况相机决定政策步伐可能是美联储政策的主基调。

进入2014年后,随着美联储将逐步退出宽松的货币政策,已经持续宽松多年的全球美元环境可能趋于收缩,全球各国大分化的时代将逐步进入全新周期。发达国家和新兴市场国家、不同发达国家之间都呈现更进一步分化的态势。美英的经济增长态势好于欧元区、日本以及除中国外的多数新兴市场国家,特别是美国经济复苏进程明显加快。美联储将在2014年完成量化宽松政策退出,并可能在2015年开启加息周期。在所谓"新布雷顿森林体系"中,由于美元是全球主导货币,美元加息周期和美元流动性环境收缩对全世界国家都带来一定挑战,尤其是外围国家。如前文分析,新兴市场国家的经济增长虽仍相对较高,但其经济内生增长动力不足的问题逐渐暴露,对国际和国内宽松的流动性以及低利率环境已形成一定依赖。一旦遭遇美元流动性收紧导致的资本流出和利率上升,由于新兴市场国家货币均非储备货币,因此国内流动性可能被动地收紧,使得其经济增长和金融稳定都更为脆弱。此外,在震荡中不断放慢的中国经济也会对新兴市场国家造成不小的中期冲击。

中国经济保持相对高速增长,但结构失衡和债务膨胀等问题继续发酵

中国经济和金融是本书讨论的重点。回顾国际金融危机后的5年,美欧等经济不景气使得出口增速下滑,给中国经济增长带来负面影响。特别是2008年四季度金融危机高潮时期的冲击波使得中国经济增长出现短期性的自由落体式下滑。面对经济急剧下滑,中国政府推出了规模空前的4万亿投资计划,力图通过刺激国内投资需求来对冲对外贸易增长失速。由于地方政府主导的基础设施建设和房地产开发等固定资产投资狂飙突进,因此实际的经济刺激计划规模远远超过了4万亿。脉冲式的投资迅猛增长过分透支了经济增长的潜力,并使得我国经济增长模式转型和结构调整在刚刚开始后就陷于停滞。2010年4万亿计划到期之后,经济增长内

生动力不足的局面暴露无遗。为保增长，政府几乎每年都出台小规模的经济刺激计划。经济刺激政策的主要方向依旧是刺激固定资产投资，特别是政府主导的"铁公基"等基建投资以及房地产开发投资。由于一轮又一轮的短期刺激政策，虽然内生经济增长动力不足导致经济震荡下滑，但中国经济仍保持较高增速。

从经济结构上看，2008年全球金融危机后，净出口占GDP份额下降使得我国经常账户失衡相对改善，但高储蓄、低消费的结构性失衡依旧。从支出法GDP的构成看，这6年只不过是扩张的基建和房地产等投资替代了下降的净出口，消费占比过低的格局未有实质改善。纵览全球各主要国家的工业化进程，没有其他国家的投资率能长期维持在50%左右，更没有一个国家在投资率过高时还能保证投资是比较有效率的。国际金融危机后的这些年，我国投资率过高而投资边际收益率下降的现象很明显，这使得经济高增长在很大程度上属于"虚火"。

2009—2013年，中国经济运行中的一些深层次矛盾不断发酵。这些矛盾集中表现在以下几个层面。

1. 宏观层面：产能过剩与有效需求不足的矛盾加剧，单位新增投资所带动的新增GDP不断减少，经济增长效益持续下降，经济增长过于依赖房地产和土地等资产价格的强势，基建和房地产开发推动的固定资产投资高增长难以维系。

2. 产业层面：过剩产能的范围和规模均大增，非金融企业部门资产负债率走高，融资成本高企，利润和自由现金流创造能力下降。

3. 住户部门层面：收入增速与GDP相比有所提升，但实际生活成本上升速度高于工资增长速度。

4. 财政层面：虽然财政收入增速在一段时期内仍快于GDP增速，但财政收支矛盾趋紧；政府部门负债规模快速增长，债务和赤字"地方化"，地方政府债务和赤字"表外化"。

上述矛盾印证以投资和出口为主导的经济增长模式愈发不可持续，中国经济需要转型为内需（主要是消费）主导的经济增长模式，为此既需要进行产业结构调整升级，也需要推进"从资本流向劳动，从利润流向工资，从政府和企业（主要是国企）流向私人部门（主要是住户）"的收入分配制度改革等。美联储政策转向导致的美元走强、美元利率上升、新兴市场国家贸易和资本项下美元流入减少等因素，同样会对我国经济造成压力，甚至可能对我国经济和金融稳定构成挑战。我国需妥善化解这些挑战。

面对复杂的国际和国内形势，中国经济迫切需要全面深化改革，通过改革逐步化解产能过剩和债务堆积等历史累积问题，发掘经济增长新动力，并应对复杂国际因素所带来的挑战。要化解经济的病症，先要完整、深入地理清这些病症以及其相互之间的关联机制。但单从实体经济领域分析，并不完整，还必须从与实体经济相对应的货币金融层面寻找答案。本章将构建一个货币金融和实体经济的三重对应分析框架，便于分析我国经济面临的问题。

第二节
货币金融和实体经济的关系：并非虚拟和实际

在展开三重对应分析框架之前，先简要讨论下货币金融与实体经济的关系。在理论上，货币金融和实体经济的关系通常被形容为虚拟和实际，有些理论更将货币视为实体经济的一层"面纱"。但如前文对欧元区结构性缺陷等问题的分析所示，两者的关系并非虚拟和实际这么简单。在现实中，实体经济和货币金融体系难以分离，货币和金融是现代信用经济的核心，对实体经济的影响是实实在在的，甚至往往是主导性的。

货币对实体经济增长的影响"非中性"

经济理论中货币中性论是指在一定条件下货币供应量的变动只会带来价格水平的变化，而不会影响实际产出。不过，货币供应量的变化不只影响一般价格水平的变化，还往往引起相对价格变化。而相对价格的变化会引起实体经济不同部门或行业利益分配格局的变化，从这个层面上看货币对实体经济的影响"非中性"。

作为一般等价物的货币是经济的润滑剂，也是价值储存手段，但其对经济增长是否中性在理论界争议很大。假设不同，结论就有很大差异。

一般来说，如果对货币数量论的方程式（MV = PQ）①进行简单差分计算，会有如下恒等关系：

$$(1 + \frac{\Delta V}{V}) \times \frac{\Delta M}{M} = \frac{\Delta P}{P} + \frac{\Delta Q}{Q} + \frac{\Delta P}{P} \times \frac{\Delta Q}{Q} - \frac{\Delta V}{V} \quad (1)$$

从（1）式看，货币供应量的变化大体反映在价格水平、实际产出和货币流通速度的变化上。不同的理论基于不同的假设，会对这些因素有不同的判断，并产生不同的结论。

古典经济学从费雪方程式（MV = PT）②之类的恒等式出发，提出了早期货币数量论。由于其假定经济处于一般均衡状态，因此实际产出始终位于生产边界上。在货币供应量变动冲击下，实际产出的短期变化率自然为零。如果货币流通速度不变，那么货币供应量的变动主要导致一般价格水平（$\frac{\Delta P}{P}$）变动，从而货币供给变动对实体经济增长的影响为中性。显然，早期货币数量论推定货币中性需要许多前提条件，比如经济处于一般均衡、货币流通速度不变、供给变动主要由生产边界的变动决定而不受货币供应量变动影响等。这些前提条件在现实经济中并非普遍成立。哪怕货币流通速度主要是特定经济和制度环境决定的常数，但从长期看，制度处于演变过程中，变动的制度决定的常数并不相同，特别是制度剧变过程中。比如在物物交换主导的自然经济或计划指令主导的计划经济快速转轨到市场经济的过程中，由于之前大多数经济产出和资产并不使用货币交易，因此随着货币交易范围不断扩展，倒算的货币流通速度会下降。这种情况下，货币供应量的猛增未必会导致严重通胀，其扩张效果在相当程度上被货币流通速度下降所对冲。

在新古典主义宏观经济学中，根据市场出清和理性预期等假设，货币在短期和长期都是中性的。货币供给变动只影响价格水平但不影响实际产出，从而货币

---
① M=货币供应量，V=货币流通速度，P=价格水平，Q=实际产出。——编者注
② T=商品和服务的交易数量。——编者注

政策无效。套用（1）式，在理性预期学派的理论体系中，货币供给冲击即 ($\frac{\triangle M}{M}$) 发生变化，经济主体基于理性预期会识别货币幻觉，从而自动调整市场价格水平 ($\frac{\triangle P}{P}$)，因此实际产出水平不变。卢卡斯（Robert Lucas）的理性预期假说在经济学研究中的广泛应用，是经济学发展史上里程碑式的突破。不过这样的假设在现实中还是往往过于理想化了，特别是在短期和中期的分析中。

在凯恩斯主义和新凯恩斯主义经济学中，达到充分就业之后，货币供应量的扩张对实际产出的影响是中性的，即货币供给增长只会影响价格水平而不会持续影响实际产出水平，从而通过货币政策调节货币供应量只影响价格水平而无法调节实体经济的产出水平。但在达到充分就业之前，货币供应量的扩张不仅利于提高货币流通速度和对抗通货紧缩，也利于提升有效需求、消除产能缺口和推动实际产出 ($\frac{\triangle Q}{Q}$) 增长。因此，在有效需求不足时，货币政策对促进短期经济增长是有效的。与凯恩斯主义类同，现代货币主义看重货币政策的作用。其与凯恩斯主义的主要分歧是：认为主要是恒久性收入水平影响货币流通速度和货币需求，这两项变量总体是相对稳定的，因此长期看用财政政策刺激总需求是无效的。

由于理性预期和市场出清的假设往往难以在短期中达到，所以其推论更多是长期均衡的结果。凯恩斯主义各流派的论述相对更贴近短期的现实。现代货币主义更关注长期经济发展的环境。概括来说，长期看经济是围绕与充分就业相对应的潜在经济增长水平波动的，但短期看未必，因此从货币供给和经济增长的关系看，长期货币超中性，但短期和中期往往并非中性。

不过，在达到充分就业或是一般均衡后，哪怕货币是中性或者超中性的（货币供应量的变化只影响价格水平而不引起实际产出的变化），也未必意味着货币供给变动对实体经济的影响是中性的。正如哈耶克所说，只有当货币供给只影响一般价格水平而不影响相对价格水平时，货币对实体经济的影响才真正是中性的。经济从来是一个利益场，经济系统就是一个利益驱动的系统。在货币经济中，货币化的收入分配格局至关重要，左右着经济增长中利益的分配，而新增货币供给显著影响着利益格局。在实现充分就业后的成熟市场经济中，哪怕新增货币供给只会导致价格水平上升，但也不是只改变一般价格水平。新增货币供给对不同商品和要素价格的影响幅度是不同的。货币增量并不会在同一时间等量地作用于所有商品和服务的价格，而是像在水中投石般逐圈向外扩散，对涟漪内圈的影响力大于外圈，先得到增量货币的持有者往往比其他主体得益更多。此外，如果货币供应量的变化引起不同商品和要素之间稳定的相对价格变化，即相对有利或不利于某些资产的相对价格，则等同于将经济发展的成果稳定地从其他经济部门输送给某些受益的经济部门。在这种情况下，新增货币供给进入经济的方式以及谁是新增货币的持有者至关重要，这就是所谓"坎蒂隆效应"。由于新增货币供给往往在经济周期的过程中影响着收入的再分配，因此根本谈不上货币对实体经济的影响是虚拟的或中性的。货币更像是"蜂蜜"而不是"水"。

就我国2001年之后这10余年而言，货币和信用创造对实体经济的利益格局产生了巨大影响，更容易得到新增货币供给，或者通俗地说距离"钱"近的部门获得了更快的扩张、分享到了更多的经济利益。举例来说，货币金融端的银行业和实体经济端的房地产相关行业在经济长周期繁荣中获得了更快的发展并分享到了更多的经济成长果实；能得到更有力的融资支持、持有更多房产相关资产的企业和住户在社会利益分配格局中的地位上升。银行业是新增货币供给的主要供给方，主导着新增货币供给的投向，其行业盈利规模长期居于各行业之首。房地产行业是大量新增货币供给最先流入的产业，房地产行业的赢利水平长期在非金融行业中居于领先地位。

货币和金融制度对实体经济的影响"非中性"

任何一种货币都是在特定的货币制度安排下通过金融系统来发挥作用的，特定的货币体系和金融制度会强化货币对实体经济的非中性影响。

从国际货币体系角度看，首先，一国的货币是全球主要货币还是外围国家货币，是主要储备货币还是非储备货币，显然对各国的实体经济都有很大的影响，

第九章会就此问题展开深入分析。其次，一国是固定汇率制还是浮动汇率制，是自由浮动还是钉住主导货币浮动，也会对一国的实体经济产生重大影响。最后，国际货币体系的不同架构更会对各国经济产生巨大影响，比如金本位制和布雷顿森林体系就存在明显差别。第一章中对所谓新布雷顿森林体系的分析就体现了国际货币体系对不同国家经济的重要影响。

从国内或区域内金融系统的角度看，金融系统是融资的主要提供者，能影响甚至决定各类主体从金融体系得到的融资规模和价格等。在特定的货币和金融制度下，实体经济中的各主体在金融系统眼中往往不是优先级相同的融资主体，金融资源的分配也往往不是简单的价高者得。就我国的情况来说，国有企业较民营企业更容易从金融体系中获得资金支持，且融资条件往往更好；行政级别较高的融资主体往往较行政级别较低的企业更容易获得规模更大、价格更优惠的信用融资支持；社会资源丰富的企业和个人更容易比其他主体得到更多更好的融资支持；重资产的房地产等企业就比轻资产的中小微工商企业更容易获得融资支持（因为前者毛利率高且有更多银行偏好的合格抵质押物），如此等等。显然，货币和金融对实体经济有很大的影响，甚至在一段时间内起相对决定性的作用，决定了什么样的主体、什么行业、什么部门能得到较好的融资条件而发展壮大。

综上分析，货币和金融是一国经济的核心，其对实体经济的影响是实实在在的，在很多方面甚至起主导作用。这就如同经济基础决定上层建筑，但上层建筑对经济基础有反作用，甚至在很多情形下决定什么样的经济基础能够生存发展。

第三节
再谈中国经济：从实体经济与货币金融的三重对应关系出发

如前分析，货币和金融是现代经济体系的核心，无论国际还是国内，对实体经济作用巨大。宏观层面上实体经济运行的特点或病症往往需要特定的货币和金融条件与之依存。

实体经济与货币金融的三重对应关系

对2008年后中国经济的核心特征，可做如下概括。

从实体经济的角度看：

首先，随着净出口占比和增速回落，投资（主要是基础设施投资和房地产开发为核心的固定资产投资）成为经济增长的主要推动力；经常账户失衡有所好转，但国内经济结构失衡仍在继续，突出表现为主要国家工业化过程中堪称最高的投资率和最低的最终消费率。如此高的投资率难以为继，特别是在投资边际收益率下降的背景下。

其次，产能规模和以房地产为代表的资产总量急速膨胀，周期性行业等普遍出现产能过剩，并且在2011年后加速恶化、扩散。

最后，资产价格膨胀，与基建、房地产链条相关的资产和不可贸易产品价格出现大幅膨胀，住宅和商业地产的价格涨幅尤其明显，房地产及其上下游行业成为国民经济的支柱性行业之一。

而从货币和金融的角度看：

首先，实体经济增长对融资的依赖不断加深，特别是随着经济增长日益依赖固定资产投资的撬动作用，我国经济增长需要金融机构提供越来越多的流动性支持；从国家收支看，经常账户和资本账户总体保持着双顺差，但金融危机后经常账户盈余在GDP中占比下降，我国资本账户的波动性趋于增大，并在2012年、2014年先后两次出现持续一段时期的逆差；外汇占款仍是基础货币供给的主渠道，但在2013年后该主渠道越发难以为继，基础货币供给的主渠道需要转变。

其次，各经济部门债务规模加速上升，其中非金融企业以及地方政府的债务总规模、增速和累计增长幅度尤其令人瞩目，债务问题逐步成为困扰中国经济的最重要问题之一。债务规模增速超过GDP增速和各部门收入增速，使得各经济部门的债务杠杆率（各部门债务/GDP）和资产负债率大幅上升。目前非金融企业部门的债务杠杆率超过150%，居世界前列。根据标准普尔公司估计，我国非金融企业债务融资市场规模在2014年已经超越美国，位居世界第一。

最后，金融系统资产规模快速扩张，给实体经济提供了巨量流动性支持，以M_2为度量的货币供应量高居世界首位，社会融资总量也不断扩容。与上述规模对应，我国央行和商业银行资产负债规模均远超美国，高居世界首位。

从纵向看，实体经济三方面的特征层层递进，可简要概括为：投资形成资产和产能，资产的核心是资产价值。货币和金融层面的上述特征也可简要概括为：融资的主要形式是债务融资，而通过银行等金融中介的债务融资对应着货币的创造和流通。

从横向看，实体经济和货币金融存在三组对应关系：投资对应融资；产能和资产对应债务；资产价值对应货币。三组对应关系构成了一个三重"表里"依存的系统。

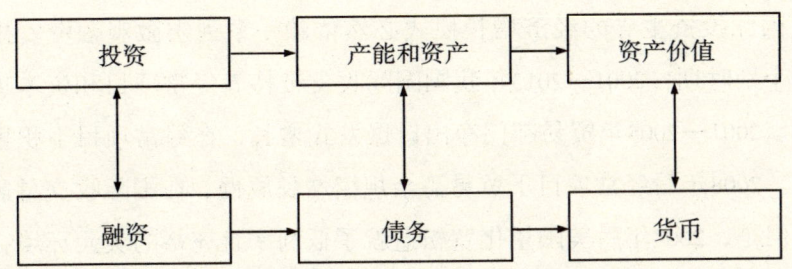

图 2-1 实体经济和货币金融之间的三重对应关系

资料来源：中信资本

具体来说：

1. 投资对应融资，实体经济层面的投资主导对应货币和金融层面的融资扩张；

2. 产能和资产对应债务，实体经济层面的产能和资产规模不断扩大对应货币和金融层面的债务规模不断膨胀；

3. 资产价值对应货币，实体经济层面的资产价值变动对应广义货币供给的变动。

上述每一重对应关系就好似一枚硬币的两面，难以分离。三重纵横关联的关系，提供一个简单明了的框架，便于更全面地把握2001年以来（特别是2008年后）我国实体经济和货币金融的关系。

投资膨胀的另一面是融资扩张

从实体经济和货币金融相结合的角度看，投资对应融资，投资膨胀的另一面是融资规模扩张。无论是固定资本形成还是存货增加，每一笔投资背后都需要融资来配合，没有可靠、可持续的融资安排，具体的投资计划无法画饼充饥。

2002—2013年中国经济增长主要靠投资和出口驱动，2008年之后投资更是成为经济增长的最主要驱动力。2008年后的投资增长主要依赖于基建和房地产投资的支撑，投资主导的经济增长模式在产业层面即体现为基建和房地产的快速膨胀。各类投资具有资金密集型的属性，快速增长的投资需要稳定、充裕和廉价的融资与之对应,因此投资主导的经济增长模式必然依赖一系列宏微观融资安排的支撑。除了极个别时期,2001—2013年我国国际收支维持着经常项目和资本项目双盈余的格局。2001—2008年贸易部门净出口爆发式增长,在经常项目下积累了大量外汇盈余。2008年后经常项目下贸易盈余规模增长放慢、在国际收支总盈余中占比下降。但是,2008年后美国量化宽松造就了低利率且充裕的美元环境,推动我国资本项目下盈余增长,部分对冲了经常项目下盈余增速放慢的影响。

通过金融压抑等一系列特定的货币和金融制度安排,国际收支盈余为我国提供了大量基础货币,不仅直接增加了金融机构可用资金,更为存款类金融机构的信用创造提供了大量高能货币。

首先,2007年前实行的强制结售汇制度和之后人民币升值周期导致境内机构意愿结汇较强,使得国际收支盈余顺利地转化为我国金融系统的外汇收入。1994年起我国实行强制结售汇制度,境内机构经常项目下外汇收入必须调回境内并卖给外汇业务指定银行。一直到2007年8月,强制结售汇制度才开始逐步撤销,先是当年国家外汇管理局(以下简称"外汇局")允许经常项目下外汇收入可自主保留或是卖给外汇业务指定银行,后是外汇局在2011年发文允许经常项目下外汇收入可自由存放境外。不过,由于我国禁止外币在境内流通,以及2005年以来人民币一直处于升值周期,因此在很长一段时期内居民部门及早将外汇收入结汇换成人民币是有利可图的,从而2008年以后企业意愿结汇动力仍强。显然结售汇制度的安排利于促使居民部门将国际收支盈余顺利结汇给外汇业务指定银行。此外,我国长期以来"宽进严出"的外汇管理体制也有利于外汇盈余的积累。

其次,不由财政部出资购买而由央行出资购买外汇储备的制度安排,使得央行购买外汇储备的同时通过外汇占款科目向国内投放人民币流动性。从商业银行层面看,由于对银行综合结售汇头寸等方面的规定,以及我国银行外汇资产类业务较少,因此外汇业务指定银行又将绝大多数代客等业务积累的外汇收入卖给了中央银行。从中央银行层面看,在2001—2013年这段时期,央行通过买入美元、卖出人民币等手段对外汇市场保持了较为密切的日常干预,确保短期汇率相对稳定。具体来说,由于国际收支双顺差等因素影响,人民币存在持续的升值压力。

为保持人民币汇率渐进升值，特别是在人民币升值压力较大的时期，央行除了调节人民币汇率中间价等干预措施外，更为重要的手段是大量向商业银行购买外汇、卖出人民币。因此，在央行直接出资购买外汇储备的制度安排下，一方面央行积累的外汇成为外汇储备的主要源泉，另一方面央行从商业银行购买外汇资产所投放的外汇占款就为实体经济提供了大量人民币流动性。此外，央行阶段性地调整从商业银行购汇的力度和节奏也起到调节人民币市场流动性的效果。

再次，经过坏账剥离和股份制改造的商业银行体系做大资产规模和盈利的动力很强。从20世纪末到21世纪初，我国商业银行体系坏账率高企，不少银行陷于技术性破产的境地。高达两位数的坏账率和严重的资本不足制约了商业银行的信用创造能力和放贷意愿。但经过前后近10年的努力，通过一系列坏账剥离、注资和股份制改造等措施，2001—2007年商业银行体系资产负债表持续显著修复，而且商业银行逐步建立了相对健全的现代企业治理结构，放贷能力和意愿明显改善。一系列法律法规、政策等所赋予银行的相对垄断地位（牌照优势、免费的国家隐性信用担保等），也使得银行业务发展空间广大。由于我国净息差水平高且比较稳定，因此银行资产规模扩张的边际收益较高。在高标准的业绩考核体制下，规模扩张和盈利扩张共同驱动的商业银行经营模式建立起来。银行扩张自身资产负债表的内在动力显著增强，各类业务创新日益多元化。而外汇占款猛增为商业银行信用创造扩张提供了关键性的支持，不仅直接增加了存款规模，也间接为商业银行的信用创造提供了大量高能货币。

然后，10余年来中央和地方财政支出均较为积极，在经历"国企改革和三年脱困（1999—2001）"为代表的改革后，国企投资需求强烈，从而政府部门和国企融资需求持续旺盛。2001—2013年，中央财政收紧的情形相当少见，相反倒是多次实行扩张性财政政策来支持短期疲软的经济。特别是2008年后，中央财政赤字规模逐年扩大。而扩大的赤字规模，就使得中央政府从金融系统的融资增多，主要体现为国债市场扩容。考虑到这一时期中央财政收入增幅巨大且在GDP中占比提高，可见中央财政一直较为积极。与中央财政相比，地方财政始终更为积极。特别是2008年以后，由于中央财政赤字有限，因此积极的财政政策主要靠地方政府担当主角,财政赤字趋于"地方化"。此外,由于GDP考核蔚然成风等因素影响,各地方政府强烈希望快速做大当地经济规模。短期内拉动GDP效率最高的手段就是推动基础设施建设、房地产投资和重工业投资等。由于不少地方政府传统的财政预算多为"吃饭财政",因此要投资就需要寻找新的财源、新的城市建设经营模式和新的融资渠道。新的财源,就是土地财政,即:政府低价从农民手中征收土地,然后对土地进行基础性的开发从而将生地做成熟地,最后通过招投标等程序将土地出让获得政府性基金收入。新的城市建设经营模式也就是用一整套商业思路来经营土地和城市建设:先是通过土地开发和出让来获取政府性基金收入,然后通过基础设施建设等手段推动房地产开发并获得房地产链条的税收等相关收益,最后房地产开发商再用绝大部分收益向地方政府购买更多土地,继续上述循环。土地财政和土地经营模式的形成和推广,极大拓展了地方政府的财力,并使地方政府实际支出规模显著放大。新的融资渠道,就是建立众多的地方政府融资平台。地方政府通过融资平台可以突破老《中华人民共和国预算法》(以下简称"《预算法》")对地方负债的一系列限制,进行大量债务融资,扩大土地财政和地方基础设施建设等。特别是2008年后,在刺激政策的鼓励下,地方政府融资平台如雨后春笋般建立。这些融资平台往往以土地或财政收入等提供隐性担保,大量从各类金融机构和金融市场融资。地方融资平台融资规模的增长既推动了地方投资,也导致地方政府性债务大增。在我国的政治架构下,地方政府是中央政府的派出机构,地方政府与中央政府的关系在法理和现实中都更像总公司和分公司,而非母公司和子公司。地方政府及其关联企业,既或多或少享有国家隐性信用担保,又大都具有预算软约束特征,对融资利率不敏感。因此,地方政府及其关联企业就成为商业银行等金融机构趋之若鹜的重要客户。这类主体相对更容易拿到商业银行表内信贷资源,也较容易通过较高的融资利率拿到更多的银行表外融资资源。2008年后,地方政府及其关联企业占据了越来越多的金融资源,来为其规模越来越大、边际效率越来越低的投资配备融资。

最后,金融压抑下长期偏低的实际利率为投资扩张推波助澜。在流动性相对过剩的时期,仅有金融机构的放贷意愿难以形成融资,还需有境内机构和个人的融资需求与之对应。我国长期实行利率管制，不仅管制存贷款基准利率的水平，也管制各银行存贷款利率围绕基准利率的波动幅度等。固然2009年后利率市场化逐步加速，特别是2013年后除了法定存款基准利率仍受管制外，其他的利率管制基本放开，甚至2014年过高的融资成本成为政策当局、金融市场的关注焦点。不过，在2001—2014年的绝大多数时期，利率管制在总体上仍较强，名义利率相对于经济增长速度偏低，扣除物价变动外的实际利率更低，甚至长期为负利率。若将利率与这一时期连年上涨的房价和地价等大类资产作比，实际利率更低。偏低的实际利率降低了实际融资成本，甚至使得融资本身具有赚钱效应，因此极大地鼓励了境内机构和个人的融资需求，特别是国有企业等。而旺盛的融资需求提振了经济的总需求，推动经济高增长、实际物价上涨压力较高以及房地产等资产价格连年上涨。显然，上述机制构成了一个正反馈循环。金融压抑实际上起到了扭曲国民收入分配格局的效果，将经济利益从储蓄者（主要是住户部门）转移到借贷者（主要是国企为代表的企业部门等）。

金融压抑下的投融资是这一时期中国经济快速增长的关键，也是改革开放以来甚至建国以来我国经济增长模式的核心特征之一。随着利率市场化进程加速，特别是未来数年可能面临利率市场化临门一脚（存款利率市场化），传统的投融资模式势必遇到越来越多的挑战，并暴露出诸多问题。

一枚硬币的两面：产能过剩与债务堆积

实体经济层面，固定资产投资是投资（在GDP核算中投资包括固定资本形成和存货增加）的主要内容，而固定资产投资主要形成了工业产能和房地产之类的固定资产。2008年后，持续过高的投资率导致产能过剩日渐严重，也使得部分区域的房地产逐渐趋于过剩。

投资需要融资安排来支持。一般而言，融资安排包括三种：自有资金、债务融资和股权融资。自有资金指的是政府、企业或住户等的自由现金流，比如政府的财政收入、个人可支配的工资收入和财产性收入，以及企业的经营性现金流等。股权融资则包括股票市场上各种股权融资和非上市股权融资。债务融资包括非金融债务融资和金融债务融资。企业的非金融债务融资主要包括两部分：一是通过应付账款向上游企业融资，二是通过预收账款向下游企业融资。金融债务融资主要包括通过银行等各类金融中介机构或是在金融市场（银行间债券市场和交易所债券市场等）中进行债务融资，以及通过非正规的"类金融"机构（如地下钱庄）等民间渠道进行债务融资。从某一时点看，相对于固定资产投资项目或者拟购买个人住房所需的金额而言，自有现金往往是有限的。为使投资计划顺利完成，自然需要引入金融债务融资或股权融资等外部融资。从提高经济效益的角度看，也有必要使用债务融资撬动财务杠杆，或是通股权融资募集使用限制较少的资本金。非金融债务融资渠道有限、不具有杠杆效应，而且通常占用其他企业的自由现金流。显然，企业从正规金融机构所能得到的融资规模和总体融资效率远高于非金融机构和"地下"金融机构。因此，在企业投资项目所对应的融资或者个人购买住房所对应的外部融资中，通过正规金融系统的债务融资占大头。总的来说，在2001—2013年这段时间里，与投资规模放大相一致，债务融资和股权融资规模皆有显著的扩张，其中通过金融系统的债务融资仍占绝对份额。

2008年以后，我国投资率在短时间内快速上升，政府主导的基础设施建设投资以及房地产投资等均在短时间内大幅增长。资金密集型的投资爆发式增长，势必要消耗大量资金。但短期内经营性现金流等自有资金难有显著增长，投资计划所需融资中自有资金占比势必下降，从而投资所需融资更多需要通过外部融资来满足。债务融资的财务杠杆撬动作用更显著。而2011—2014年上半年，股市低迷，股票市场融资金额仍与2007年和2010年有较大差距。因此，投资对应的融资主要靠金融债务融资撬动财务杠杆。从货币金融层面看，2008年后，无论间接债务融资（银行信贷等），还是各类直接债务融资（各类债券等），规模均有井喷式增长。2007年银行表内新增信贷规模仅为33600亿元，而到4万亿刺激计划高峰的2009年就猛增到95900亿元。2009年及之后表内信贷规模控制趋严后，信贷指标稀缺，因此银行不仅在表内通过增持信用债和同业资产规模来替代信贷向企业放款，更在表外开展了如火如荼的各类创新型融资业务，通过委托贷款、信托贷款、券商资管计划等通道大量扩张信用融资规模，使得社会融资规模大幅攀升。

绝大部分金融债务融资对应着金融部门的债权资产。考虑到银行表内外资产规模在我国金融机构中居绝对主导地位，以及债权类资产在银行表内外资产中的绝对主导地位，因此可用银行业表内外的资产规模来粗略观测这一时期融资规模的飙升。银行表外业务规模不易准确估计，大致可用银行理财业务规模来观测。根据中国银监会历年年报统计，商业银行理财业务余额在2009年年底为9744亿元，但到2013年年底就猛增10倍多，至102111亿元。严格来说，银行表内债权资产规模应该用资产规模减所有者权益、存款准备金等估算，但可用银行业资产规模来粗略观测。根据银监会年报，2008年年底我国银行业资产规模为62.4万亿元，2013年年底猛增至151.4万亿元，2014年6月底更进一步增至162.95万亿元。

与金融机构表内外信贷规模大增相对应，非金融部门债务存量暴增，特别是地方政府和非金融企业部门债务存量规模攀升极快。由于投资所对应项目的利润创造能力下降等原因，地方政府债务问题和非金融企业债务过高的问题日益升级。

2008年后，由于经济内生动力不足，政府为保增长，出台了4万亿刺激计划等多次经济刺激。政府历次经济刺激最主要手段是刺激"铁公基"等基建投资，并以此撬动房地产投资等。中央财政提供的资金有限，基建投资主要由地方政府提供配套资金，这就使得地方政府债务融资具有一定刚性。此外，地方内在投资冲动仍十分强烈，集中体现就是通过加大固定资产投资快速推升当地GDP。有两种方式最受地方政府欢迎也最为盛行，一是通过加大基建投资来拉动房地产投资，并做大政府性基金收入，然后继续循环；二是积极扶植资金密集型的产业投资，如能源、化工、钢铁、光伏等，以便在短时期内快速做大地方GDP。因此，2008年后快速膨胀的固定资产投资使得地方政府债务规模快速积累，成为当下政府债务问题的集中体现。根据国家审计署的审计结果报告，截至2010年年底，全国地方政府性债务余额107174.91亿元；但到了2013年6月底，全国地方政府性债务余额猛增至178908.66亿元。经过折算，两年半期间，地方政府性债务年化平均增速高达26.77%，粗略估算地方政府性债务与GDP的比例从2010年年底的26.7%猛增到2013年年底的35.7%。

表2-1　国家审计署两次审计的地方政府性债务余额

	2010年年底（亿元）	占比	2013年6月底（亿元）	占比	平均增速
政府负有偿还责任的债务	67109.51	62.62%	108859.17	60.85%	24.88%
政府负有担保责任的或有债务	23369.74	21.80%	26655.77	14.90%	5.62%
政府可能承担一定救助责任的其他相关债务	16695.66	15.58%	43393.72	24.25%	63.96%
地方政府性债务余额	107174.91	100.00%	178908.66	100.00%	26.77%

资料来源：国家审计署审计报告，中信资本

　　非金融企业部门债务在我国各部门债务中占比最高，且2008年后快速攀升，是我国债务结构的另一个突出特点。2008年后，随着工业产能等快速上升，非金融企业部门的债务规模快速攀升。目前缺乏准确的非金融企业部门债务规模统计，不过几乎所有估算都表明：2012年后，我国非金融企业部门债务比重（债务/GDP）已远超90%的国际警戒线；即使扣除非金融企业部门中地方政府平台公司等地方政府性债务后，余额占比也远超90%警戒线。根据中国社会科学院发布的《中国国家资产负债表2013》，截至2012年年底，非金融企业部门债务余额72.12万亿元，占当年GDP的比重为139%；扣除地方政府平台债务规模后的非金融企业部门债务规模为58.67万亿，占当年GDP的比重为113%。上述比重在该报告统计的所有国家中高居榜首。2012年后，非金融企业部门债务仍在快速上升，债务问题更加恶化，部分海外机构估算认为，2013年后非金融企业部门债务与GDP的比重已接近200%，在全球主要经济体中高居榜首。

　　2008年后非金融企业债务比重快速上升说明了很多问题。

　　首先，这表明企业投资项目的利润和现金流创造能力变差，边际利润率急剧下滑，因此需要更多的债务融资来支持投资。

　　其次，在边际利润率下滑的情况下，部分企业更多用债务融资做大财务杠杆的方式来维持盈利规模增长。

　　再次，这说明很多非金融企业，特别是国有企业，在一段时期内从利润最大化导向异化为规模最大化导向，无效投资增多。通过刺激基建和房地产投资来拉动经济增长的模式不仅日益周转不灵，而且快速步入下坡路，后遗症日渐显现。

然后，随着债务规模不断增长，融资成本不仅日益成为影响非金融企业部门盈利的最重要因素之一，而且也日益成为制约投资增速和经济增速的核心因素之一。外部融资稳定与否日益成为主导企业生死存亡的重大变量。融资环境宽松与否对行业性信用风险、区域性金融风险乃至系统性金融风险的影响越来越具有决定性，流动性边际收紧很容易引爆各类风险事件，甚至不能继续宽松都会导致各类信用事件频发。

最后，这说明政府力推的结构性调整和化解产能过剩的努力虽有进展，但仍有很长的路要走，在不能市场出清的条件下，越来越多的企业沦为僵尸型企业，依靠不断的再融资来维持生存。

概括以上分析，包括基建、房地产和制造业投资在内的总投资扩张形成大量产能和资产，而融资扩张的结果主要是债务堆积。于是，与2008年后不断加剧的产能过剩和2014年以来逐渐凸显的房地产过剩相对应，政府部门和企业部门的债务规模及比重快速上升，这两者是一枚硬币的两面。虽然中央政府债务占比不高，但地方政府债务规模快速扩张，某种程度上可以看作财政赤字"地方化"；非金融企业部门债务规模比重过高，渐进式的结构调整和化解产能过剩的效果仍需观察；中国经济所面临的债务负担日渐沉重，债务问题日渐成为中国经济改革和转型过程中的中心问题；投资和经济增长日益依赖融资，货币和金融对经济的主导性作用增强。

资产价值膨胀和货币供给膨胀

现代中国和全球经济均为法定信用货币主导下的货币经济，任何资产的价值都是在货币计价的交易中用货币价格来体现的。虽然可能存在其他因素导致的时滞或阶段性不同步，但大类资产价格（如房地产价格）的趋势性变动离不开货币供应量变动的支持。

而本书所述三重对应关系的最后一重，即为资产价值对应货币，实体经济层面的资产价格变动与广义货币供给的变动关系密切。资产和货币的关系经常被形象化地比喻为"面（资产）和水（货币）"的关系，所谓"面多了（货币供给偏少、通货紧缩、经济运行偏冷且不畅），加水（增加货币供给、为经济注入流动性）；水多了（货币供给过多、经济过热、通货膨胀和资产价格泡沫），加面（增加资产供给）或者抽水（收紧货币供给）"。上述说法有一定道理。货币既是一般等价物，又是价值储藏手段。于是，资产和货币永远处在天秤的两端，如果可交易的资产规模增速持续快于货币供给增速，则大量资产追逐少量货币，结果是大类资产价格趋于下跌；如果资产规模增长持续慢于货币供给增速，则大量货币追逐有限的资产，结果是大类资产价格趋于上涨。因此，资产价格很大程度上是货币现象，脱离货币的变动来分析资产价格的变动只会误入歧途。不同于金本位时期，在法定信用货币时代，中央银行调节基础货币的能力远高于金本位时代，货币政策调控下货币供给等的变动幅度和灵活性大于资产端的供给，因此货币对资产价格更具主导性。

2001年以来，中国经济非常典型的两个特点是：在实体经济层面，物价（CPI和PPI[①]）和以房地产为代表的资产价格累计涨幅巨大，特别是土地和房地产价格经历了10余年几乎只涨不跌的长周期繁荣；在货币和金融层面，以央行资产负债表资产端来衡量的基础货币和以M_2等衡量的货币供应量经历了10余年长周期高速扩张。

自2011年三季度物价冲顶回落后，上述趋势出现了些新的变化。

首先，在实体经济层面，资产价格开始逐步出现下行风险。由于产能过剩不断加剧，2010年后部分工业生产者出厂价格持续下跌。CPI虽暂无通缩隐忧，但总体温和。2010—2013年房地产累计涨幅仍尤为巨大，特别是以北上广等一线城市为代表的中心城市。不过2014年后，房地产行业开始步入景气下行周期。三四线

[①] CPI：居民消费价格指数；PPI：工业生产者出厂价格指数。——编者注

城市的房地产价格和销售情况下行较为显著,一二线城市的房地产市场调整幅度虽弱于三四线城市,但终难避免趋势趋同。房地产行业的周期性变局会带来多重影响。一是使得基建投资独木难撑固定资产投资高增长,投资主导的经济增长模式日益没落;二是使得基建投资和房地产开发之间互相推动的正反馈循环进一步被打破,导致土地财政循环将出现系统性的失灵,公共财政特别是地方财政收支的压力将持续加大;三是房地产价格下行风险会通过抵押品的市场价值缩水等渠道对银行等金融部门的资产质量和信用供给增长产生负面影响。

其次,在货币金融层面,金融系统的流动性创造能力开始遭遇瓶颈。2011年后以外汇占款为主导的基础货币发行主渠道持续萎缩,基础货币供给增速放慢、稳定性变差。受制于经济下行期坏账率升高、信贷规模管控、资本充足率约束以及表外非标业务整顿等影响,商业银行流动性创造能力趋于下降,M_2增速趋于下滑。2013年下半年所谓"钱荒"之后,国内信用风险加大等因素导致金融部门开始主动收缩信贷和类信贷供给增长。此外,2013年以来,我国的流动性环境还持续面临美联储宽松政策逐步退出可能导致的被动收缩风险。

总的来说,上述实体经济和货币金融层面的变化是相互对应的。

如果用三重对应关系全面分析我国债务问题,可以发现当下的债务问题并不只是表现为债务规模和债务杠杆偏高,也表现为近年来投融资更为不平衡、不稳定,更表现为产能过剩以及资产低效无效所带来的经营性现金流和利润等偏弱。利润和现金流的创造能力显著变差,使得投资形成的产能和资产中相当多比例变为过剩产能和低效无效资产,这是近几年来债务问题恶化的核心原因。而且这种局面在中期并不易改变。于是资产价值的稳定以及投融资的相对稳定过于依赖货币条件宽松所带来的资产价值重估,而非资产或产能自身远期经营性收益改善。一旦相对外生的货币条件增长放慢或收缩,资产价值上升的预期就可能被打破,部分资产价格随之就有雪崩的风险。即使没有外生的紧缩冲击,债务高企和资产无效化的现状也使得投融资变得更为不稳定。虽然不断通过货币宽松等手段能暂时维持稳定,但这种稳定只是表象,现有投融资系统中内生的信用崩塌风险仍不断积聚。去产能迟迟不到位意味着中期债务问题的压力仍较大,仍需要较多的再融资来维持，从而融资需求难以持续下降；但是，有限金融资源日益集中于体制内的核心，体制外企业在融资资源等分配中的边缘化特征越发清晰，其信用风险仍将继续暴露。

资产价格更多内生于货币，但货币供给却在相当程度上是外生的。如第一章所述，中国处在所谓新布雷顿森林体系外围国家的核心，而美国属于该体系的中心国家。由于人民币事实上钉住美元并且用美元储备作为保证来发行人民币，因此美国货币政策的变化对国内货币流动性环境有很大影响。具体来说，如果基础货币发行的主渠道不改变、人民币钉住美元的汇率制度不改变，那么美联储宽松货币政策的退出会对国内流动性环境产生收紧作用。哪怕美联储加息周期的累计幅度不如历史同期（1994年、2004年），全球美元流动性收紧对我国流动性环境的影响也不容小觑。于是，外生的货币冲击会对国内资产价格产生冲击，并可能打破脆弱的投融资链条。未来我国的货币金融机制需要进行一系列转变，其中货币创造机制（包括基础货币发行和信用创造两部分）的转变是中心环节。

为便于展望未来的货币金融新周期，下文将在第三、四、五章对过去10余年的货币创造机制深入分析。经济理论研究中为了便于研究问题，可对世界进行无数种理想化的建构。但现实不同于模型的理想化架构。一方面，存在即合理，现实中的存在都有其合乎逻辑的存在理由；另一方面，万物皆有由来，任一时期特定的机制更是如此。不明白我国货币创造机制的过去和现在，就很难对未来做出恰当的预见。

第三章
外汇占款创造基础货币机制的兴衰

货币是人类文明发展到一定阶段的产物。货币的出现润滑了交易过程、降低了交易成本，从而极大促进了人类文明的发展。货币史上先后发生了两个划时代的变化。一是出现了从事存贷款业务的商业银行，从此纸币（前期主要是银行券）和信用中介登上历史舞台。二是出现了中央银行，从此铸币权大都被中央银行垄断，法定信用货币（以下简称"法币"）取代了银行券，货币也有了基础货币（中央银行主导）和信用（商业银行等信用中介主导）之分。法币产生后，很长时间内法币价值都和黄金等贵金属直接挂钩，典型的如20世纪初英国等实施的金本位和二战后"美元与黄金挂钩、各国货币与美元挂钩"的布雷顿森林体系。20世纪70年代以来，随着布雷顿森林体系彻底崩溃，各国法币币值与贵金属价格脱钩，作为一般等价物的贵金属也基本退出了货币流通环节。现代主要经济体都是货币价值与黄金等贵金属脱钩的法币经济。货币创造的过程也大致可以分为中央银行主导的基础货币发行和商业银行等金融中介主导的信用创造。

央行主导的基础货币又被称为高能货币，其边际变动可通过货币乘数对货币供给产生很大的杠杆效应，因此基础货币供给的变化对货币供给的变化极为重要。不同的基础货币发行机制对货币供给和实体经济影响均举足轻重，甚至从源头上塑造了实体经济和金融系统的很多特征。比如在金本位制下，基础货币供给增速受到黄金产量的限制,从而货币供应量在一段时期内可能落后于实体经济产出增速。这使得金本位制下经济时常有通货紧缩的倾向。又比如在现代法币经济下,由于货币当局对货币供应量的控制能力强于金本位制下的情形,因此政策当局对经济增长和就业增加的相对偏爱就使得通货膨胀比通货紧缩更为常见。

2001—2013年,央行口径下的外汇资产规模快速扩张,央行新增外汇占款成为我国基础货币投放的主渠道,并且这种基础货币发行方式经历了一个由盛到衰的过程。具体来说,从2001年之后,新增外汇占款主导的基础货币发行方式迅速崛起,并在2004—2009年处于鼎盛时期。不过,2010年后上述基础货币发行机制开始走向下坡路,到2013年后更是明显衰落。外汇占款主导的基础货币发行机制的兴衰,既与2001—2008年中美主导的国际收支失衡和2009年后美联储量化宽松政策等关系紧密,又与2001年至今我国投资和出口主导的经济增长模式的兴衰紧密相连,是理解2001年以来中国经济和金融的一把核心钥匙。

第一节
央行"被动"主导的基础货币发行机制

基础货币与央行资产负债表

在现代中央银行制度下,基础货币是央行的负债,是央行为信贷和广义货币扩张所提供的流动性支持。基础货币主要包括银行在中央银行的存款(包括法定存款准备金以及超额存款准备金)和流通中的现金(包括银行库存现金和银行外社会公众持有的现金)。

从我国货币当局资产负债表看,基础货币大体对应着央行负债端的"储备货币"一栏。由于储备货币是货币当局负债的主要来源,因此基础货币的扩张大体对应着货币当局负债规模的扩张。根据货币当局资产负债表复式记账法的编制规则,央行总负债与总资产永远是平衡的,即恒有"央行总资产=央行总负债"。因此央行负债端规模扩张必然意味着资产端规模同时扩张。从具体操作看,实际上更多是央行资产端的扩张决定负债端的扩张,央行负债端特别是基础货币规模的变动主要由央行通过资产端的若干工具来调整。基础货币规模的变动很大程度上是央行调整自身资产负债规模和负债结构(在历史上主要是用央票存量规模的变动来调整)的结果。而基础货币发行方式主要对应着央行以何种形式或工具调整自身资产端的规模。

表3–1 货币当局资产负债表结构

(单位：亿元)

国外资产	280169.49	储备货币	279898.66
其中：外汇	272131.01	其中：货币发行	63260.47
其中：货币黄金	669.84	其中：其他存款性公司存款	216638.19
其中：其他国外资产	7368.65	不计入储备货币的金融性公司存款	1516.55
对政府债权	15312.73	发行债券	7132.00
对其他存款性公司债权	14556.64	国外负债	1477.31
对其他金融性公司债权	8809.15	政府存款	33282.98
对非金融性部门债权	24.99	自有资金	219.75
其他资产	10825.59	其他负债	6171.34
总资产	329698.60	**总负债**	329698.60

资料来源：中国人民银行（2014年6月表）。

从货币当局资产负债表来看，央行调整资产端规模的主要渠道有以下4个：

1. 调整"国外资产"，主要是调整外汇资产（即央行口径外汇占款）；

2. 调整"对其他存款性公司债权"，主要是通过公开市场各类逆回购和再贷款等操作来调整对商业银行的债权规模；

3. 调整"对政府债权"，主要是通过二级市场买卖国债等方式调整对政府债权，目前该类资产全部为对中央政府债权；

4. 调整"对其他金融性公司债权"，主要是通过再贷款等手段调整对其他金融性公司债权，历史上为了维护金融稳定曾大量使用这一渠道救助陷入危机的其他金融性公司。

如果做简单区分，上述四类渠道可区分为两大类，一是国外资产，二是包括2、3、4类在内的国内资产。前者相对外生，居民部门有净外汇收入并经银行等金融中介机构卖给央行，才能有基础货币投放。后者相对内生，只要央行有授权且有意愿，便可主动创设。虽然通过主动调整央票规模和正回购规模等负债端工具，也可以调整短期基础货币吞吐。但由于长期看,经济发展需要更多的流动性支持,从而央行在中长期是扩表倾向,资产端的工具才是长期基础货币发行的主导性渠道,央票和正回购更多起到的是负债端"资金池子"的作用。

外汇占款主导基础货币发行的时代(2001年以后至今)

通常说的外汇占款包括两个口径。一个相对广义,反映在央行报表系列的金融机构人民币信贷收支表(包括央行和其他存款性公司等)中的"外汇占款"口径;一个相对狭义,反映在央行报表系列的货币当局资产负债表的"外汇资产"一栏,后者的变动才直接引起基础货币供给和央行资产负债表规模的变化。本书所说外汇占款主导的基础货币发行机制中的"外汇占款"为后一个口径。在1997—2001年,抛开时代背景和具体原因不谈,虽然新增外汇占款对基础货币供给已很重要,但我国基础货币供应主要通过内生渠道,即:央行通过再贷款、再贴现等手段调节对其他存款性公司债权、对其他金融性公司债权,进而吞吐基础货币。

央行外汇占款的最终来源是国际收支。从我国国际收支表上看,其来源主要有三个:经常项目下的贸易盈余、资本项目下的新增FDI和资本项目下的其他资金流入。

2001年以来,受经常项目下净结汇和资本项目下外商直接投资(FDI)增长等盈余的共同推动,新增外汇占款高速增长。

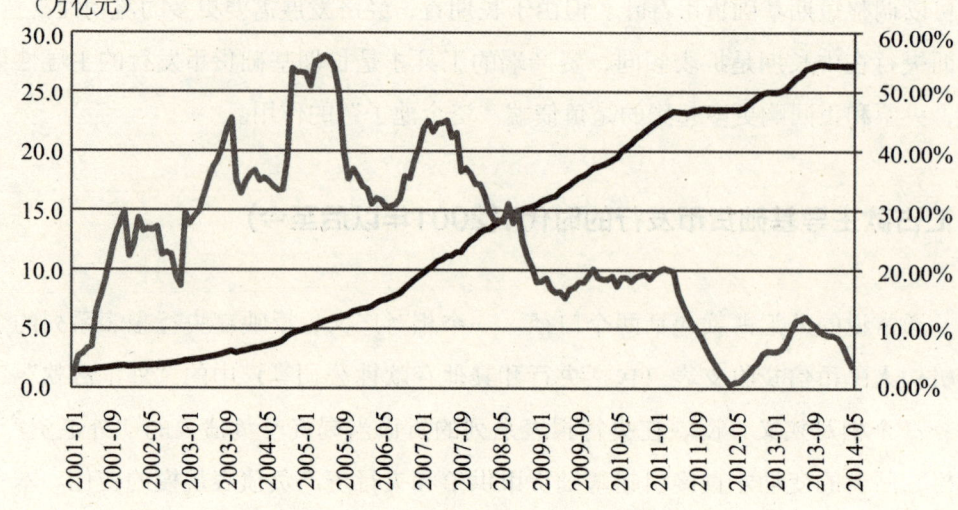

图3-1　2001年以来央行口径外汇占款规模变动情况

资料来源：Wind资讯，中信资本

2000年12月末，央行口径外汇占款仅为14814亿元。经过2001—2009年外汇占款机制鼎盛时期的持续高增长，到2009年年底央行口径外汇占款猛增至为175154亿元，期间复合年均增速高达31.6%。在2003—2009年间，历年新增外汇占款均超过当年新增基础货币规模，推动2001年以后新增外汇占款与储备货币比率快速攀升，至2009年达到极大值121.6%。

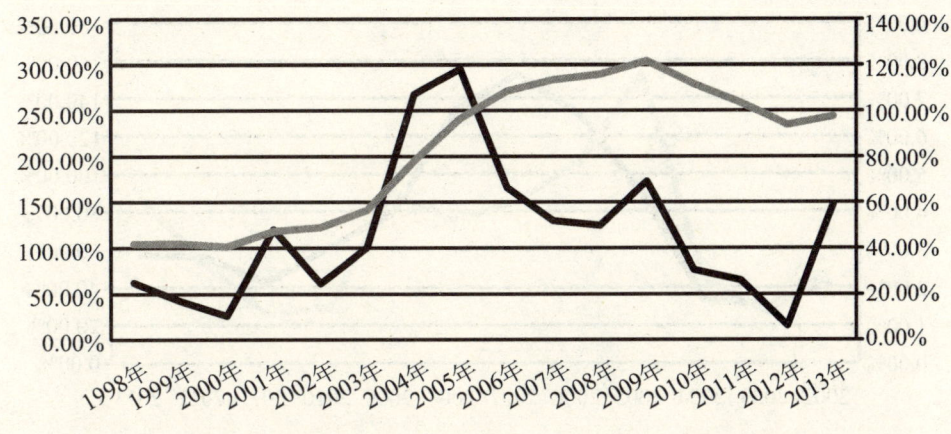

图3-2 1998年以来外汇占款与基础货币的数量关系

资料来源：Wind资讯，中信资本

2001年后，随着基础货币发行机制从相对"内生"转为相对"外生"，央行资产负债表的资产结构也发生了显著改变。

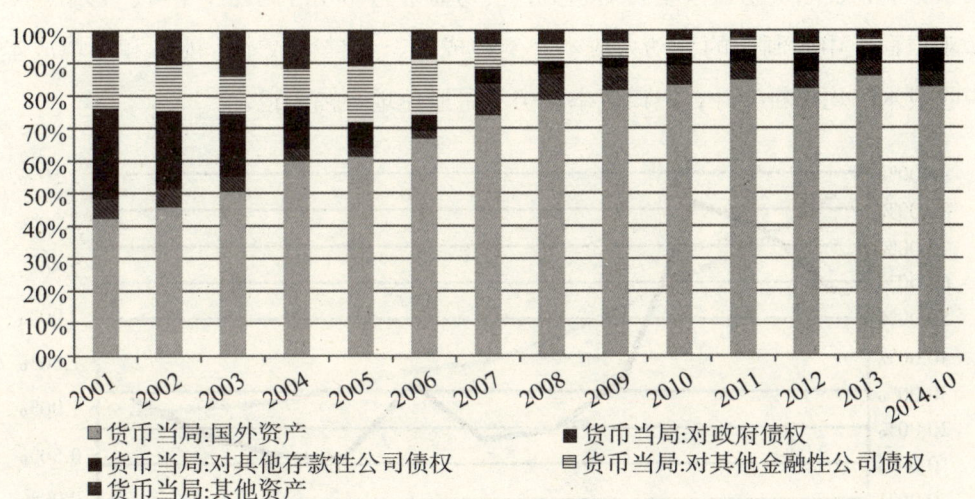

图3-3 央行资产构成的变化

资料来源：中国人民银行，中信资本

不过，2009年后外汇占款创造基础货币的机制由盛渐衰。央行外汇占款的三个来源的增长前景均不乐观。

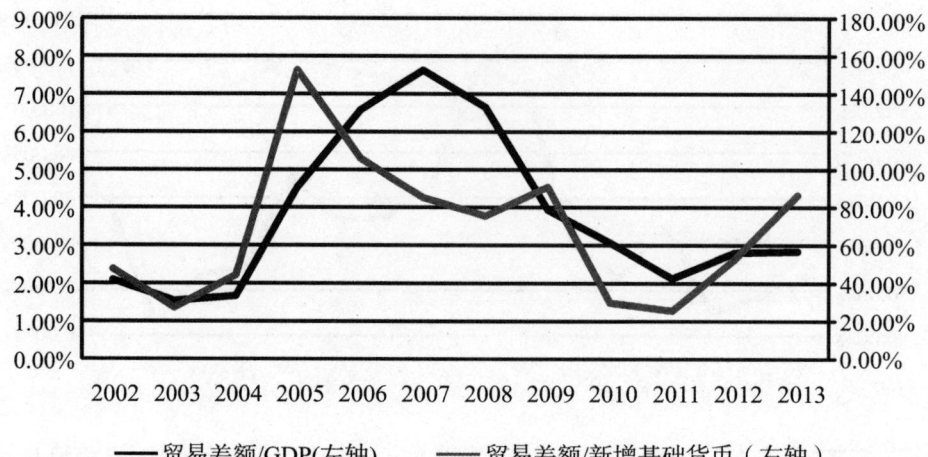

图3-4 2003年以来我国贸易差额与GDP、基础货币的比例关系

资料来源：Wind资讯，中信资本

2008年后，受全球经济复苏相对疲弱、国内出口部门竞争力比较优势下降等因素影响，我国贸易盈余呈收缩趋势，贸易盈余与GDP占比逐步下降。10余年来，微观层面上中国制造的劳动力成本、土地成本、原材料成本、能源和环境成本、税收成本等均不断上升，出口成本优势不可避免地大幅消退。

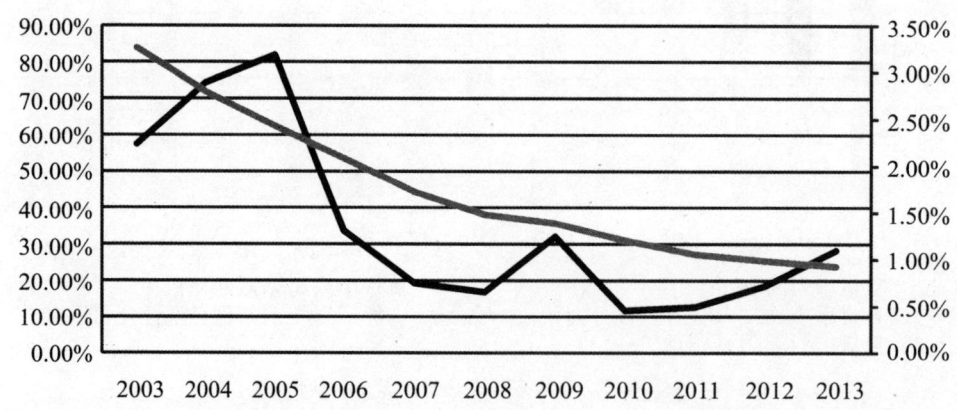

图3-5 2003年以来我国实际利用外资与GDP、基础货币的比例关系

资料来源：Wind资讯，中信资本

此外，由于国内成本上升而投资回报率下降、部分制造业回流美国等，新增FDI增长空间有限；受制于美联储将逐步退出量化宽松政策、我国对外投资规模的扩大等，资本项目下资金流出压力渐大。

三大来源的变化使得新增外汇占款规模未来呈减少趋势且波动很大。央行外汇占款在2013年年底达到264270亿元，2010—2013年复合平均增速10.8%，远低于2001—2009年。在2012年和2014年的第二季度，外汇占款更是出现季度负增长。于是，外汇占款对基础货币供给增长的贡献减弱，央行外汇占款与基础货币的比率也从2009年的高点121.6%下滑至2014年6月底的97.2%。面对2014年后美联储宽松政策逐步退出的前景，资本流出的隐忧不时显现，外汇占款增长前景更不容乐观，从而对基础货币供给和货币供给造成越来越大的制约。

总的来说，2001—2013年，我国处于外汇占款主导基础货币投放的时代，新增基础货币主要来自央行向其他存款性公司（主要是几家外汇业务指定银行）购买这些银行的外汇占款。随着外汇占款由盛至衰，未来基础货币供给会从外生渠道主导回归内生渠道主导。

"被动"的央行

理论上，央行主导基础货币发行，只要央行愿意并有足够授权，央行有充足的手段决定基础货币的发行规模，并能完全控制自身资产负债表的调整进程。不过现实中的情况复杂些，央行货币政策目标往往不止一个。如果不同的目标相互"打架"，央行的顾忌就比较多，也就可能显得较为被动。

我国央行的目标经历了一系列演化。在1993年国务院的《关于金融体制改革的决定》中，央行的主要目标是价格稳定。到了新世纪后，央行的目标则至少包括"保持物价稳定、促进经济增长、支持就业增长和保持国际收支平衡"4个。2012年以来，央行的目标事实上还要加上"保持金融稳定，守住不发生系统性和区域性金融风险的底线"。各个目标对货币政策的要求往往不尽一致，短期经济增长或物价稳定这两个目标便常常不一致，国际收支平衡和经济增长有时也有矛盾，如此等等。目标越多,自然平衡越难,央行也就容易陷入某种意义上的"被动"。

在外汇占款主导基础货币发行方式的时代里,央行对基础货币发行的主导就显得相当"被动"。这种被动大致分为两种情形,一种是外汇占款繁荣时"被动"大量投放外汇占款,使得央行基础货币供给增速过快;另一种是外汇占款衰落时,新增外汇占款减少,使得央行"被动"放慢基础货币供给增速。

1. "被动"加快基础货币供给增速。

第一种情形的典型时期是2004—2011年。

2004—2008年是经常项目下外汇收入盈余增长的高峰时期,FDI等增长也较快。虽然2004年后国内流动性过剩开始露头、通胀压力较大,但是面对居民部门滚滚而来的净外汇收入结汇,央行仍不得不在外汇市场大量买进外汇并投放大量人民币。基础货币过快增长,助长了国内的流动性泛滥,推动了资产价格快速上涨,并逐步累积了通胀压力。此外,虽然这一时期央行不断提高法定存款准备金率,猛增的基础货币仍提高了银行可贷资金(超额存款准备金率快速上升),并为4万亿刺激计划推出后的信贷井喷提供了大量的高能货币储备。

2008年后,随着净出口增速下降,经常项目下贸易盈余带来的外汇占款增长放慢。但是美联储资产负债表扩张等因素使得资本项目下的资本流入加速,从而部分对冲了经常项目下贸易盈余占比下降对外汇占款的负面影响,延缓了外汇占款主导基础货币发行机制衰落的进程,特别是美联储资产负债表扩张最快的2009—2011年。

"被动"投放的外汇占款推动了央行资产负债表规模扩张,使得央行资产规模于2006年就已跃升至世界第一。理论上央行可以调节自身资产负债表增长速度,但这一时期有诸多原因导致央行较为"被动"地快速扩张自身资产负债规模,这里主要强调两点。

(1)汇率制度方面的安排使央行陷入"被动"。

保持汇率稳定以促进出口的政策考量居于主导地位,限制了央行汇率和利率政策的操作空间。

2001年加入WTO后,我国贸易盈余激增,导致人民币升值预期。但在2005年

7月人民币汇率改革启动之前，人民币汇率完全固定在1美元兑8.27人民币左右，人民币汇率波动区间微乎其微。弱势的人民币汇率进一步增强了贸易部门的出口竞争力。2007年前我国实行严格的强制结售汇制度，居民部门必须将经常项目下的外汇收入等卖给外汇业务指定银行，而央行也只能"被动"地接受商业银行的大量结汇（来源为居民部门净外汇收入），因此央行外汇占款被动扩张压力很大。

剧增的外汇占款增加了潜在的通胀压力，固定且弱势的人民币汇率政策也受到了来自美欧等国越来越大的国际压力。在2005年人民币汇率改革启动之后，由于长期累积的人民币升值压力很大，如果人民币完全自由浮动，那么人民币短期升值压力很大。出于保持出口部门竞争力、展现我国政策独立自主，以及避免日本广场协议短期大幅升值的负面效果（当时普遍认为1985年广场协议后日元一次性剧烈升值是1990年左右日本泡沫经济硬着陆的重要原因）等考量，我国汇率改革选择了渐进式小幅升值的路径。

但是，由于短期升值幅度小，因此人民币仍离均衡汇率较远，从而无助于减轻央行短期购汇压力。哪怕在2007年强制结售汇制度逐步取消后，央行的购汇压力仍很大。这背后的逻辑是，如果央行不接受外汇业务指定银行结汇，这些银行的外汇和人民币收支可能无法平衡，其人民币流动性会快速消耗，需要大量在银行间外汇市场上抛售外汇或从银行间本币市场拆借人民币资金。外汇业务指定银行在银行间外汇市场持续单方向为主的抛售显然加剧短期人民币升值压力，不利于人民币短期汇率稳定。外汇业务指定银行传统上也是人民币资金市场上的主要资金拆出方，其转为持续大规模净拆入资金，会增加人民币资金市场的紧张气氛，造成资金市场的结构性紧张，推动短期利率水平上行。短期利率紧张如果持续，迟早会将压力传导至长端债券市场和信贷市场。为维持美元兑人民币汇率短期稳定和银行间资金市场稳定，央行只能被动地接受商业银行的大量结汇。

此外，事后看，渐进升值的汇率改革战略导致了长期的人民币稳定升值预期，意味着货币当局为市场参与者提供了隐性的人民币汇率升值保证和免费的人民币看跌期权，实际上鼓励了资本项目下和一些披着经常项目伪装的外汇流入。在2014年前的很长一段时期，央行对汇率市场的干预降低了人民币汇率的波动性，基本消除了套息套汇等套利交易（典型的如用外币融资、买入人民币）的尾部风险和后顾之忧，极大地促进了此类交易推动的资本流入。上述汇率制度安排，使一段时期内（特别是2005—2007年）央行利率政策在很大程度上被汇率政策"绑架"，央行"被动"地陷入两难。面对基础货币供给猛增，央行如果通过降低利率来降低人民币对海外热钱的吸引力，则会刺激本已过热的国内经济，加剧通胀压力。但如果加息来应对经济过热压力，则可能会导致短期资本流入加速，从而使国内流动性进一步泛滥，并对冲加息的效果。持续大幅加息固然可以让经济降温，但不仅可能会对经济产生较明显的收紧作用，而且会引致作为主要债务部门的国有企业等强烈反对。两难的结果是，央行继续"被动"地大幅投放外汇占款。在2008年危机之后，各种热钱继续流入与上述汇率政策安排导致的近乎无风险的长期套利空间关系密切，这导致央行基础货币投放继续"被动"。

（2）各界过于看重外汇储备规模增长使央行陷入"被动"。

这一时期我国各界都过于看重外汇储备的规模增长，对央行发钞购买外汇储备的制度安排下外汇储备过度积累的负面效应认识不足。1997—1998年爆发了亚洲金融危机，直接刺破了一度声名显赫的东亚模式的泡沫。东亚高增长经济奇迹从云端滑落对我国亦有巨大震动。实际上，这场危机有深刻的经济根源，量子基金、老虎基金等代表的国际投机资本的"做空袭击"很大程度上只是触发并加速了危机的蔓延。不过在很长一段时间内，这场危机的痛苦记忆带给我国等新兴市场国家最刻骨的教训主要是两个：一是要追求更多的外汇储备以保证国际收支安全，降低被国际投机资本击垮汇率的风险，二是新兴市场国家资本账户开放要审慎，仍有必要维持一定程度的资本项目管制，特别是在存在结构性贸易逆差的情况下。相当长一段时间内，我国政府和社会各界普遍认为积累更多的外汇储备能更有效保证我国的汇率以及金融安全。当时我国实行的一系列带有欧洲16—18世纪"重商主义"色彩的金融和财政制度背后，都有上述国际收支和金融安全考虑的影子，如强制结售汇制度、宽进严出的外汇管理、限制居民部门外汇使用和出口退税等。如果把外汇储备积累当作重要目标和成就，那么央行投放外汇占款不能不"被动"。事后看，由于该项制度安排为政府、企业在内的很多经济主体带来莫大益处，因此主流认识当时未注意到央行发钞购买外汇储备的制度安排下外汇储备过度积累的负面效应，直到流动性泛滥导致的通胀压力和资产泡沫压力等负面效果逐步显现之后。可为时已晚，积累的巨量外汇储备以及其所对应的外汇占款已成尾大不掉之势。

面对流动性泛滥导致的通胀压力和信用膨胀等负面效果，央行也采取了一系列措施去应对。

一是多次上调法定存款准备金率。从2003年9月—2008年6月，央行连续21次上调法定存款准备金率，大型存款类金融机构法定存款准备金率从6%上调至17.5%。2008年9月后由于全球金融危机爆发对我国经济的冲击，曾短暂下调法定存款准备金率三次共两个百分点。从2010年起，我国再次进入法定存款准备金率上调周期，大型存款类金融机构法定存款准备金率在2011年6月达到历史高点21.5%，到2014年6月底仍高达20%。

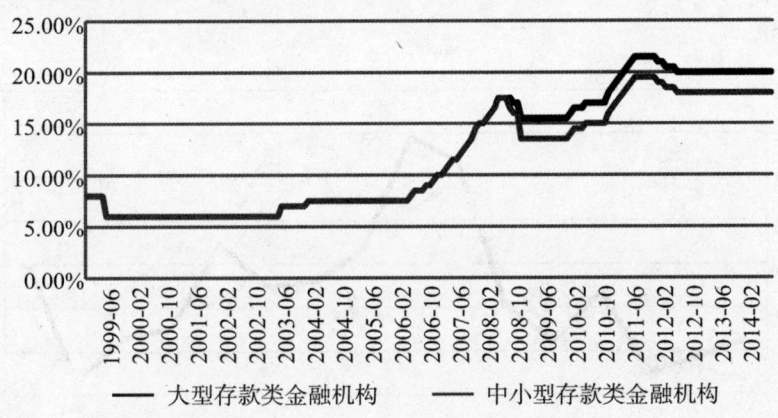

图3-6　1999年以来存款类金融机构月度法定存款准备金率

资料来源：Wind资讯，中信资本

二是扩大央票的发行规模，用央票构筑一个中短期的资金池子，暂时锁定并存储部分过多的流动性。这相当于通过调整央行负债端的结构来暂时性控制基础货币扩张。央票从无到有，到2008年10月末达到49915亿元，为央行根据新增外汇占款情况来调整基础货币供应提供了一定回旋余地。

应该说法定存款准备金和央票这两个"池子"起到了一定效果，在央行极为被动的时期为未来政策争取到了一定的主动权。

2. 外汇占款的衰落使央行陷入新形式的"被动"。

2009年之后外汇占款增长由盛而衰,其增速放慢的累积效应在2012年以来让央行陷入另一种形式的"被动",并可能在未来几年随着美联储加息周期而达到高潮。外汇占款受外部环境特别是美国经济周期和美联储政策周期的影响较大。当外部经济和流动性环境系统性转向时,面对美国经济再平衡和美联储退出量化宽松并步入加息周期,央行外汇占款规模增长将持续放慢,甚至可能连续负增长。而央行外汇占款增长放慢甚至负增长,意味着外部政策冲击将带动央行"被动"收紧基础货币供给。

2009年后,虽然个别年份新增外汇占款总规模仍很高,如2010年的31612.12亿元为历史第二高值,但是新增外汇占款增速下降明显。这导致新增外汇占款和新增基础货币、M_2的比例持续下降,使得外汇占款高增长推动的基础货币高增长时代基本结束。

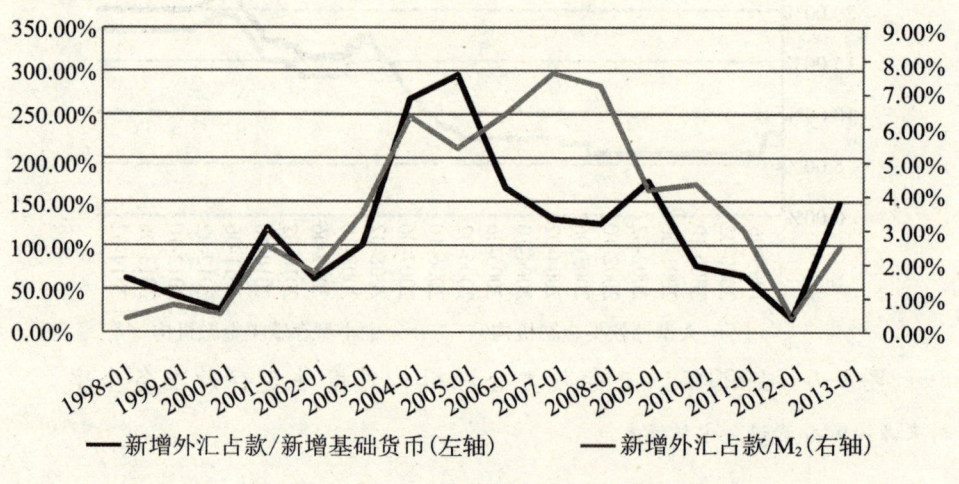

图3-7 新增外汇占款与基础货币、M_2的比例关系

资料来源:Wind资讯,中信资本

如果基础货币发行机制不发生持续的、实质性的调整,那么央行将"被动"地面临基础货币供给低增长可能带来的各类压力。哪怕美国经济复苏并不强劲,

哪怕全球经济陷入PIMCO所称的"低增长、低通胀、低利率"的新常态,哪怕美联储加息周期的长度和力度并不如1994年后和2004年后的加息周期,上述结论也难改变。毕竟经济增长低迷时,一国对外部冲击的抵御作用也弱。

从金融支持经济增长的角度看,每年货币供应量都应该保持一定增速,我国央行每年也会设定具体的货币供应量目标作为政策参考目标。假定当年M_2增速要达到13.6%而货币乘数为4倍左右,则需要每年新增基础货币要达到基准年份M_2的3.4%和当年新增M_2的25%。但在2012年,虽然当年M_2同比增速为13.8%,但新增外汇占款仅为2011年年底M_2的约0.5%;在热钱涌入导致外汇占款有所回升的2013年,上述比例也仅为2.8%。这一时期,央行通过释放央票"池子"积累的流动性(即用央票到期不续发来降低存量规模)、降准、逆回购等手段暂时对冲了新增外汇占款下降对基础货币的收缩作用。央票存量规模经过2011—2013年到期的大幅释放,到2014年后已经所剩不多,2014年7月底中央国债登记结算有限责任公司(以下简称"中央结算公司")托管的央票规模已经仅剩下4691亿元,已不足央票规模最高点时的十分之一。可以说,央票"池子"储存的流动性已接近告罄。

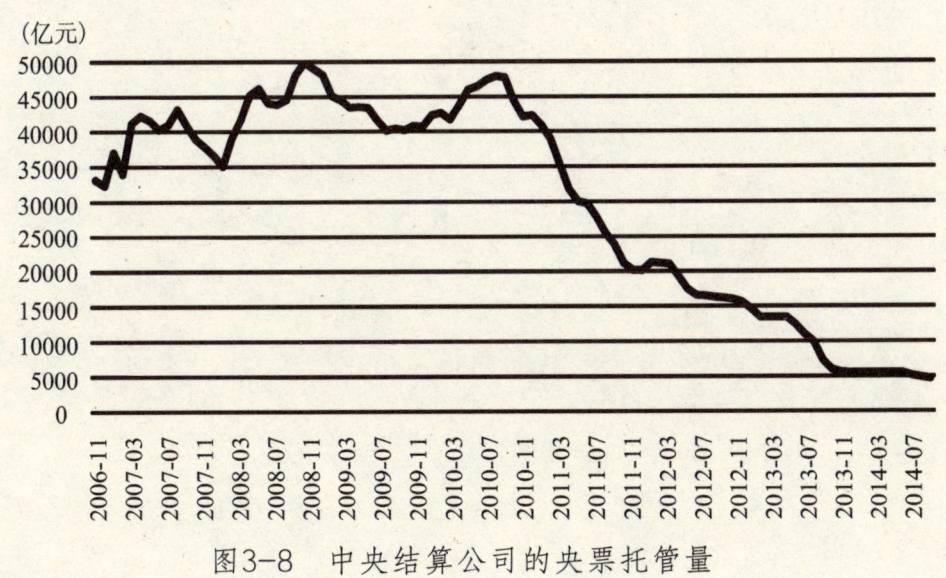

图3-8 中央结算公司的央票托管量

资料来源:Wind资讯,中信资本

随着新增外汇占款与M_2占比下降，央行要达成货币供给增长目标终归就需要及时从其他资产渠道来补充基础货币，或者需要调降存款准备金率以提高货币乘数，否则国内经济就可能面临流动性紧缩的冲击。

总之，在美国经济再平衡和美联储宽松政策退出的大背景下，外汇占款这一基础货币供应的主渠道趋于枯竭，外部流动性流入的收紧使得央行"被动"地面临持续的流动性收缩压力。

第二节
外汇占款的兴衰与全球经济结构失衡、再平衡

2001年以来,外汇占款主导基础货币机制的兴衰与前两章所述的国内、国际经济结构失衡和再平衡关系密切。2001—2008年,全球经济结构失衡推动了经常项目下贸易盈余主导的外汇占款的高增长。2009—2011年外汇占款增长对资本项目下"热钱"流入的依赖程度提高,而资本流入与美联储量化宽松等宽松政策导致的全球流动性宽松关系密切。2012年后外汇占款明显放缓则与美联储量化宽松计划带来的流动性边际宽松减弱、美国经济再平衡初见成效,以及美联储也逐步开始退出宽松政策等有关。

外汇占款"兴盛"与全球经济结构性失衡

如本书第一章分析,2001年到2008年金融危机之前的国际经济,大体上存在一个对称的结构性失衡格局:以中国为主要代表的部分国家存在过剩储蓄、过剩的潜在供给能力和不断扩大的经常项目盈余;而以美国为主的部分发达国家则存在国内储蓄不足、国内总供给相对不足和恶化的经常项目赤字。

中美经常项目下的失衡格局意味着"中国出口过剩储蓄,进口美元",而美国"进口储蓄,出口美元"。在结售汇等制度的安排下,我国经常项目下的大量结构

性的贸易盈余转化为金融系统的巨量美元净结汇,并进而推高央行口径的外汇占款。可以说,在央行出资购买外汇储备的制度安排下,中美两国国内经济结构失衡主导的国际收支失衡是这一时期推动我国外汇占款猛增最重要的因素。

反过来说,央行印钞购买外汇储备并投放外汇占款,也在一定程度上支持并推动了国内和国际两个层面的经济结构失衡。

首先,固定资产投资需要外部融资支持,而猛增的外汇占款大幅推高了银行体系可用资金规模和超储率(即超额存款准备金率),推动我国流动性走向系统性的过剩,使得资金面易松难紧,并抑制利率水平上升空间,创造了一系列适宜固定资产投资增长的融资条件。宽松且廉价的融资条件不仅为资金密集型的基础设施投资和房地产投资提供了至为重要的资金支持,也通过助长资产价格升值预期、降低实际融资成本等机制拉动了固定资产的投资需求。此外,宽松且廉价的融资条件也推动了包括贸易部门在内的制造业投资,在一段时期内利于促进贸易部门持续高速发展。

其次,央行外汇占款增长对应的是外汇储备规模的增长,而我国外汇储备又主要投向美国金融市场特别是美国固定收益市场,这既利于抑制中长期美元利率上升,又有利于美国财政赤字顺利扩张。2001—2008年的全球化繁荣是由美国过剩的总需求和中国过剩的总供给主导的。美国过剩的总需求得以维持至少需要两个重要条件,一是通胀压力不大从而不会迫使美联储过快进入持续加息,二是贸易赤字导致的美元流出不至于收紧美元流动性并大幅推高美国利率水平,特别是中长期利率水平。中国快速改善的总供给在相当一段时期(2001—2004年年初)有利于抑制美国总需求扩张带来的通胀水平上行。而外汇占款对应的外汇储备中有相当部分投资于美国中长期国债,则在一段时期有利于抑制美国中长期国债利率水平上行(2004年时任美联储主席格林斯潘所说的"利率之谜")。

最后,外汇储备的运用对其自身增长有较强的正反馈作用,利于强化上述两种机制。举例来说,我国外汇储备大量持有境外主体发行的外币债权,主要是美国等发达经济体的国债、政府支持机构债券(两房债券等)等高评级高流动性债券。此类投资通常持有周期较长,且多数持有到期。用外汇储备购入他国主权债券，则为他国财政赤字提供稳定融资。由于财政支出具有乘数效应，因此拉动了他国经济的总需求。而此类国家通常对我国存在较大的结构性贸易逆差，因此这部分投资所拉动总需求中的一部分将以贸易顺差的形式再度流入我国，形成新的外汇储备，进而形成新的基础货币投放。外汇储备购买机构债券也有类似作用。此类债权资产形式对外汇储备增长和基础货币投放的正反馈作用强于外币现金类资产。因此，我国现行的外汇储备的形成不仅对应着基础货币的投放，而且其主动运用对基础货币投放有着或明或暗的正反馈作用。这既对改善国内融资条件有帮助，也利于支撑结构性失衡下的全球化繁荣。

总之，2001—2008年外汇占款投放基础货币机制形成并走向全盛时期是全球经济结构失衡带来的一个结果，这一机制也在相当程度上支持了国内投资和出口主导的经济增长模式，并对维系国际收支失衡对应的全球化繁荣有一定作用。

外汇占款衰落与全球经济再平衡

正如2001—2008年全球经济失衡推动了我国外汇占款扩张的"兴盛"，2008年之后全球经济的再平衡则使得我国外汇占款主导的基础货币发行机制走向衰落。

对美国而言，经济再平衡就意味着：改善结构性的财政和贸易双赤字，增加国民储蓄，提高国内总供给。2001—2007年，美国贸易赤字中有相当比例是在与中国贸易中产生的，而美国贸易赤字在很大程度上是由美国财政赤字扩张所推动的。美国联邦政府财政赤字在2009年达到本轮周期的顶点后也趋于下降，利于美国贸易赤字的改善。2008年危机过后，私人部门修复自身资产负债表的去杠杆进程使得私人部门减债减支、增加储蓄率，对海外商品和服务的需求有所减弱。2011年后，美国再工业化进程虽十分缓慢但也渐成趋势，部分起到了扩展国内总供给和进口替代的作用。2012年后美国经济复苏逐步加快，但在产业层面带动经济复苏的主要动力除了触底反弹的房地产，更多是依赖信息技术行业、页岩气所代表的能源行业等新兴产业。美国这类新兴产业不仅对进口的需求较小，反而可能逐步带来不少商品和服务出口。上述这些转变都使得2009年后美国结构性财政赤字和贸易赤字未进一步恶化,美国"再平衡式"经济复苏对我国经常项目下的贸易盈余利好有限。

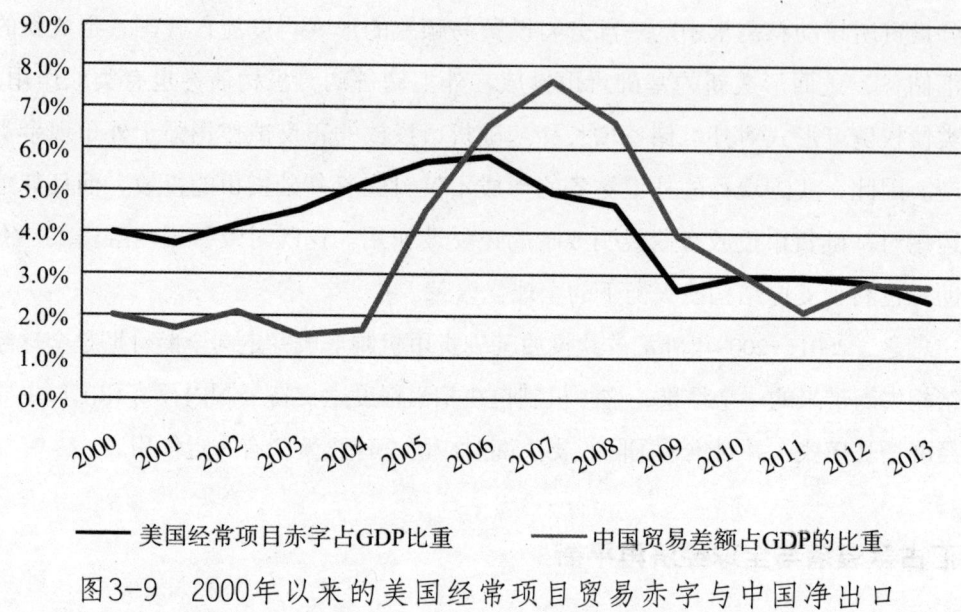

图3-9　2000年以来的美国经常项目贸易赤字与中国净出口

资料来源：Wind资讯，中信资本

对中国而言，经济再平衡意味着：中国经济转向更依赖内需特别是消费，需消除对投资和出口的过度依赖等。2008年后，全球经济相对偏冷使得我国出口增长速度放慢；国内通过刺激投资来促进经济增长，较高的经济增速客观上使得进口较为强劲。上述情形使得净出口增速以及净出口在GDP中占比下降，只是这种下降是以增加对投资的依赖而非对消费的依赖来实现的。我国经济这种扭曲式的再平衡同样不利于经常项目下贸易盈余的增长。在2009—2011年，虽然经常账户盈余高增长不再，但美联储量化宽松带来的资金流入在一定程度上支撑了外汇占款的增长。不过这种效果是短暂的。2012年后，虽然美联储依然实行了第三轮量化宽松政策，但对全球美元流动性的边际宽松效果减弱。随着2013年后美联储开始酝酿逐步退出宽松政策，资本项目下热钱流动就成为扰动并冲击外汇占款的极不稳定因素。

需要指出，2011年以来，通过资本项目等流入的所谓热钱中，纯粹的海外热钱越来越少，更多的是在负债外币化驱动下我国企业部门的显隐性外债增长所带来的外汇流入。2010年前后，由于房地产等行业国内融资受到限制，于是地产类企业大量从香港等离岸市场进行本外币债务融资。2013年以来，由于国内融资成本上升、人民币相对坚挺而境外本外币融资成本较低，因此不仅大量有真实融资需求的企业，如宝钢，越来越多地用外币债务融资置换本币债务融资（即所谓负债外币化），而且有众多旨在进行套息套汇交易的企业和个人从海外市场大量举借外币债务融资。从微观调研情况看，这类外债融资大都未进行汇率风险敞口的对冲。于是随着外债融资所导致的新增外汇占款增多，总的外汇占款就更易受人民币/美元汇率走势和境内外融资利率利差变动的影响。如果境内外息差水平不显著收窄、人民币汇率保持相对强势，不对冲汇率风险敞口的头寸固然有利可图。可一旦美元走强、美元利率水平上升，则这些外债融资不仅财务成本将陡增，而且再融资条件势必收紧。因此，当预期美元融资环境逐步收紧或人民币汇率趋弱时，存在较大外债敞口的企业势必提前积累外汇存款、减少外债融资和敞口，而这个过程势必也对外汇占款构成冲击。

总的来说，全球经济失衡推动外汇占款进入前所未有的高增长时代，但随着全球经济走向再平衡，特别是美国迈向更加平衡的复苏以及美联储宽松政策退出，我国外汇占款增长机制难免走向衰落。

全球基础货币的源与流

如果将视角局限在本国金融体系，则基础货币和信用的分野相对分明。2001年以来，我国基础货币主要由相对外生的外汇占款衍生，其投放由央行控制，是高能货币；而信用由商业银行等金融中介机构在基础货币的基础上通过信用活动所派生。但是从全球金融体系来看，我国外汇储备运用的多元化使得我国外汇储备主要以外币债权的形式存在，而这些债权多是国际金融系统在信用活动中创造的信用的一部分。

各国货币已与黄金等一般等价物脱钩，而主要和美元这一首要储备货币建立或明或暗、或紧或松的价格联系。在这样的全球货币格局下，更进一步分析可以发现，作为主导货币国中央银行的美联储是更具系统重要性的全球基础货币提供方。美联储虽无全球中央银行之名，但一定程度上有全球中央银行之实，其政策对全球金融环境有广泛的外溢性影响。美联储创造的基础货币是更为纯粹的基础货币之源，而其他的次中心储备货币如欧元、日元也有一定的全球基础货币投放能力，非储备货币国的基础货币中有相当一部分为储备货币国信用的"流出"。

特别是2001年以来，中美两国之间的国际货币架构十分接近布雷顿森林体系，"中国作为债权人进口美元，美国作为债务人输出美元"。两国的经济结构也有一定的对称性（如第一章所总结）。这就使得2001年后我国的基础货币投放实际上主要是以美元资产为主的外汇储备为背书来投放的，其在经济上的本质是历史上我国净储蓄的累计结余，在金融上的本质则已是国际信用的一部分。在法定信用货币时代，非主要储备货币国的基础货币并不纯粹，其基础货币供给会受到首要货币的影响。

第三节
对基础货币发行机制的进一步探讨

基础货币发行机制是理解经济和金融的重要"钥匙"。下文主要分析和比较了4类不同的基础货币发行机制对货币供应量、通胀、经济增长模式等的影响,以便更深入地探讨外汇占款主导的基础货币发行机制在宏观层面的影响。

机制Ⅰ:基础货币主要依赖央行通过购买外汇占款来投放

机制Ⅰ存在以下假设条件:

1. 一国外汇资产主要通过中央银行发行货币来购买;
2. 利率和汇率的管制在逐步放松,本币不能自由兑换,但其自由化未最终实现。

上述机制的假设与2001年来我国的情况相同。概括来说,中央银行通过发钞持续购买外汇储备,有以下几方面作用。

一是有利于保持较低的实际汇率,促进贸易部门持续扩张。

二是外汇占款带来巨量新增基础货币,易导致系统性的流动性过剩,大大提高了货币供应量的理论极限,为信用膨胀提供了良好基础,并助于压低实际利率。

三是有助于推高资产价格和物价，为相对低效的公共部门扩张提供了绝佳的条件。在市场化进程中，如果缺少流动性泛滥和资产价格膨胀的背景，相对低效的公共部门在国民经济中比例不断上升是难以想象的。公共部门的相对低效通过其垄断廉价金融资源和土地等要素得到了有效对冲。

总之，此类基础货币发行机制利于支撑投资和出口主导的经济增长模式，并利于控制相对稀缺生产要素（如土地等）的部门扩张。

机制Ⅱ：央行不再主动购买外汇储备，也不在公开市场投放基础货币

机制Ⅱ有以下假设条件：

1. 央行保持外汇储备不变，停止主动或被动扩大央行口径外汇占款，在不发生影响金融稳定的风险冲击时也不通过其他资产端工具投放基础货币；

2. 利率市场化、汇率自由浮动、本币可自由兑换但尚未成为重要的储备货币。

机制Ⅱ是一种抽象且相对极端的机制，在法币经济时代，垄断铸币权的央行地位举足轻重，很难充当"甩手掌柜"。但对此种机制的情景分析，便于更深刻地理解基础货币发行机制和央行的作用。

在这一机制下，经济存在以下特征。

首先，居民部门结售汇基本不改变基础货币存量。假定初期存在经常项目下贸易顺差和资本项目下资金净流入，为了在国内使用便利，贸易商和流入外资会向商业银行结汇。居民部门净结汇过程中商业银行外汇头寸增加，而本币头寸减少；居民部门本币头寸增加，而外汇头寸减少。这一过程短期可能会对资金市场产生结构性冲击。但长期看，对整个银行体系而言，只要居民部门不持久增加现金头寸比例，那么居民部门新增本币头寸大部分会直接或间接回流银行体系。由于货币非储备货币，因此这一货币在境外的离岸市场规模与境内市场比率很低。外汇净流入对本币的基础货币供给不产生明显影响，只对资金面有结构性影响。实际上，如果央行不从商业银行购买外汇，则无论外汇净流入还是净流出均没有

新基础货币产生。

其次,在存量基础货币给定的情况下,货币供应量存在上限。在没有新增基础货币的情形下,一国本币货币供应量的上限由银行等金融体系表内外的信用创造倍数决定。表内信用创造倍数主要被存贷比、法定存款准备金率、保证银行经营稳健的一般备付率水平等限定,并受制于资本金充足率等其他银行监管指标。货币当局可以通过降低存准率(即存款准备金率)、放宽存贷比、降低利率等措施提高货币乘数,进而提高货币供给总量的理论极限。法定存款准备金率为20%和法定存款准备金率为3%所对应的货币乘数上限差异巨大。假定包含一般备付率在内的超储率为2%,则上述法定存款准备金率所对应的货币乘数上限大致分别为4.6倍和25.5倍,后者是前者的5.5倍。因此,若央行不购汇但动态调整法定存款准备金率,仍可以在一定范围内调控货币供应量上限。如果初期基础货币供应量偏高且显隐性通胀严重,那此类基础货币发行机制将在相当长一段时期内满足经济发展对流动性的需求,并不会造成短期本币流动性的剧烈收紧。不过如果经济持续增长,固定上限的货币供给量迟早会带来一系列问题。

再次,货币供应量上限在长期导致通缩倾向,使货币政策无效化,并可能导致外币替代本币等。从长期看,类似金本位制,存在明确货币供应量极限的货币发行体制存在天然的紧缩倾向,不能适应经济长期增长对流动性的需要。随着货币供给总量逐渐逼近理论上限,一方面信用资源日益稀缺,表现为信贷紧张、融资利率上升、汇率上升,另一方面过多的资产和商品追逐过少的货币,表现为通货紧缩和资产价格下跌。如果没有新的基础货币投放渠道,则无法改变本币市场的上述情形。甚至由于本币信用资源的稀缺和外币信用资源的相对易得,可能倒逼外币在国内使用范围扩大,部分替代本币的作用。这说明,在央行垄断法币铸币权的条件下,央行必须担负起基础货币提供者的角色。

然后,由于利率和汇率的灵活调节,国际收支双顺差导致的资金净流入难以长期持续。在央行不购汇的情况下,由于短期内本币基础货币供给和货币总供给不变,而市场对本币需求上升,势必推升本币汇率和利率,紧缩出口需求并刺激进口,贸易顺差减少,而市场热钱短期流出入加剧。如果央行国内货币政策不变,则本币融资利率可能被推高,紧缩国内投资需求。由于汇率自由化,贸易顺差大概率会在较短时间内收窄(仅剩下短期汇率波动难以调节的结构性贸易净额),本币将在快速升值后开始企稳并回落。总需求回落,使得物价压力不大。面对出口和投资的低迷,央行可能采取降准降息等手段来刺激经济。在利率市场化条件下,央行通过行政手段调降存贷款基准利率是相对无效的,降准比降低存贷款利率效用更大。降准可在短期增加银行可用资金,在长期增加货币倍数和货币供应量的极限从而改善货币供给。因此,降准利于市场利率水平下行,弱化净顺差带来的利率和汇率上行压力。值得一提的是,在这种环境下,由于利率和汇率的调节作用较为灵活,低效率部门不易生存,通胀水平也不会长期处于较高水平,长期性的资产泡沫更难出现。

最后,上述机制局限性的后果:若采用了这种机制,那依赖投资和出口的经济增长模式难以生存。显然,上述机制不利于依赖投资和出口的经济增长模式。一是因为没有央行购汇,相对固定且偏低的汇率难以维持,不利于出口部门持续扩张,也难以支撑持续的贸易顺差;二是没有持续的贸易顺差和资本流入,就没有央行通过购汇投放的巨量基础货币,本币利率就难以持续保持在偏低水平,资产价格难以持续上涨,信用扩张的基础不会像过去10年那样强劲,资金密集型的投资也缺乏足够的低价融资,相对低效但掌握各种生产要素的政府主导经济也不会如此快速地扩张。机制Ⅱ极端且不稳定,但通过对其的分析可见:基础货币机制如何安排,对经济的影响何其之大。

机制Ⅲ:存量外汇储备由央行发钞购买,新增外汇储备由财政资金购买,央行主要通过公开市场操作等国内资产端工具投放基础货币

机制Ⅲ有以下假设条件:

1. 前期基础货币主要通过央行购买外汇储备来投放,当期及之后央行不再主动或被动扩大央行口径外汇占款规模,但通过公开市场操作等资产工具来吞吐基础货币;

2. 利率市场化、汇率自由浮动、本币可自由兑换,但本币仍未成为主导性或重要的储备货币;

3. 央行货币政策的立足点为控制通胀并促进经济接近充分就业状态。

机制Ⅲ和机制Ⅱ的差别在于:

第一,机制Ⅱ下本币货币供应量存在极限,随着经济发展和信用规模的逐步扩张,货币供应量逼近潜在极限时可能产生金融动荡和货币紧缩,制约潜在经济增长,并带来长期的通货紧缩倾向。但在机制Ⅲ中,在理想情况下(不考虑经济扰动和经济周期等),央行通过公开市场操作等投放基础货币,可以促进经济沿着接近潜在经济增长速度的路径增长。央行通过增持国内机构债权可以获得直接干预市场利率等调控能力,有利于对经济进行微调,增加经济和金融体系的稳定性。

第二,机制Ⅲ中,央行通过货币政策微调达到货币政策目标的能力更强。如果贸易顺差和资金流入带来的本币汇率和利率水平上升导致了经济不景气,央行可以通过公开市场操作投放基础货币的方式,干预市场利率。在存款准备金率调控空间有限的情况下,公开市场操作是更为有效的常规工具。通过公开市场操作,会增加基础货币投放。

显然,机制Ⅲ的货币供应量大于机制Ⅱ。但如果不存在趋势性的通胀压力和大类资产价格泡沫,就很难说存在严重的货币超发。

机制Ⅳ:外汇储备主要由财政筹资向央行购买,央行通过公开市场操作等方式吞吐国内机构债权来投放基础货币

机制Ⅳ有以下假设条件:

1. 绝大部分国家外汇储备由财政部通过财政盈余或赤字发债融资向央行购买,央行主要通过公开市场操作买卖国内机构债券来吞吐基础货币;

2. 利率市场化、汇率自由浮动、本币可自由兑换,但本币仍未成为重要的储备货币;

3. 央行货币政策主要着眼于控制通胀并促进经济接近充分就业状态。

机制Ⅳ和机制Ⅱ、Ⅲ有类似之处。在机制Ⅳ中，外汇储备最终主要由财政资金来购买而非央行发钞购买，因此境外资金流入并不会直接导致基础货币变化，这与机制Ⅱ类似。在机制Ⅳ中，央行基于货币政策目标调控利率和基础货币，这与机制Ⅲ相似，差别只在于在机制Ⅳ中没有央行发钞购买的存量外汇储备。

在机制Ⅳ中，资金流入会导致汇率升值压力，财政部用财政盈余或是发债购买外汇储备，有助于稳定汇率。但财政发债规模增大，会增加国债供给压力，推升基准利率并进而提高其他经济主体的融资利率。利率上升可能导致经济收缩并偏离潜在经济增速，这时央行可能根据货币政策目标，通过投放基础货币和调节利率来干预市场利率水平，这就意味着央行持有的政府机构债权等增加。这一过程部分等价于央行出资支持财政购买外汇，亦即央行发钞和外汇资金流入仍有一定联系。但机制Ⅳ中的这种联系较机制Ⅰ中要弱得多：第一，财政购买外储的资金只有部分来源于中央银行，相当部分来源于市场；第二，财政购买的外汇储备只是机制Ⅰ中的一部分，相当一部分外汇储备保存在居民部门，另外财政负债购买外汇储备推升政府部门的负债比率，制约政府的购买规模并挤出财政刺激政策空间；第三，由于利率汇率市场化，当局无法把汇率长期保持在偏低水平，因此不大可能有巨额贸易顺差长期存在，因此积累的流入资金要较机制Ⅰ中少得多。

总的来说，机制Ⅱ存在长期的通货紧缩倾向，机制Ⅰ在资金流入较多时存在持续通货膨胀的倾向，而机制Ⅲ和机制Ⅳ无强烈的通缩或通胀倾向。机制Ⅰ中的基础货币供应量和总货币供应量明显高于其他机制。

归根结底，基础货币发行机制背后是经济增长模式的选择问题，也是公共财政、央行和政府在经济中的角色选择问题。在美联储退出导致外汇占款主导的基础货币发行机制面临衰落的背景下，基础货币发行机制需要转变，主要是转向通过国内资产渠道来吞吐基础货币。

第四章
"大"政府推动下的信用繁荣

现代经济是法币制度下的信用经济，金融机构和信用几乎渗透到经济的每一个环节。货币创造的过程基本也都是债权债务关系确立的过程。货币创造或者说流动性创造主要包括两部分，一是中央银行供给的流动性，即第三章所述的央行通过调节资产负债表来向金融机构和社会公众提供的流动性，主要体现在央行的基础货币供给；二是以银行业存款金融机构（以下简称"银行业"）为主导的金融机构通过自身资产负债表运作或其他金融中介行为所提供的流动性，主要体现在金融中介机构在货币乘数作用下创造的广义银行信贷（包括表内的银行表内信贷和同业资产以及表外的类信贷）。几乎所有住户、企业和各级政府都与银行业有千丝万缕的关系，也都参与到信用创造的链条之中，并深受信用扩张和收缩的影响。经济增长，特别是经济增长的周期性波动与信用周期波动有着密不可分的关系。

2001年以来这10余年，既是中央银行外汇占款主导我国基础货币扩张的时代，也是银行业主导下金融机构表内外信用资产扩张的繁荣时代。实体经济部门的投资依赖融资支持，融资的主要形式是债务融资。离开中央银行和银行业资产负债表扩张所提供的有力支持，就难有2001年以来投资和出口主导的高增长时代。央行外汇占款为中国经济和金融系统提供了大量基础货币和可用资金。这些高能货币供给通过商业银行和政策性银行等银行业金融机构的资产运用，在向企业等部门提供债务融资的过程中,实现了具有乘数效应的信用创造。由于银行业的货币乘数效应,广义货币供给比基础货币的规模大得多。由于我国现有广义货币供给统计口径未能充分涵盖表内同业业务等创新和表外影子银行业务的信用创造,因此银行业等其他金融机构为实体经济提供的流动性支持比现有广义货币供给反映的规模更大。不过,毫无疑问的是我国绝大部分货币供给和债务融资是由银行业提供的。

以信贷为主体的货币供给扩张既需要银行业主动的信用供给能力支持,也需要持续旺盛的融资需求作为支撑。2001年以来,高增长的基础货币、金融压抑支撑的高净息差、银行业坏账剥离和改革以及金融机构业务创新和营运能力增强,都使得银行业持续主动地通过信用创造扩张其资产负债表规模。在高增长时代,各经济部门出于自身利益最大化而对债务融资的内生需求较强。特别是2001年后地方政府和国企部门对国民经济参与程度加深、左右能力增强,因此各级政府的唯GDP倾向和国企部门的规模最大化导向对经济增长影响显著,各类经济主体对举债融资始终饥渴。

此外,要顺利达成债务融资交易,除了资金供给和资金需求,还需要融资方提供信用保证来支持债务融资链条平稳运转。2001年后,基建和房地产的膨胀以及房地产和土地等资产价格持续膨胀,为金融系统信用扩张提供了大量优质抵押品。随着这一时期政府对经济的干预加深,政府显隐性信用保证也越来越深地被引入各类债务融资活动中。在政府各种显隐性信用保证支撑下,金融领域的债务刚性兑付普遍存在,对银行信贷和类信贷等债务融资高速扩张提供了极为重要的支持。此外,始终较为积极的财政政策、相对宽松的非常规货币政策也对2001年后的信用繁荣起到了保驾护航的作用。

天时有季节轮换,事物有兴衰周期。信用或者说债务融资本质上是沟通投资和消费的跨期均衡,没有不凋谢的信贷繁荣,长周期的信贷繁荣往往助长不当投资和资产泡沫,从而为繁荣的衰落和下一个大周期循环埋下种子。2008年后,特别是2011年以来,投资和出口主导的经济模式走向衰落,外汇占款主导的基础货币供给主渠道由盛至衰。随着经济和社会难以再承载资产价格高速膨胀之重,以及政府的信用被各类经济主体无节制地透支,我国整体经济运行的效益下降,债务压力日渐沉重。不仅银行业金融机构的流动性创造能力趋于下降,而且经济主体非借新还旧的对冲性融资需求大幅下降、仅能覆盖利息偿付的投机性融资和借新还旧的庞氏融资占比上升。信用扩张的繁荣时代如何实现软着陆,高企的债务问题如何化解,资产价格如何避免发生大规模崩塌,经济如何在化解上述问题的同时实现转型升级是2013年后中国经济面对的核心问题。

第一节
银行业信用扩张的繁荣10年（2001年至今）

在我国金融机构格局中，银行业（主体为各类商业银行和政策性银行）始终占据绝对主导地位，这种主导地位体现在资产规模、对实体经济和金融体系的影响力等方方面面。在资产规模和为实体经济提供的融资规模方面，银行业远远大于证券业、保险业、基金业、信托业等非银行金融机构的总和。在最核心的债务融资业务上，无论间接融资还是直接融资，银行均处于主导地位，以至于我国的影子银行很大程度上只是"银行的影子"。

2001年以来，在银行业重组与改革、基础货币供给高速增长、存贷款利率管制为代表的金融压抑等条件支持下，银行体系的流动性创造能力和意愿均远高于濒临技术性破产的1998—2000年。根据中国人民银行人民币信贷收支表统计，2000年年底，我国金融机构（主要为银行业）人民币信贷余额仅为9.9万亿元；但截至2014年7月，金融机构人民币信贷余额高达78.02万亿元，期间累计增长688%。相比之下，2013年名义GDP较2000年仅增长了473%。

"银行业再造"点燃银行规模扩张的内在动力

我国金融体制改革起步晚于经济体制改革。国务院在1993年年底发布的《关于金融体制改革的决定》是我国金融体制改革的里程碑和新战略起点。当年确立的金融体制改革的目标是：建立在国务院领导下，独立执行货币政策的中央银行宏观调控体系；实现政策性金融与商业性金融分离，建立以国有商业银行为主体、多种金融机构并存的金融组织体系；建立统一开放、有序竞争、严格管理的金融市场体系。自此以后，我国金融机构和金融市场的发展就沿着该决定所设计的改革路径前进。

不过中国金融系统在1993—2000年期间的发展并不平顺，银行业、证券业、信托业在发展过程中均出现了包括行业性危机在内的很多问题。其中影响最大的是20世纪末银行业系统性的坏账率快速上升，大批银行坏账率超过两位数，全行业资本充足率严重不足，个别银行甚至为负，并出现所谓"技术性破产"的情形。造成20世纪末银行坏账率过高的原因很多，这里主要谈三点。第一，由于1992—1994年投资过热和银行信贷投放过快导致通货膨胀高达两位数，因此国务院在1995—1996年采取收紧银根等措施来推动经济软着陆，部分前期投放过猛的信贷就随着经济退烧而成为显性或隐性的坏账。第二，受1997—1998年亚洲金融危机等冲击，我国经济陷入低迷期，包括国有企业在内的大批企业陷入经营困境，拖累银行信贷质量下降。第三，这一时期的银行尚未建立起较为现代的治理体系，党政和企业管理不分，信贷和财政拨款之间的联系也并未完全切断。

坏账率的高企使得银行资产负债表严重恶化，银行业不同程度地出现惜贷现象。从1999年开始，我国先后对银行业进行几轮坏账剥离和注资，以改善其资产负债表质量。2005年后，各银行开始以股份制改革为中心的机构改革，以国有四大行为代表的一大批银行先后上市。必须强调，以坏账剥离和银行业股份制改革为主要内容的银行业再造取得重大成就，为2001年后银行业信用繁荣打下了至关重要的基础。

首先，银行业得以甩掉巨额历史包袱，其资本充足率以及资产负债表的整体质量都显著提高。资本状况对银行信贷扩张的约束大大减轻，惜贷现象大为减少，信贷扩张的潜力提高。

其次，以银行股份制改造和筹备上市为契机，初具现代化雏形的内部治理架构和外部监管框架得以建立，银行内生的追求盈利和规模最大化的"基因"确立。股改后，银行内外的方方面面都有动力追求规模和盈利的持续高增长。第一，控股股东和监管机构大都有意鼓励并要求银行业实现规模和盈利等高增长，这既能为其带来政绩，也能扩大其权力边界。第二，众多银行的决策层既是银行的管理者也是具有行政级别的官员，推动银行规模和盈利高增长既能满足股东等要求的经营业绩，也能为个人晋升谋求更有力的"敲门砖"和"通行证"。第三，对于广大银行职工而言，银行规模和盈利的快速增长也能带来各自利益和处境的改善。银行的唯规模和利润高增长导向与同一时期地方政府的唯GDP导向异曲同工。

最后，银行业竞争格局初步确立，竞争加剧和激励体制改善推动银行的专业能力和创新能力提高，为2008年后银行通过多种方式规避监管来扩张自身业务领域和资产负债规模埋下了伏笔。

总的来说，以坏账剥离和股份制改造为最鲜明特点的"银行业再造"，为2001年后银行业表内外资产规模的持续高速扩张打下了坚实的内部基础。

基础货币扩张为银行业信用扩张提供高能"弹药"

货币创造大体包括两部分，一是中央银行主导的基础货币供给，二是银行业金融机构通过自身信用派生功能所进行的信用创造。从整个金融体系来看，银行业的信用创造是以中央银行提供的高能基础货币为基础的。2001年之后随着经济高增长和银行业再造，实体经济信贷需求旺盛，银行业放贷动力充足，因此货币乘数整体较高。不过，银行业表内信用扩张的乘数仍受到法定存款准备金率、超额存款准备金率和流通中现金的比率（即现金漏损率）等限制，满足如下关系：

$$货币乘数 = \frac{1 + 现金漏损率}{法定存款准备金率 + 超额存款准备金率 + 现金漏损率}$$

法定存款准备金率由中央银行的法定存款准备金政策决定。我国重要节假日

（如春节）之前，现金漏损率通常上升，其他时间该比率较为稳定。出于银行日常运营中资金备付等需要，超额存款准备金率存在较为模糊的下限。显然，在上述条件下，货币乘数存在上限区间。如果中央银行不主动扩张基础货币供给而银行业持续信用扩张，那么银行超额存款准备金会不断转化为法定存款准备金，超额存款准备金率会不断降低而货币乘数不断上升，从而过高货币乘数往往意味着超额存款准备金率过低。当超额存款准备金率下降到一定程度后，不仅会影响银行日常备付的稳定，而且会导致银行间资金市场紧张并推升短期利率水平。这会倒逼银行通过控制信贷扩张来提高超额存款准备金率，进而保障自身现金流的稳定。总之，基础货币供给的增速和规模会制约银行业信用扩张的增速和规模。

如第三章所分析，2001年之后央行口径外汇占款猛增导致基础货币供给快速增长，特别是在2001—2011年，从而为银行业资产负债规模扩张提供了巨量的高能"弹药"。可以说，如无天量的基础货币供给增长，就不可能有银行信用扩张的繁荣10年。

不过，"成也萧何，败也萧何"。2012年后，外汇占款主导的基础货币发行机制衰落而新的基础货币供给主渠道立足未稳，新增基础货币供给增速放慢。这使得银行信用创造能力主要是表内的信用创造能力趋于下降，银行信用扩张暂时更多地通过种种表内外金融创新来维持。

金融压抑增强银行业信用扩张的动力

我国的投融资是金融压抑下的投融资。2001年以来，银行业信用繁荣与金融压抑关系密切。金融压抑的含义较为广泛，2001—2013年这一时期对银行业信用扩张影响较大的金融压抑主要体现在以下几点：

1. 存贷款利率管制，以及其支撑的高净息差。远高于发达经济体同行业的净息差增强了银行业信用扩张的动力。

2. 对银行等金融机构的牌照发放和业务准入采取较多限制。这在很长时间内使得家庭部门投资渠道和企业部门融资渠道较为狭窄，利于银行聚拢社会金融资源,增强银行议价能力,利于维持高额净息差,提升银行业牌照价值。

3. 存款利率管制所导致的实际融资利率较低。如第二章分析,较低的实际融资成本对实体经济的债务融资需求有持续的刺激作用,是促进信用规模膨胀的重要因素。

虽然10余年间利率市场化、汇率市场化等金融深化进程也在向前推进,但由于决策层和监管当局等的审慎态度,两率市场化等金融市场化推进速度较为缓慢,从而上述金融压抑在相当程度上贯穿2001—2013年这一时期的始终。20世纪末至21世纪初银行业坏账危机和一系列国际金融危机的教训,都使得政府十分担忧金融脆弱性对我国经济增长和稳定的潜在冲击。宏观当局长期对金融行业和金融业务的对内对外开放十分审慎,对金融业的管制明显较其他竞争性行业更为严格。这也使得包括银行业在内的金融行业长期处于政府和监管机构各种显隐性的呵护之下,维持较高的净息差和牌照管制等就是政策保护的集中体现。

1和2使我国银行业长期保持了远高于国际同业的净息差,并利于提升银行业信用扩张的内生动力。在我国的特殊国情下,由于资产规模比赢利能力更体现一个机构的实力,以及在社会和政治等方面的影响力,因此金融机构本就对规模扩张情有独钟。而高净息差则既意味着对信贷风险的保护相对充足,更意味着银行扩张资产规模的直接收益很高。此外,资产规模持续高速扩张也通过做大分母、支持经济增长和资产价格景气等机制利好坏账率下降。坏账率下降,则既利于改善资产质量,又利于增加盈利。

总之,得益于较高的净息差,推动资产规模扩张在这一时期成为银行业实现利润和规模最大化以及改善资产质量等目标的最优选择。也正因如此,银行大都更偏爱外延式的规模扩张,而非中短期效益不明显的内涵式发展。实际上,在自发的利率市场化发展到相当程度之前,存贷款利率管制和对银行业普遍的隐性信用担保难免使得银行业内部的竞争首先是资产负债规模的竞争。

金融创新驱动银行业表外信用与表内信用"比翼齐飞"

4万亿刺激计划期间信贷井喷,2009年表内人民币新增信贷余额为95900亿元,较2008年的49100亿元增长近1倍。短期之内信贷猛增不仅推高了房地产等资产价格,也使通货膨胀压力上升。2010年下半年开始,通货膨胀压力逐渐高企,并维持了近一年。出于对通胀的担忧和逆周期宏观审慎等需要,货币当局和银监会等金融分业监管机构采取一系列措施,以完善并强化对银行业等金融机构的监管。货币当局不仅连续提高法定存款准备金率以收紧货币乘数和银行可用资金,而且强化已淡化的银行信贷规模管控,并对房地产和城投平台等分行业的信贷规模和增速设限,还不时微调基础货币供给这一货币总闸门来适度收紧银行业过于宽松的流动性。2010年后,银监会出台了比"巴塞尔协议Ⅲ"更为严厉的《商业银行资本管理办法(试行)》等系列风险审慎措施,并强化贷存比、拨贷比和拨备率等监管工具,力图通过强化资本约束和风险约束来控制银行高速信用扩张中的风险。应该说,货币当局和监管机构采取的一系列措施对控制银行表内信贷过快扩张作用显著,2010年后银行表内新增人民币信贷规模总体稳定、增速放缓。

但是,表内信贷扩张放缓并未阻止银行信用继续快速扩张。多因素使得商业银行事实上通过一系列金融创新来规避上述监管举措,继续推动表内外信用规模的扩张。

首先,相对激烈的行业竞争和强烈的内部扩张动力使得银行业成为高效的创新机器。虽然从宏观审慎管理的角度看,商业银行过度的顺周期信用扩张可能埋下日后金融系统性风险的祸根。但从微观的企业运营层面而言,在外部竞争、经营业绩压力和内部激励机制的推动下,单个商业银行选择继续追求规模和利润最大化是特定国情下显而易见的个体理性选择。归根结底,由于银行业拥有国家隐性信用担保、处于"大而不能倒"的地位,因此上述宏观层面理性和微观层面理性不一致在很长一段时间内未能消除。

其次,以房地产和地方政府融资平台为代表的实体经济信用需求仍十分强烈。由于这些主体要么利润率较高且拥有大量的优质抵押品（如房地产）、要么拥有政府信用担保且预算软约束，因此这些主体在很长一段时间内是银行眼中的优质客户。这些主体的融资需求在2008—2013年间一直较为强烈，也迫使银行千方百计予以满足。2008年后，随着金融监管的逐步强化，为满足上述主体的融资需求，银行业不断通过花样翻新的金融创新为这类主体扩张提供融资支持。

最后，2010年后利率市场化提速等多种因素使得商业银行负债端扩张稳定性下降，核心负债增长放慢，这推动商业银行大力推动理财业务在内的金融创新和各类监管套利。2008年后，外汇占款主导的基础货币发行机制走向衰落，基础货币供给增速放慢。但由于法定存款准备金率的上调和银行业持续快于基础货币供给增速的信用扩张，商业银行超额存款准备金消耗速度很快。银行业负债端稳定性下降，驱使银行在负债端的竞争越发激烈。商业银行几乎每年季末、半年末和年末都会爆发激烈的存款大战。由于存款利率管制，部分存贷比高企的银行大力开展利率更高的表外银行理财业务。银行理财存款既可用来在关键时点补充表内存款的不足，也能拓展银行的负债能力。2009年以后，随着银行表外理财业务逐步发展壮大，利率市场化进程开始加速，整个银行业负债端的稳定性都受到影响。竞争压力之下，各家银行也都必须大力开展理财等创新业务，以维持负债端规模的增长和相对稳定。更高的融资成本自然要求收益率更高的资产与之对应，而高收益率资产的主要投向就是受政策限制但利润率高的房地产和对资金成本不敏感的地方政府融资平台。

表内信贷业务受到较多限制后，银行业表内信用债券投资业务、表内同业资产业务和表外理财投资业务快速发展。银行在表内外投资标准化的信用债券、信托和委托贷款等非标准化（即非标）债务融资工具与银行传统的信贷业务在监管规则上存在巨大差异，但在融资功能上并无本质区别，都是为企业提供债务融资。与表内信贷相比，表内信用债投资不受制于存贷比和信贷额度管控，而且直接债务融资工具市场的发展受到政策大力支持。表内同业负债业务拓宽了银行负债端资金来源。而表内同业资产业务既不受制于信贷规模管控、贷存比等监管，还在长时间内通过引入了"抽屉协议"之类的隐性银行担保而比信贷业务享受更低的风险资本占用。表外理财业务则不仅拓宽了银行负债端来源，而且通过对接表内资产业务转出而支撑了银行信用规模的扩张。对银行业金融机构的多头监管往往使单个监管机构的监管措施"按下葫芦浮起瓢"，商业银行可以通过其他表内会计科目或是不同的表外渠道来规避监管并继续开展相关业务。由于金融监管长期落后于金融创新、业务自由度较高等原因，这些表内外的类信贷业务发展十分迅速。在2009—2013年，中国银行业表外理财等业务和表内同业业务先后出现了一定程度的"野蛮生长"。通过利用信托、证券公司、基金公司子公司等各类通道和形式越发复杂的业务模式创新，银行业实现了表内外资产规模的快速扩张和业务模式多元化，将大量资金输入房地产、地方融资平台等限制性行业或部门。这类金融创新事实上突破了资本充足率、存贷比、各类信贷规模管控等监管约束。通过金融创新，银行业发展了实质上是信贷的非信贷业务，继续推动自身资产负债规模的扩张。

2013年之后，由于货币当局和各监管机构逐步联合收紧对银行理财业务和同业业务等的监管（如2013年银监会8号文《关于规范商业银行理财业务投资运作有关问题的通知》和2014年五部委127号文《关于规范金融机构同业业务的通知》等），以及实体经济增长放慢导致信用风险持续恶化，银行业的类信贷业务发展开始放慢脚步，特别是表外的非标融资业务增长被显著压缩。

总的来说，2001年后，在信用供给端以银行业为代表的金融机构有极强的规模扩张意愿和空间，这为银行信用繁荣提供了三个关键条件之一。

第二节
"大"政府推动旺盛的债务融资需求

中国是一个后发的转型国家,中国经济、金融和社会等方方面面都处于现代化进程之中,中国经济是在改革开放推动下持续转型中的经济,中国经济改革和现代化转型仍有很长的路要走,这是长期以来中国经济面对的基本现实。虽然社会主义市场经济基本建立,但市场经济运行所依赖的体制和具体运行机制远未完善。长期以来,政府和市场在资源配置中的边界划分尚不稳定,主从地位之争到十八届三中全会后才基本尘埃落定,但市场对资源配置的决定性作用在很多方面仍有待确立。

过去几十年中,在我国金融资源配置等方面,往往是市场机制依附于政府权威。2001年至2013年,市场的权力边界趋于收缩而政府的权力边界趋于扩张,这集中体现在政府和国有企业部门在中国经济中的话语权增强。由于国有企业在经济中的作用在很大程度上是政府能力的延伸,因此这两个部门的扩张就意味着政府在经济和金融方面的作用在扩大,即政府的规模扩大和权力边界扩张。

10余年来银行信用扩张的繁荣须臾离不开大政府的推动和支持。首先,积极的财政政策、地方政府部门强烈的促增长动机、国有企业部门旺盛的投资需求共同推动了债务融资需求的持续旺盛。其次,金融领域诸多管制和市场化进展缓慢导致形式多样的金融压抑,而金融压抑对信用扩张作用巨大,第一节已做相关讨论。再次，经济事务中无处不在的大政府和稳定压倒一切的政治要求，使得政府信用等被无节制地使用，刚性兑付在这10余年长期存在，并对促进信用扩张作用巨大。然后，我国的货币政策长期易松难紧，保增长一直是货币政策的最重要乃至首要目标，这为信用扩张创造了良好的政策环境。最后，宏观当局积极的保增长政策倾向相当于为市场参与者提供了免费的对经济和资产价格的看跌期权，对作为债务融资最重要抵质押物的土地和房地产等资产的市场价值构成长期利好，利于支撑债务融资需求扩张。总之，没有政府财政和金融等能力的支持，就难有10余年来的高速信用扩张。

本节主要讨论政府能力对债务融资需求的促进作用。

积极财政"撬动"债务融资需求扩张

改革开放以来，我国的现代化之路是以经济建设为中心的。2001—2013年，以经济建设为中心更为集中地体现在通过促进经济高增长来实现中国经济的跨越式发展。这种发展战略就使得宏观政策在很大程度上以"促增长"为首要的长期导向。直到十八大之后，经济建设的重心才从追求高增长逐步转向全面深化改革和转型升级。2001年后，经济增长压倒其他目标的"旧格局"，就使得财政政策长期积极，货币政策在长周期内易松难紧、长松短紧。

具体来说，从1998年至今，财政政策的基调虽历经多次调整，但一直较为积极，鲜见持续的实质紧缩。与美国财政支出偏重于对家庭部门的转移支付和支持社会健康医疗体系等公共服务不同，我国财政承担了大量经济建设的任务。我国有相当大规模的财政支出是基础设施建设等经济建设方面的配套资金，这类财政资金主要用于支持各类公共投资。随着10余年来各级财政收支的规模以及其在GDP中所占比重大幅上升，财政政策对经济的影响持续增大。特别是2008年之后，随着实体经济内生增长动力下降，积极财政政策持续为经济增长托底。

持续积极的财政对信用扩张有明显的撬动作用，这种作用在2008年金融危机之后更为显著。2008年后，经济增长的主要驱动力是受到刺激政策推动的基建投资等固定资产投资。财政收入规模虽大，但要花钱的地方更多，相较于庞大的固定资产投资所需资金，财政资金更多作为资本金起到启动项目的作用。政府投资计划所需资金大都采用"中央财政资金为先导、地方财政资金做配套、银行信贷等债务融资跟进唱主角"的模式，因而在固定资产投资的融资结构里，中央财政出资占比小，地方财政资金占比也不高，但地方关联企业如地方融资平台、国企等则大量举债唱主角。此外，财政投资的重特大项目大都有政府隐性信用担保，作为资本金的财政资金也起到了一定风险缓释效果，因此银行等金融机构也往往视之为优质客户。于是乎，一份财政资金支出往往撬动金融机构数份债务融资来为其配套，中央财政支出的扩张也就撬动了信用扩张。

GDP增长竞赛下地方政府推动的债务融资需求扩张

与中央财政相比，地方财政的态度更为积极。促进经济实现跨越式发展的全国性经济发展战略，在地方层面则更多对应着地方政府推动GDP增长的竞赛。对于地方政府而言，推动GDP快速增长，除了利于当地经济发展外，还有其他多重好处。GDP快速增长既有利于增加该地领导的升迁机会，也有利于扩大政府手中权力的含金量，更有利于为整个地方官僚机构及其利益攸关方谋取更多获利机会。因此，地方政府对支持经济增长的态度要更为积极。但老《预算法》规定地方政府一般财政预算要保持总体平衡，以及一般财政预算中有相当比例属于刚性支出，因此地方政府为快速做大GDP就需要寻找新的模式。

2001年后，地方政府总体上用4种模式来做大GDP，而这4种模式均极大地推动了信用需求的扩张。

一是以土地经营为中心，拓展土地财政，大力鼓励房地产行业发展。2001年后，土地财政的形成和壮大是对中国经济影响深远的大事。地方政府积极经营土地，通过土地出让收入积聚了大量的政府性基金收入，形成了地方政府一般预算外的第二财政，拓展了地方政府财力。地方将大部分政府性基金收入又投入到城市化所需的基础设施建设等方面。基础设施的完善又利于周边地产升值，从而带动城市房地产开发。房地产行业的繁荣一方面为地方财政贡献了大量税费收入，另一方面又鼓励了房地产企业加大拿地规模、做大做强的热情。通过拿地，房地产行业相当一部分利润又通过其买地支出和税收缴纳等渠道转移给地方政府，从而形成了一个相互依赖的循环机制。房地产行业部分程度上也成为地方财政收支循环的一个重要部分。房地产行业的持续高景气，又使得房地产行业积极做大自身规模，我国住房开工面积和施工面积均快速增长并达到极高水平。开发商的开发支出和拿地支出除了来自于自有资金，更多的部分来自金融机构的债务融资等。高杠杆经营成为房地产行业的常态，并且传导至上下游的钢铁、水泥等相关产业。

二是广设地方融资平台，在政府信用保证下通过各种渠道进行债务融资，扩大地方基础设施建设等固定资产投资。地方政府强烈的投资欲望和宏大的地方发展规划都需要资金支持来实现。虽然土地财政可以解决一部分资金，但仍有相当部分的资金缺口只能通过债务融资来解决。我国老《预算法》均对地方政府负债限制较多。就实际执行情况而言，先是禁止地方政府直接发债，再是允许财政部代理省级地方政府发行一定额度的地方政府债券，后是允许部分地区在国务院批准的限额内自主发债。直到2014年新《预算法》经全国人大表决通过后，各省级政府才正式拥有很有限的自主发债权力。在地方政府自主发债渠道被堵死的时期，地方政府大量设立各类融资平台，以地方政府一般预算、政府性基金收入或地方政府信用做担保，使用信贷、信用债、各类非标产品等多种工具进行债务融资。融资平台债务可看作地方财政赤字的表外化。地方政府过于旺盛的投资欲望和预算软约束使得多年以来地方政府融资平台的融资需求极为强烈。很多情况下，地方政府融资平台是以收定支，即尽量多融资、能融到多少钱就支出多少钱。这种预算软约束和政府信用保证导致的过于膨胀的融资需求就好像一个黑洞，吞噬了大量金融资源。

三是积极支持本地国有企业做大做强。地方国有企业是地方政府财政能力的延伸，积极支持这些企业做大做强对于提振本地经济和增强地方政府的实际权力都大有裨益。而对地方国企来说，尽量把规模做得更大，既能为自己带来一定经济利益，也能提高自身在地方的分量和话语权。因此，通过扩大投资推动地方国企外延式规模扩张是地方上上下下的共识。而投资需要融资支持，除了国有企业自己积累一部分资金以及地方政府提供一些支持外，其他的资金主要靠金融机构的信贷等信用支持。一句话，地方国有企业致力于做大的冲动也极大地扩大了信用需求。

四是招商引资，通过给予土地、税收和资金配套等优惠条件来吸引包括央企在内的各类企业（特别是重资产企业）投资。这一时期全国各地遍地开花的开发区和钢铁企业、光伏企业等重资产工业便是这一模式的产物。这些企业或在当地银行或在其他地区银行获得信贷进行投资的资金配套，对扩大信用需求有一定效果。

第三节
非常规货币政策与信用繁荣

信用供给和需求还受到以货币政策为代表的金融政策的影响。恰如周小川行长在2014年所说,我国货币政策也一直是非常规的,在2001—2013年之间更是如此。非常规的货币政策集中体现在两个方面:一方面,我国是转型国家,很多美欧常规货币政策操作框架所依存的市场基础要么不具备、要么尚不完善;另一方面,虽然央行有诸多货币政策目标,不过作为后发国家,实现赶超的首要手段是经济高速增长,因此决策层和整个政府部门都有动力在条件允许的情况下促进经济更快增长。这倒逼货币政策在2001—2013年最为核心的目标始终是促增长。虽然2008年金融危机后,央行一直较为强调逆周期管理,但受央行独立性等方面的限制,我国货币政策始终是多方面因素合力的结果。"促增长为先,控通胀次之"的实际格局长期存在,这使得2001—2013年货币政策客观上长松短紧,为信用扩张创造了相对宽松的政策环境。旧格局下,货币政策保增长为先的倾向与一贯较为积极的财政政策一脉相承,是政府扩散的财政金融能力在宏观经济层面的一种体现。

主要发达经济体央行货币政策目标大都以"稳通胀"为锚

主要经济体货币政策当局对货币政策目标的诠释都随着经济形势和政经格局的变化而调整。不过从较长周期看，各国货币政策的总体导向还是有相对的一贯性。

20世纪70年代末以来，美联储的货币政策主要围绕控制通货膨胀和促进充分就业两个目标展开。正如菲利普斯曲线等理论所揭示的那样，试图持续降低失业率往往导致经济过热和通胀抬头，温和通胀和失业率下降在很多时候是鱼和熊掌不可兼得。在短暂的米勒①时代，美联储曾不顾通胀恶化而持续追求更低失业率。但自沃尔克②主导美联储以来，虽然不同的美联储主席有所谓鸽派和鹰派之分，不过美联储仍十分关注两个目标的平衡。一般来说，在通货膨胀风险较小而失业率高企的情况下，美联储更为偏重降低失业率，如在后危机时代的2008—2013年采取零利率和量化宽松政策来促进失业率下行；当通货膨胀风险恶化、经济有过热风险时，美联储政策更为偏重控制通胀，如2004—2006年的加息周期。相对来说，由于物价稳定（通胀率保持在2%的政策目标左右）主要由美联储负责，而促进充分就业不只是美联储一家机构的职责，因此在美联储的两大目标中保持物价稳定相对更为重要。虽然促进就业的政策大体有利于经济增长，但推动经济增长达到某一政府合意的水平从来不是美联储的职责所在。

在全球主要央行中，货币政策目标最为单一的是欧洲央行。保持物价稳定是欧洲央行唯一法定的政策目标。维护欧元和金融稳定，以及防止通缩风险均从这一目标中派生出来。欧洲央行对物价稳定目标的认识也经历了一个动态调整的过程，先是在温和通胀时期强调物价增长小于2%即算物价稳定，后是在通货紧缩风

---

① 威廉·米勒（William Miller，1925—2006），美国政要，曾任美联储主席（1978—1979）和美国财政部长（1979—1981）。——编者注
② 保罗·沃尔克（Paul Adolph Volcker, Jr）1979—1987年间任美联储主席，对稳定20世纪80年代的美国经济起过关键性作用。——编者注

险加大时强调克服通货紧缩风险并促进通胀水平向2%收敛。德法等欧元区内部核心国家对货币政策当局的角色有一定分歧，不同谱系的欧洲央行领导人所推动的具体政策也大有不同。不过欧洲央行的货币政策框架和实际操作仍在很大程度上继承了德意志联邦银行注重物价稳定的传统。虽然欧洲央行不否认促进增长和就业的重要性，但其坚持认为保持物价稳定是央行能够为经济增长和就业稳定所做的最重要也是最积极的贡献，促进就业和经济增长并非欧洲央行的法定职责。

我国"促增长"为先的非常规货币政策

与美欧不同，作为后发的转型国家，我国的货币政策长期以来属于"促增长"为先的非常规货币政策，这从货币政策目标的演变可管窥一二。

我国货币政策目标经历了从单一到多元的演化过程。在1993年国务院的《关于金融体制改革的决定》中，货币政策目标仅有保持物价稳定的单一目标。不过当时强调单一目标，未必表明决策层认为保持物价稳定是货币政策唯一或长期居于首要地位的目标，而更多与当时力图控制投资过热导致的两位数通货膨胀率、切断财政赤字和央行货币投放之间的直接关联等急迫要务有关。1995年颁布的《中华人民共和国中国人民银行法》（以下简称"《中国人民银行法》"）将货币政策的目标界定为"保持货币币值的稳定，并以此促进经济增长"。从此，货币政策的目标扩充为保持物价稳定和促进经济增长。之后在实际的货币政策实际操作过程中，货币政策的目标仍有所扩充。到2001年以后，时任央行行长的周小川把货币政策目标概括为4个：将通胀控制在较低水平、促进经济在合理水平增长、推动充分就业和保持国际收支平衡。2012年后，随着全面深化改革进程大幕的拉开，以及经济下行过程中金融系统阶段性的流动性紧张和信用风险事件等风险事件多发，事实上促改革和维护金融稳定也上升为货币当局的两个重要目标。由于经济、政治的复杂性和各国央行在其上层建筑中的角色有很大差异，货币政策目标多寡和各目标优先程度排序存在差异并不鲜见。不过，多个目标所要求的具体政策措施未必协调一致，在货币政策操作过程中既需动态平衡又需有所取舍。我国的中央银行是国务院领导下的中央银行,货币政策既需要服务于阶段性的国家宏观政策总目标,也需要服务于党和政府对中国中长期的战略发展规划。回顾2001—2013年,我国诸多货币政策目标虽无长期孰先孰后的排序,但促进经济增长是实际上第一位的政策目标。只有当经济过热从而通货膨胀压力加剧时,促进物价稳定才阶段性地成为货币政策的首要目标。货币政策目标的先后次序对货币政策操作策略影响巨大。2001—2013年货币政策呈现长松短紧的格局,这与上述货币政策目标的内在要求是一致的。

多因素造成货币政策偏重于经济增长和就业稳定,而不是较低的名义或实际通胀率。

首先,也是最为重要的一点,我国是处于追赶先进国家阶段的后发国家,决策层乃至整个国家都对经济高增长有特殊的重视。改革开放以来,我国的现代化之路是以经济建设为中心的。"到21世纪中叶把我国建设成为富强、民主、文明的社会主义国家,实现中华民族的伟大复兴"既是党和国家最重要的长期战略目标,也是凝聚全国各界共识的一面重要旗帜。在很长一段时期内,上述目标最简单的度量指标就是我国经济规模和增速,因此经济高增长就显得极为重要。长期以来,我国倾向于通过财政、货币等各类宏观政策操作,保持经济较高的景气度,甚至促进经济增长处于略高于潜在经济增速的水平,以期较快地实现经济跨越式发展。在我国大一统的体制下,这就要求包括央行和货币政策在内都要为这一更高级别目标的实现服务。

其次,央行的独立性受限,使得货币政策的制定和执行受到较多外部影响。虽然各国央行的独立性从来是相对的且也在动态调整过程中,不过相比美联储和欧洲央行,我国央行在货币政策制定和执行等方面的独立性偏弱。美联储和欧洲央行是独立于政府之外的机构,独立制定和执行货币政策;而我国央行是国务院组成部门,许多重要的货币政策决定需要国务院甚至党中央讨论决定。在政策讨论过程中,其他政府部门对货币政策亦有相当的发言权,而且货币政策的制定会顾虑到更多的目标和约束。2001年之后这10余年,我国处于各级政府都高度重视经济增长的时代。不希望偏紧的货币政策对高经济增长起到负面作用是多数政府部门自然而然的普遍心理。除非通胀压力持续上行，否则货币政策转入紧缩周期很难在决策层和各政府部门内部得到广泛支持。如果缺乏足够高层支持，央行在货币政策趋紧政策的出台上也需要慎之又慎。

最后，作为后发的转型国家，保持社会稳定和金融稳定有特殊的重要意义，这客观上也使得货币政策在长期更偏重于保增长。我国金融改革尚未完成，金融系统尚不完善，经济发展过程中的金融风险较成熟市场经济体更大。金融系统对整个经济又往往牵一发而动全身，因此保持金融稳定就成为货币政策的一个重要目标。此外，离开金融稳定，货币政策的效果也难以保障。促增长的政策大体指向宽松型的政策，而这类政策也往往有利于维护短期金融稳定。作为一个大一统的国家，保持社会稳定是政府一切行为的底线。通常认为恶性通胀和失业率大增可能导致社会稳定出现系统性问题。因此，保就业在某种程度上就是保经济系统正常运行的底线。在多数情况下，保就业和促增长所指向的货币政策方向也基本一致。特别是由于我国缺乏严谨的就业参考目标（常用的每年新增城镇就业人数存在重复计算等瑕疵），因此这一时期政策当局往往将保就业和促增长两个目标挂钩甚至画等号。在这10余年里，实际经济增速一旦低于X%（如8%或7.5%之类）就可能出现严重失业等社会问题的说法一度广泛流传。经济增速一度成为这一时期包括货币政策在内的宏观政策需严守的一个底线。

货币政策促进经济增长、就业改善和金融稳定的主要手段是"宽货币"和"宽信用"。"宽货币"即央行调整其资产负债表的规模和结构来增加基础货币供给，向金融市场和金融机构注入新的流动性。"宽信用"即央行通过调节其直接可控的各种资金利率、适度调整信贷规模等管控、加强对商业银行发放特定贷款的窗口指导等来引导信贷规模和社会融资总量增长，为固定资产投资等支出需求提供更多也更廉价的融资支持。长期偏重经济增长的政策导向有利于刺激金融部门的信用供给和非金融部门的债务融资需求。

此外，如果宏观当局将某一年度经济增速（如8%、7.5%或7%之类）作为需要坚守的底线，那就意味着每当经济增长出现跌破政策底线的风险时，宏观当局都会使用货币政策和财政政策工具来刺激基建等固定资产投资，进而将短期经济增长推升至政策底线以上。这近似于宏观当局无差别地为市场参与者提供免费的对经济增长和大类资产价格的看跌期权。免费的看跌期权不仅提升了各经济主体债务融资和投资等方面的风险偏好,还为土地和房地产等大类资产价格的稳定和上涨创造了良好条件。而土地和房地产是资产规模最大、接受程度很高的债务融资抵质押物。合格抵质押物的数量增多、市场价值提升都有利于非金融部门从金融部门获得更多的债务融资。于是,促增长为先和维稳压倒一切的宏观政策导向就为信用扩张创造了极其有利的条件。

特定时期的宏观政策更多是特定历史传统和经济环境的产物,无可厚非。只是特定的政策导向会产生特定的政策后果,对此需有清晰的认识。总的来说,长期偏重经济增长的非常规宏观政策,推动了2001年后我国金融部门信用供给规模和非金融部门债务规模的快速扩张。

第四节
扩散的政府信用保证加剧信用扩张

从微观上看,一笔债务融资交易要达成,不仅需要银行业等金融机构提供资金供给,也需要实体经济部门有融资需求,同时还往往需要债务人提供某种形式的信用保证作为担保。在我国金融机构提供的债务融资中,银行等资金供给方固然会关注融资人的盈利和现金流等财务状况,但也大都要求融资方提供固定资产抵质押、第三方担保等附加的信用保证。债务融资顺利地到期兑付,不仅利于降低信用风险溢价,更利于促进债务融资链条的平稳和快速循环。能否顺利按期兑付对整个金融系统能否持续高速信用扩张极为关键。2001年以来,我国信用扩张不仅有赖于作为最大宗抵押品的土地和房地产价值攀升,更依赖于政府信用保证的有力支持,特别是债务融资链条的平稳循环有赖于政府信用显隐性担保支持下的刚性兑付。

多数债务融资主体享有不同程度的政府信用支持

1. 政府信用广泛扩散至多数债务融资主体。

2001年以来,我国债务融资主体主要可分为几类:

(1) 中央政府和明确获得中央政府信用支持的铁道部、政策性银行等;

(2) 地方政府；

(3) 国企部门，包括央企、地方国企、地方政府融资平台；

(4) 非国有企业，主要是房地产等重资产类非国有企业；

(5) 住户，其债务主要是房贷和汽车贷款等消费贷。

中央政府发行的国债、政策性银行发行的金融债券和铁道部发行的企业类债券等享有最高级政府信用（即主权信用）的支持。中央政府掌控法币的印钞权，只要其有偿债意愿，则其本币债务无信用违约风险。铁道部负债率高企且经营效益较差，其能顺利地大举负债扩张的首要原因是有主权信用作为其偿债的信用保证。

1994年颁布的《预算法》限制地方政府直接负债的权限。直到2009年国务院批准发行一定规模的地方政府债券之前，我国几乎没有以地方政府名义公开融资的债务。2009年后的地方政府债券由于需得到国务院批准并且大都有财政部代发或代理支付的环节，实际上也就享有中央政府主权信用的保证，属于准主权性质的债务。

中央企业是中央政府手中的一块重要经济资源，中央企业在经济中的作用和影响力在某种程度上是中央政府影响力的延伸。在经历三年国企脱困（1998—2000）和国企改革后，中央企业进入快速发展的黄金时期，其债务融资规模快速提高。除中央企业所拥有垄断资源和经营优势外，中央企业作为"共和国长子"所拥有的政府隐性信用担保等支持，也是银行类金融机构至为青睐此类客户的重要原因。

代表地方政府的地方国资部门是地方国企的大股东和实际控制人，地方国企扩张离不开地方政府的大力支持。地方国企在地方经济中的作用和影响力，是地方政府行政能力的延伸。对大中型地方国企遇到的经营困难或者信用风险，地方政府往往有着无法推卸的责任，通常只能去设法妥善处理。

地方政府融资平台与地方政府特别是地方财政的关系更为紧密。地方政府融资平台债务实际上是地方财政赤字的表外化，其扩大了地方政府可支配财力。地方政府融资平台的负债融资也往往得到地方财政的大力支持。地方政府不仅为融资平台提供大量注资以充实其资产和资本金实力，而且为相当一部分融资平台债务融资提供直接或间接的信用保证，比如将其债务偿付列入地方人大审议通过的一般性预算等。对地方政府融资平台的债务，地方政府要么有直接的偿付责任，要么承担连带担保责任，要么承担一定的救助责任，难以置身事外。也正因为地方政府融资平台得到地方政府信用的大力支持，因此虽然此类融资主体普遍存在自身赢利能力和现金流不强、资产负债表状况一般、企业内部治理不规范等缺陷，但是还是能从金融机构得到大量债务融资。在2008年后地方政府债务快速膨胀过程中，在预算软约束支持下的融资平台债务融资扩张起到了极为重要的作用。2008年后地方融资平台成为我国债务融资规模最大的债务融资主体之一。

在2001年后的经济高增长时代，部分大中型民营企业的融资也得到一定程度的地方政府信用支持。由于大中型民营企业的规模扩张利于地方经济增长和创造就业机会，因此地方政府对这类企业的信用扩张大都采取较为支持的态度并提供了一定支持。甚至很多情况下，地方政府一手主导部分民营企业通过举债扩张来快速做大资产负债规模，如2009—2013年各地光伏行业的资产负债规模扩张。此外，如果出现大规模的民企信用风险事件，不仅会恶化地方融资环境，还会影响当地经济发展、资产市场价格稳定和就业等问题，因此在地方政府能力允许的范围内往往会主动协调化解民营企业的信用风险。不过客观来说，大型民营企业得到的地方政府信用支持较融资平台和国企有一定差距，地方政府为民营企业债务违约兜底存在不少限制，民企信用风险事件的处理结果经常是一时一地一例的情形。

总之，我国多数债务融资主体的债务融资扩张均在不同程度上受到政府信用的担保，行政级别越高的地方政府所得到的中央政府信用支持越多；下级政府从其上一级政府所获得的信用支持更多；各类国企是各级政府对经济影响力的延伸，也自然获得不少所属政府的信用支持；部分与地方政府关系密切的大中型民营企业信用扩张也得到一定程度的政府信用保证。从规模上看，我国金融机构的信贷和类信贷资源偏重于向政府部门和作为政府部门影响力延伸的国企部门投放。因此，2001年后我国扩张的债务融资背后有着扩散的政府信用保证作为支持。

2. "剪不断，理还乱"的融资主体信用。

由于我国大一统的历史传统和现实的政府治理架构等因素影响，中央政府信用与地方政府信用、地方各级政府之间的信用、各级政府信用和其所控股企业的信用之间存在"剪不断，理还乱"的复杂关联，甚至部分大中型民企的信用和地方政府的信用之间也有千丝万缕的联系。不同主体之间的信用联系纠缠不清，不仅使得长期以来我国多数债务融资主体或多或少享有政府信用的支持，也使得各类主体利用这种难以准确衡量的外部性进行了过度债务融资，并加剧了2013年后债务问题的严重性。

不同主体之间的信用联系纠缠不清，首先集中体现在地方政府信用和中央政府信用存在区别但又难以有效隔离。

1994年全国人大通过的《预算法》严格限制地方政府发债，唯一的例外是如果国务院特批则地方政府可举债一定规模。中央政府限制地方政府的发债权力，其中很重要的一个考虑就是中央政府信用和地方政府信用并不像美国等联邦制国家那样独立，而是复杂且紧密地牵连在一起。此外，在大一统的国家，虽中央集权，但体制内（或者说官僚机构）并非铁板一块，上上下下、条条块块由于所处的位置、着眼点、各自具体的利益不同，很多关系需要平衡，其中最为重要的是中央和地方的关系。中央控制过严、地方自主性太弱，往往不利于经济的活力和社会的发展。中央权威太弱、地方权力过大，则可能出现"政令不出中南海"的情况。在我国历史上中央权威极度薄弱的时期，甚至都并不鲜见各类型的地方割据。因此，地方政府自主融资权限是大是小，既与中央和地方的财权事权划分有关，更牵绊着中央权威与地方自主性的平衡。

2008年全球金融危机后，为实现保增长等目标，中央政府放松了对地方政府发债的限制，国务院每年批准各省市发行一定额度的地方政府债券。2009年至2014年，历年财政部都代理地方发行地方政府债券。2011年后，在国务院每年批准的发债额度内，部分发达省市开始试点自行发债。在总计4年的试点期内，前三年各省市自行发债的还本付息仍由财政部代理，2014年部分省市开始试点自发自还。2014年全国人大通过修订的新《预算法》授予各省级地方政府自主发行地方政府债券的权力,但发行额度仍需国务院批准。对债权人而言,财政部代理发行的地方政府债券由财政部代理支付本息,其信用风险与国债无异。在中国的国情下,未来地方政府自主发债后,发行规模仍需中央政府批准。这背后很重要的一个原因是:中央政府对具有系统重要性的省级地方政府的债务仍有较大的连带责任,"地方请客、中央买单"的局面很难单单因《预算法》修订而有根本改变,要改变这种扭曲还需更深入地推进包括财税改革在内的国家治理体系现代化改革。

归根结底,长期以来我国各级地方政府之间的信用都没有有效划分和风险隔离,下级政府的信用在很大程度上得到上级政府的背书。隶属关系越近,下级政府和上级政府的关联越深,其所分享的上级政府信用越多,比如省和直辖市能得到的中央政府信用保证就要比区县高得多。当具有系统重要性的省市级政府出现债务违约风险时,很难想象中央政府能袖手旁观。上级政府对下级政府信用背书的强弱固然与上级政府的意愿有关,但哪怕没有意愿,上级政府也难以置身事外,而且事态越严重,越难以置身事外。归根到底,这种关系无关乎意愿,而是大一统国家中政府权力架构使然。在我国现实的政府治理层面,下级政府是上级政府的派出机构,下级政府的权力和合法性实际上均来源于上级政府授予,下级政府的行政行为在某种程度上是代表上级政府在地方施政。这和欧美联邦制国家中各级政府之间的关系存在本质不同。形象地说,我国上级政府和下级政府(特别是中央政府和地方政府)的关系,更接近于总公司和分公司,而非联邦制下的母公司和子公司。哪怕分公司擅自妄为欠下巨债,总公司想置身事外总归是不可能。

追根溯源,欧美地方政府发债建立在中世纪后地方在民事上独立自治的基础之上,其联邦制下的地方政府是独立的民事法律主体。在联邦和地方之间,不仅事权和财权有明确划分,而且地方政府的信用与联邦政府的信用有着明确的区分和隔离。而我国自秦朝郡县制后的传统就是中央政府大一统、地方政府只是中央政府的派出机构,理论上地方政府是中央政府在地方的代理人,其包括举债在内的行政作为是代中央政府在地方施政。即使到了当代,我国大一统的局面也未有根本变化。因此,在国家治理体系发生实质转变之前,我国地方政府无论在法律还是现实层面都谈不上是完全独立的民事法律主体。我国也从来没有与美国市政债本质相近似的地方政府债券。未来除非改革能明确划分各级政府权责并设置相应防火墙，否则地方政府信用和中央政府信用仍将紧紧牵绊在一起，而且隶属关系越近则关联越密切。

在过去10余年，中央企业的信用和中央政府的信用、地方国企的信用与地方政府的信用、融资平台的信用和地方政府的信用之间也未有明确的防火墙区隔。虽然从法律条文上看，上述国有企业多是按照《中华人民共和国公司法》等法律成立的有限责任公司或股份有限公司，政府国资部门仅在出资范围内对其债务风险等承担有限责任。但在过去10余年里，各级国有企业是所属各级政府手中重要的经济牌，国企在经济中的影响力是政府影响力的延伸。而且这些企业的经营策略特别是10余年来的扩张之路与各级政府的发展战略关系密切。在一定程度上，这些企业是在具体的市场环境中执行政府的相关发展战略。国企和政府部门之间紧密的关系，使得国企在各方面受到了政府资源的支持。

于是，在大一统的体制下，下级政府信用与上级政府信用相牵绊，地方各级政府信用与中央政府信用相牵绊，各类国企信用又与其所属的各级政府信用相牵绊，部分民营企业的信用又在促进地方经济增长和就业稳定等目标下与地方政府信用有一定牵绊关系。由于掌握的资源最多、实力最强且市场公信度最好，政府信用特别是中央政府信用成为我国整个信用体系的中心。众多债务融资主体都从政府信用中得到了程度高低不一的信用保证支持。可以说，以中央政府信用为核心的政府信用广泛扩散支撑了刚性兑付，促进了2001年后10余年间经济高增长和信用高增长。

但是，刚性兑付也助长了部分地方政府和国企的过度负债。不同经济周期中捉摸不定的政府信用支持，使得融资主体信用变得扭曲和复杂化，加剧了我国信用市场的复杂、不成熟和扭曲。

第一，既然政府需对企业债务违约承担一定的兜底责任，以及上一级政府大概率需为下一级政府的债务偿付困难提供援助，那势必造成很多经营主体过度负债来冒险豪赌。大量经济主体过度负债，不仅加剧国家整体的债务压力，也加剧了中央政府最后需负担的债务化解压力。

第二，在周期更迭的市场经济中，不可避免地出现企业创立、繁荣、衰败和破产等情况，这种大浪淘沙本是市场机制下正常的新陈代谢行为，是市场保障经济肌体健康的调节机制。政府信用兜底下的刚性兑付，虽然在很长时期内换来了经济表面上的稳定，但也使得市场新陈代谢的能力下降，市场对资源配置的效率也随之下降。本质上，信用风险不能被消灭，只能被转移，因此公共部门的干预并无法消灭债务负担和信用风险，只是用转移信用风险的办法来消化融资人的信用风险暴露。由于公共部门债务偿付的最后保障是中央政府的主权信用，于是政府兜底的刚性兑付使得中国信用市场不同微观主体的非系统性信用风险逐步累积，并将最终上升为中央政府所负担的系统性风险。

第三，不同经济周期中捉摸不定的政府信用支持，使得融资主体信用变得扭曲和复杂化。在顺周期中，扩散的政府信用支持往往不用拿出太多的真金白银。但在经济下行的逆周期中，随着财政收支压力加大等因素影响，客观上地方政府对信用风险事件进行腾挪的空间收窄，而且逆周期的风险干预往往要拿出大量的真金白银。因此，在持续的经济逆风中，之前广泛扩散的政府信用支持不可避免趋于收缩。政府部门救助哪些债务主体、如何救助债务主体、是否全额兜底都存在很大不确定性或者说选择性。2013年以来，债务信用风险因债务融资主体的类别和债务融资形式等不同而显著分化，大有不得不违约时"拣软柿子捏"的态势。从债务主体的类别看，政府性债务仍将享受高度政府信用支持，国企次之，非上市的民营企业就少之又少；从债务融资市场看，民间债务融资信用风险剧增，信托等非标产品信用风险事件层出不穷，信贷坏账率有所上升，而银行理财、公募债券融资市场的刚性兑付仍在相当程度上得以维持；对同一债务融资人的债务而言，其公开市场发行的债券信用风险较小，信贷和非标债务融资工具信用风险次级化，应付账款信用风险剧增。但为避免系统性和局部的信用融资环境显著恶化，政府又必然从功利化角度去干预那些可能社会影响较大的信用风险事件，比如不少散户持有、公开性较好且持有人大都跨区域的公募债券。于是发生债务逾期、重组等信用风险事件时，"拣软柿子捏"的现象颇为常见，判断融资主体信用风险的难度上升。

多因素使金融系统得到政府金融能力支持

把视角转回资金供给方。我国金融机构以银行业为主导,近10年来证券业、基金业、信托业和保险业等金融细分行业也得到很大发展。上述金融机构是我国债务融资的主要资金供给方。主要的债务融资工具则是银行业传统的信贷、各类标准化债券以及各类非标债务融资工具。不同的工具也对应着不同的金融市场,比如银行信贷市场、银行间和交易所债券市场以及非标产品市场等。多因素使得作为债务融资主要资金供给方的金融系统受到政府信用的保护。

首先,金融行业呈现高度的国有化特征,从股权结构看,我国多数金融机构是国有企业或者国有控股企业。在截至2013年年底的规模前十大商业银行中,除了民生银行属于非国有企业,其他银行均是国有银行或国有控股银行。在信托业、保险业、证券业、基金业等金融细分行业中,大量规模排名前列的企业是国有或国有控股企业。而作为金融系统基础设施的各交易所、外汇交易中心、各登记结算机构等均为清一色的国有企业或国有控股企业。历史上,我国金融行业是一个被高度管制的行业,实行严格的牌照和业务准入制,而且牌照发放相对严格,国有企业更容易得到。国有企业的身份本就天然享受了股东背景所带来的政府信用保护。而金融行业的特殊性和重要性、金融牌照的稀缺性就更使得各级政府对其所属的金融企业更为重视,金融企业所得到的政府信用保证也较普通非金融企业更多。

其次,10余年来一系列主客观因素使得众多金融机构"大而不能倒",从而使得银行信用背后具有政府近乎无限连带的隐性信用保证。在我国,金融行业特别是银行业具有系统重要性,金融系统爆发的无序危机(主要是银行业危机)往往会引爆整个经济的系统性危机。这倒逼政府为金融机构提供兜底,比如20世纪末我国银行业的坏账危机、21世纪初我国证券业的系列危机等。由于规模过大、业务联系过于广泛,某些单个金融机构就已具有系统重要性,往往大而不能倒。一旦这些机构出现严重的信用风险,为避免单个金融机构的风险发展为整个金融系统和整个经济的系统性风险，政府只能通过财政系统或者货币当局为其提供兜底支持。此外，在2001—2013年这段时间里，我国银行业并无正式的存款保险制度安排，存款安全主要是靠政府隐性信用保证来实现的。由于政府对所有银行业金融机构的所有人民币储蓄存款实行近乎无差别的信用保证，所以这一时期几乎所有银行业金融机构背后均有近乎无限的政府信用保证。

政府信用保证在一定程度上封杀了银行等金融机构扩张的尾部风险，并助长了不审慎的金融机构信用资产规模扩张，促进了2011—2013年以过度信贷为代表的过度债务扩张。

总的来说，2001年以来，随着政府事权扩大、对经济运行的干预和直接参与增多，政府信用也就不可避免地卷入了债务融资链条的方方面面。无处不在的政府之手，就使得政府信用扩散到经济运行的方方面面。过多地干预微观主体的运营、过分注重经济增长速度、过于偏爱金融系统和社会的表面稳定等都使得政府信用在某种程度上被滥用，甚至出现了广泛的全民套利政府信用的情形。政府信用既通过推动信用扩张促进了经济繁荣，也使得经济运行的非系统性风险逐步上移为政府信用承担的系统性风险。

有盛就有衰。2011年后上述支持信用繁荣的诸多条件逐步发生很大变化，银行业信用扩张也就从注重数量扩张的"旧格局"走向需谨慎化解信用风险并进行结构调整的"新周期"。

第五章
资产负债表视野下的"高增长时代"

2001—2013年是中国经济高速增长的时代，是投资主导的经济增长模式盛极一时并开始走向下坡路的时代，也是债务融资快速增长、债务问题发酵成为我国经济一大难题的时代；是资产和产能存量快速扩张并走向过剩的时代，也是一个政府、非金融企业等部门债务规模逐步堆积的时代；是土地、房地产等大类资产价格鸡犬升天并"亢龙有悔"的时代，也是我国外汇占款主导的基础货币供给发行模式形成并由盛至衰的时代，还是银行等机构表内外信用供给规模快速膨胀并逐渐面临再调整的时代。

前文讨论的宏微观经济特征大都会折射在国家、各个经济部门、各类微观经济主体的资产负债表上。正如企业资产负债表精炼地勾勒了某一时点特定企业的财务状况，国家和不同经济部门的资产负债表则浓缩了特定时点一国经济在宏观和中观层面的基本状况。经济规模和经济结构在一个时代中的变化轨迹不可避免地缩影在不同主体资产负债表规模和结构的变迁上。2001年之后我国的经济高增长时代，也是国家和各经济部门资产负债表集体膨胀、资产负债率提升（特别是2008年后）的时代。无论是经济高增长，还是货币信用扩张，抑或是经济的结构性变化，都反映在主要经济部门资产负债状况的变动中。

在我们看来，最为重要的几张反映经济基本状况的资产负债表分别是：货币当局资产负债表、其他金融机构资产负债表（主要是其他存款性公司资产负债表）、国家资产负债表、政府部门资产负债表（包括中央政府和地方政府）、非金融国企资产负债表（包括央企、地方国企和融资平台）以及私人部门资产负债表（包括私人企业部门和住户部门）。虽然我国官方只编制并公布了前两类主体的资产负债表，但仍然有诸多工具观察其他主体的资产负债状况，中国社会科学院等机构的课题组也对2000年以来的国家资产负债表做过专题研究和数据统计。观察资产负债状况能提纲挈领地把握一个时期的经济状况，特别是观察货币当局等金融机构的资产负债表几乎是进行宏观经济和金融市场研究的必修课。通过资产负债表相关的逻辑框架可以从另一个视角加深对2001年后中国经济"旧常态"的理解，也便于我们对前4章的分析做总结和梳理。

第一节
债务扩张主导的非金融部门资产负债表膨胀

从不同角度可以对经济部门做多种划分。从实体经济与货币经济相对应的角度看,一国经济部门可分为非金融部门和金融部门。这里的非金融部门主要由政府部门(不包括货币当局)、非金融企业部门和住户部门构成;而金融部门主要由货币当局和银行等其他金融机构组成。金融部门的表内资产负债状况可通过央行报表系列等来分析,银行表外资产负债可结合表外理财业务、信托等业务的发展情况来分析。由于我国尚未编制正式的国家资产负债表和各经济部门的资产负债表系列,因此无法直接观测各非金融部门准确的资产负债状况。但是可通过财政收支等引起资产负债表变化的因素来侧面分析。

地方政府为主角的政府部门资产负债表扩张

狭义的政府部门包括中央和地方各级政府及其辖下的事业单位等(由于货币当局的特殊性,这里暂不考虑),各种口径的财政收支是导致其资产负债状况变动的主要因素。我国长期推行积极的财政政策,中央和地方各级财政支出一直增长较快。2001年之后,随着财政收支规模持续扩大,政府部门资产负债表规模大幅扩张在情理之中。特别是我国财政收支中相当比例用于基建等固定资产投资,扩大的生产型财政支出使得中央和地方形成了较多的资产。财政收支扩张在2008年以前主要靠税收和政府性基金收入等广义财政收入增长推动，在2008年后则更多依赖各种类型表内外负债的快速膨胀。

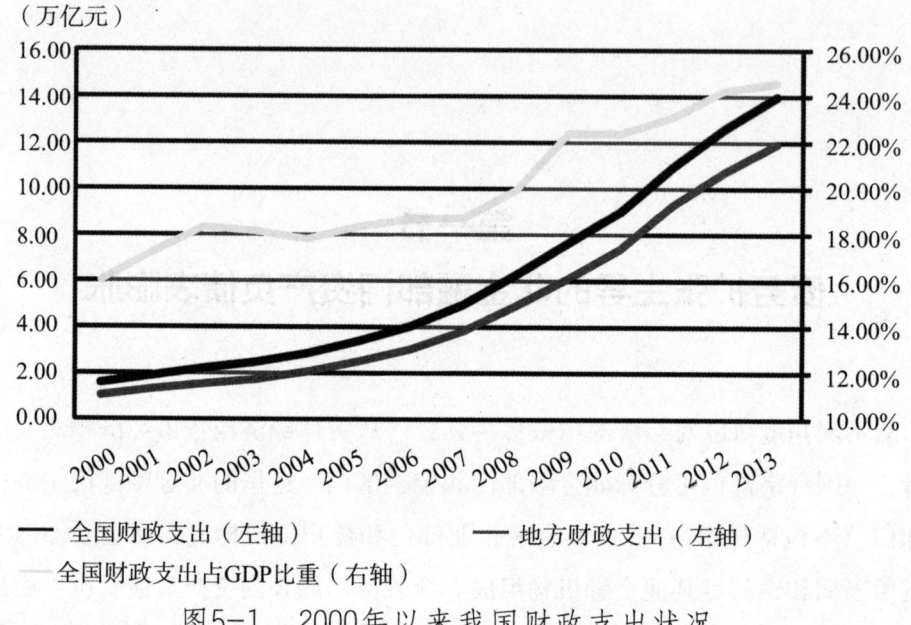

图5-1　2000年以来我国财政支出状况

资料来源：Wind资讯，中信资本

自十八大三中全会确定了全面深化改革的总目标后，财政预算管理体制改革提速。2014年10月，国务院出台《关于深化预算管理制度改革的决定》（国发［2014］45号文），明确要求地方政府预算包含其所有的收入和支出，这是财政改革进程中极具代表性的一步。不过，自2001年至国发［2014］45号文出台，财政预算对政府部门实际收支的覆盖范围有限，特别是地方政府的一般预算仅覆盖地方政府实际总收支的一部分。因此，我国财政收支长期存在狭义和广义之分。这里的狭义财政收支指经中央或地方人大审议通过的一般预算收入和支出。广义财政收支则是包括一般预算外的国有资本红利收入、政府性基金收支和政府性债务收支之类的政府总收支。

从狭义财政收支层面看，中央政府长期保持了一定规模的预算赤字，2008年后赤字规模逐年有所增长。受赤字影响，国债市场存量规模也随之扩大。但中央预算赤字一直得到严格控制，2013年国务院领导人更是强调不超过3%的赤字率是现阶段中央预算赤字的硬约束。中央政府预算赤字率和累计债务存量占GDP比例仍较低，远低于国际警戒线。受1994年颁布的老《预算法》限制，地方政府的一般预算需保持总体平衡。列入地方一般预算内的政府负债主要是国务院批准发行的地方政府债券。概括以上分析，2001年后预算内财政收入规模的快速增长带动了预算内财政支出的快速增长，进而推动中央和地方资产负债规模的扩张；由于预算内财政赤字规模有限，对政府部门负债率的影响也有限。

从广义财政收支层面看，一般预算之外的政府部门收支对推动其资产负债表扩张有明显作用，特别是对地方政府而言。过去的10余年里，土地出让金收入猛增，推动地方政府性基金收入规模快速攀升。政府性基金收支不仅已经成为地方财政总收支的重要组成，也是地方政府推动地方基础设施建设等固定资产投资的重要资金来源。

此外，地方政府债券之外的地方政府性债务收支也属于广义地方财政收支的重要组成部分。只是在过去的10余年中，由于老《预算法》严格限制地方政府发债的权力，因此地方政府大量使用地方融资平台来进行债务融资。于是相当一部分应纳入政府债务收支的资金以城投平台的企业类债务融资的形式存在。广义的地方政府资产负债表还需并入绝大部分地方融资平台所承揽的政府性债务和所形成的资产。2008年金融危机之后，为应对倒逼的保增长压力，中央对地方政府负债的约束实际上显著放松。各类政府融资平台如雨后春笋般涌现，推动多种类型的地方政府表内外负债规模大幅扩张，显著地扩大了财政可支配收支的规模和范围。虽然中央未大幅放开地方政府的发债权限，虽然自2010年后各监管部门开始限制银行对地方融资平台的贷款规模，但很长一段时间内对地方融资平台的其他类型债务融资并未进行综合的规模控制。直到2014年，中央才决定逐步剥离地方融资平台的政府性融资功能。在这之前的10余年里，地方融资平台事实上起到了广义的第二地方财政的作用。地方政府融资平台的资产负债率总体较高，规模均在10万亿数量级。如果地方融资平台与地方政府资产负债表并表，将无疑使得地方政府无论资产、负债规模还是债务杠杆率（部门债务规模/GDP）都会大幅上升。

中央财政在预算收支之外，也有类似于第二财政的收支项存在。诸如政策性金融机构和中国铁路总公司（原铁道部）为代表的政府支持机构，其资产负债扩张在一定程度上扩充了中央财政支出的规模和力度。政策性银行在进行政策性金融融资业务时，为大量符合政策方向的项目提供了长期限、低成本的融资，起到了第二中央财政的作用。其资产负债扩张在很大程度上也应纳入中央政府部门的资产负债扩张。不过考虑到其属于金融部门，其提供的融资大部分对应着非金融企业部门的债务扩张，因此这里不列入。中国铁路总公司的新增债务享受中央财政的信用保证，其资产负债表的扩张是广义中央政府部门资产负债表扩张的一部分。其历年信贷等债务融资规模的扩张虽不计入中央预算赤字统计，但扩大了中央财政的收入和支出力度，实际上是一种广义预算赤字。

无论狭义还是广义口径，2001年后政府部门资产负债均快速扩张，特别是2008年后其扩表速度尤其快。中央政府资产负债表相对健康，广义地方政府资产负债表的规模、资产负债率和杠杆率（债务规模/GDP）较高。这反映了长期以来地方财政支出较中央财政支出更为积极，客观上也是地方事权相对扩大和2008年后地方政府保增长压力被加大的结果。大量地方融资平台的负债实际上是隐性的地方政府财政赤字。在某种程度上可以说，我国财政赤字呈现地方化的特征，而地方财政赤字则呈现表外化或者说平台化的特点。

国企部门为代表的非金融企业部门资产负债规模膨胀

按资产负债规模计算，非金融企业部门在各非金融部门中规模最大。中国社会科学院"中国国家资产负债表研究"课题组在《中国国家资产负债表2013》中指出：2012年年末我国非金融企业部门债务余额72.12万亿元，占GDP比重为139%；若扣除地方政府融资平台债务规模，则非金融企业部门债务余额为58.67万亿元，占GDP比重为113%。

从细分部门来看，非金融企业部门包括非金融国有企业和非金融其他企业。非金融国有企业主要包括中央企业、地方产业类国有企业、地方融资平台等三类。非金融其他企业则主要包括民营企业、外资企业等非国有企业。2001年以来，无论国有企业还是非国有企业，均进行了持续的资产负债表扩张，资产负债率均呈上升态势。

2001年后，非金融国有企业的资产负债表扩张一直力度较大。国有企业的资产负债扩张既有其内在动力，也在很大程度上与政府部门同气连枝。不仅相当一部分国有企业的资产负债行为追随政府的政策方向，而且各级政府对相当一部分国有企业的债务存在程度不同的信用保证。在长时期内，做大做强国有企业既有利于实现保增长、稳就业等政策目标，而且也利于扩大政府对经济的影响力。非国有企业的资产负债表结构变动轨迹与国有企业方向一致。2001年后，随着经济高增长时代的收入和盈利规模攀升，非国有企业的资产负债表规模也在持续扩张，资产负债率和赢利能力均较快上升。

由于缺乏非金融部门债务余额的时间序列数据，因此我们使用发债企业中非金融企业的资产负债数据来进行替代分析。从图5－2可发现以下三点：

1. 2002年以来我国非金融发债企业的资产负债率一直呈上升态势；

2. 2008年以前，这些企业资产负债率的上升伴随着盈利状况的改善，显示加杠杆的边际效益较高；

3. 但2008年后，资产负债率虽继续上升但盈利状况持续下降，显示企业债务状况大为恶化，加杠杆的边际效益很低，加杠杆进程越发难以为继。

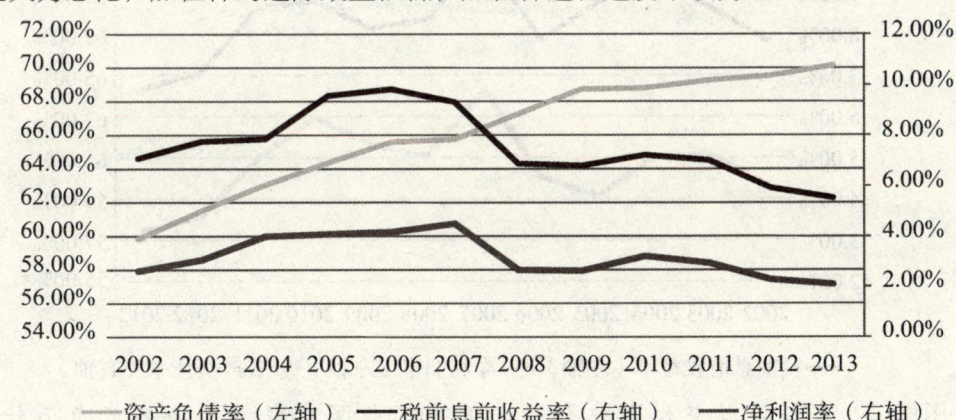

图5-2　2002年以来我国非金融发债企业资产负债状况

资料来源：Wind资讯，中信资本

观察国有和非国有发债企业的资产负债状况，可发现两类企业的资产负债率和盈利状况的变化轨迹虽方向相似，但也存在一些细微不同。

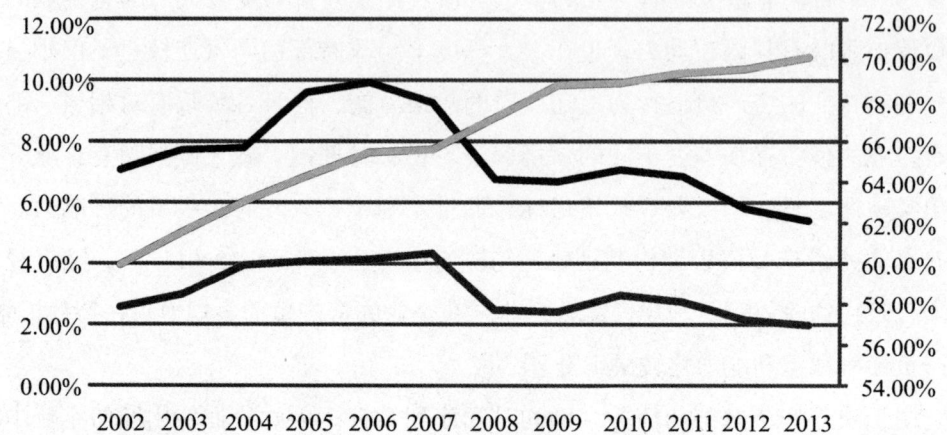

图5-3 2002年以来我国非金融企业部门国有发债企业资产负债状况

资料来源：Wind资讯，中信资本

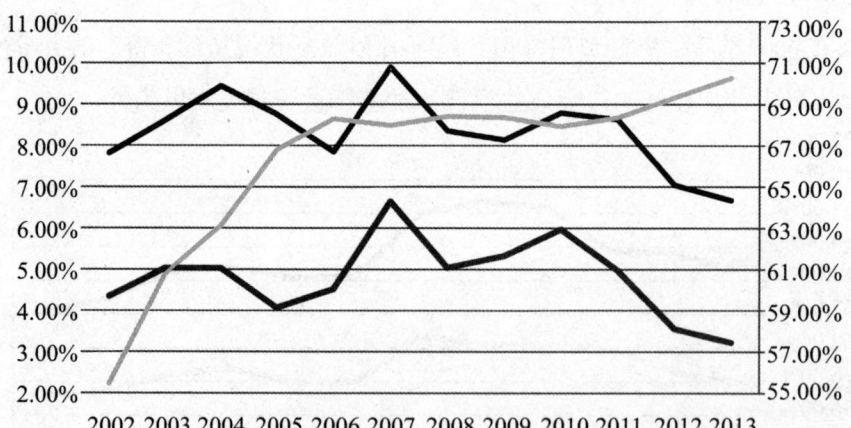

图5-4 2002年以来我国非金融企业部门非国有发债企业资产负债状况

资料来源：Wind资讯，中信资本

如果用各年份资产负债率减去基准年份的资产负债率,那么可以发现不同类型企业的资产负债表扩张有两点不同之处。

1. 2008年以前,非国有发债企业资产负债率上升更快,显示非国有发债企业对于加杠杆更为积极。

表5-1 非金融企业部门不同企业资产负债率状况累计变动情况

(2002年为基准年份)

	国有发债企业	非国有发债企业
2003	1.59%	5.32%
2004	3.09%	7.67%
2005	4.33%	11.32%
2006	5.51%	12.84%
2007	5.65%	12.52%
2008	7.23%	12.96%

资料来源:Wind资讯,中信资本

2. 2008年后,国有发债企业资产负债率上升更快,显示国有发债企业对于加杠杆更为积极。

表5-2 非金融企业部门不同企业资产负债率状况累计变动情况

(2008年为基准年份)

	国有发债企业	非国有发债企业
2009	1.59%	-0.06%
2010	1.70%	-0.48%
2011	2.20%	-0.06%
2012	2.39%	0.90%
2013	2.97%	1.85%

资料来源:Wind资讯,中信资本

上述不同之处表明,私人企业部门更倾向于顺周期投资和顺周期加杠杆,而国有企业的逆周期扩张动力更强。特别是2008年后,由于私人部门投资需求下滑,非金融国有企业一度成为加杠杆的主力军,积极通过债务融资等方式扩大投资规模并做大自身资产负债表。

住户部门：杠杆率温和上升的资产负债表扩张

住户部门由一国或地区的住户组成。2001年以来的高增长时代，住户部门的收入规模和资产负债规模均有所扩张。

但显而易见，其扩张幅度显著小于广义地方政府部门（包含地方融资平台）和非金融企业部门。这主要是两方面的原因造成的。

一是住户部门收入虽增长，但增速弱于其他部门。2001年之后这10余年国民收入分配偏向于政府部门和企业部门，住户部门收入增长速度相对较慢。住户部门收入在国民收入分配格局中占比下降与消费在GDP中占比下降并萎靡不振相一致。

二是住户部门负债增长较慢，且杠杆率较低。住户部门的主要负债为住房抵押贷款和信用卡消费信用贷款等。随着2001—2013年房地产黄金时代房屋销售量和持有量的大幅放大，住户部门的住房贷款规模大幅增加，是这一时期推动住户部门负债规模和杠杆率上涨的主要动力。不过，住房贷款首付比率显著高于美欧，住房抵押打折率也较高，这些因素限制了住户部门通过住房贷款实现的杠杆融资倍数。全国范围内的房价上涨速度快于居民可支配收入增速，使得房价与居民收入比持续较高，限制了能够承担房价的人群比例，也倒逼了住户部门更多地积累储蓄。此外，银行对住房贷款的发放门槛也较美国次贷泛滥时期严格得多，因此符合住房贷款门槛的家庭在经济体中的占比有限。住户部门的负债率上升有限，显著低于地方政府部门和非金融企业部门。相对来说，中央政府和住户部门是各经济部门中资产负债率和杠杆率较低的部门。

第二节
"赶英超美"式的金融机构资产负债表扩张

与固定资产投资主导的非金融部门资产负债表扩张相对应,2001年后金融部门资产负债表规模快速做大,央行和商业银行行业资产负债规模双双早早跃居全球第一。金融机构资产负债表的膨胀既是非金融部门资产负债表膨胀的结果之一,也是推动或制约非金融部门资产负债表膨胀的重要因素。一方面,基建和房地产投资等推动的非金融部门资产负债表膨胀往往伴随着其金融负债的扩张,从而直接推升了金融部门资产负债表的规模;另一方面,10余年间新增外汇占款主导的央行资产负债表规模快速扩容为金融机构提供了大量高能的基础货币,改制后的银行业等其他金融机构谋求规模扩张的动力和潜在空间都十分巨大,金融系统的信用(或者说流动性)创造能力使得非金融部门的资产负债表快速扩张成为可能。在这一时期,金融部门的扩张在某种程度上主导了非金融部门资产负债表的扩张。

央行资产负债表规模跃升为世界第一

前文在三重对应框架中分析过,货币对应资产价格,货币供给的变动对各类资产价格的变动影响巨大。在货币供给链条中,基础货币和央行的角色举足轻重。在我国当前的金融架构下，基础货币供给是一国流动性的总闸门，而央行主导基础货币供给。央行资产负债表的变动大都影响着基础货币的吞吐，从而对一国金融市场和实体经济面临的短、中、长三期的流动性环境产生实质影响。央行资产负债表在规模和结构上的短期变动，直接影响短期金融市场和实体经济流动性的松紧变化；而其长期变动则影响经济总需求扩张的货币条件，特别是投资所依赖的融资条件、资产生产和交易所依赖的货币条件等。

目前我国央行发布月度的货币当局资产负债表。这张表对进行宏观经济、政策和流动性的短中长期分析均有重要意义，是研判中国经济必须关注的一张表。2001年以来，货币当局资产负债表的规模和结构变化生动地折射了10余年间经济的诸多变迁。

我国货币当局资产负债表按照"总资产＝总负债"的框架编制。资产方主要包括5类：1.国外资产；2.对政府债权；3.对其他存款性公司债权；4.对其他金融性公司债权；5.其他资产。其中后4类主要是对国内机构的债权，即国内资产。负债方主要包括4类：1.货币发行；2.其他存款性公司存款（主要是法定存款准备金和超额存款准备金）；3.政府存款；4.发行债券（央票）。

表5-3 我国货币当局资产负债表

（单位：亿元）

项目	2014年9月
国外资产	280121.20
外汇	272017.91
货币黄金	669.84
其他国外资产	7433.45
对政府债权	15312.73
其中：中央政府	15312.73
对其他存款性公司债权	21015.29
对其他金融性公司债权	8731.65
对非金融性部门债权	25.30

(续表)

项目	2014 年 9 月
其他资产	11055.44
总资产	336261.61
储备货币	285299.18
货币发行	65544.74
其他存款性公司存款	219754.43
不计入储备货币的金融性公司存款	1661.73
发行债券	6922.00
国外负债	1964.00
政府存款	36787.46
自有资金	219.75
其他负债	3407.50
总负债	336261.61

资料来源：中国人民银行，中信资本

从规模上看，2000年12月，央行资产负债总规模为36491亿元。2001年之后，央行资产负债表规模持续快速增长，于2006年1月超越日本央行成为全球资产负债规模最大的央行，之后一直保持这一位置至今。截至2013年12月底，央行资产负债规模已达317278亿元，2001—2013年这13年累计增长869%，年化增长率18.1%，显著高于同期名义GDP平均增速。

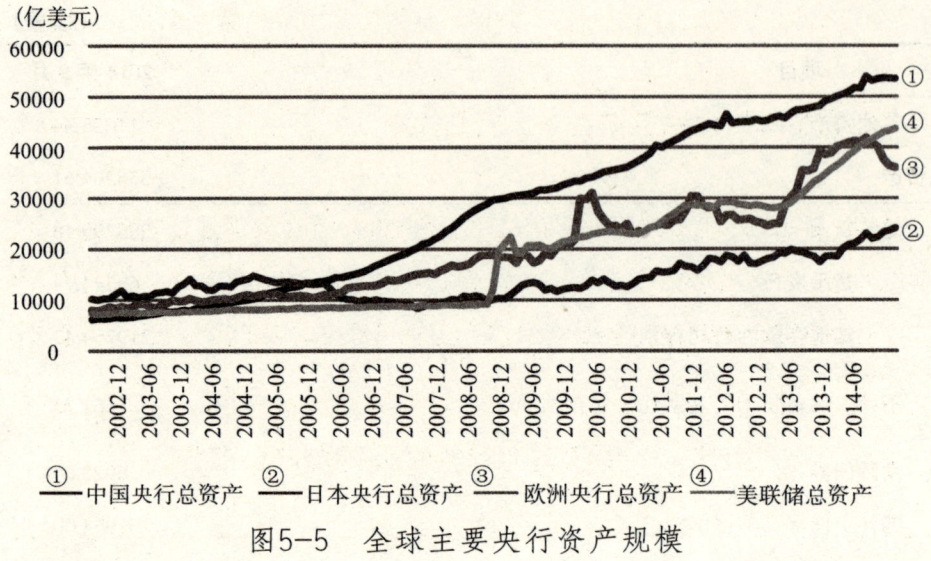

图5-5　全球主要央行资产规模

资料来源：Wind资讯，中信资本

从央行资产负债表的结构看，外汇资产是2001—2013年央行资产端扩张的主要驱动力。这一时期央行大量出资购买外汇（源自我国经常项目和资本项目下的巨额盈余），形成了规模庞大的外汇储备和央行口径外汇占款。央行外汇资产从2000年12月的14814亿元增长到2013年12月的264270亿元，2001—2013年这13年累计增长1784%，年化增长率高达24.8%，显著高于同期央行资产规模的平均增速（18.1%）。在过去，面对资产端膨胀带来的流动性过剩压力，央行主要通过两种手段来在负债端应对，一是提高法定存款准备金率锁定巨额的其他存款性公司存款，二是通过灵活运用央票的发行和到期来调节储备货币。随着2011年后外汇占款增长由盛渐衰，央行资产负债表扩张动能减弱，央行扩表的动力从相对外生的外汇占款转向主动通过PSL（抵押补充贷款）、SLF（常备借贷便利）和MLF（中期借贷便利）等创新工具来增持对政府和金融机构等国内机构的债权。基础货币发行机制的转变在2014年时仍处于过渡时期。

虽然央行大规模的资产负债表扩张并不必然会引起金融机构对非金融部门同比例的信贷扩张，比如经济处于"流动性陷阱"中时。但是，从中长期看，若无央行资产负债表规模的大幅扩张，不仅以银行业为中心的金融机构资产负债表扩张将是无源之水,而且非金融部门的资产负债表扩张将因流动性紧张而受到很大制约。

以银行业为中心的金融机构资产负债集体膨胀

除了货币当局,我国金融部门中最为重要的金融机构毫无疑问是银行业金融机构。2001年后,虽然银行业金融机构和非银行金融机构的资产负债表均大幅扩张,但无论是资产负债规模还是对经济和流动性供给的影响力,银行业金融机构都远胜于非银行金融机构。

表5-4 我国其他存款性公司资产负债表

(单位:亿元)

项目	2014年9月
国外资产	35940.34
储备资产	226343.41
准备金存款	219643.68
库存现金	6699.73
对政府债权	68561.84
其中:中央政府	68561.84
对中央银行债权	7579.16
对其他存款性公司债权	278523.25
对其他金融机构债权	98660.85
对非金融机构债权	655324.05
对其他居民部门债权	223057.43
其他资产	88931.21
总资产	1682921.55
对非金融机构及住户负债	1086315.72
纳入广义货币的存款	1044834.16
单位活期存款	268375.22

(续表)

项目	2014年9月
单位定期存款	272197.01
个人存款	504261.93
不纳入广义货币的存款	33008.22
可转让存款	7814.61
其他存款	25193.61
其他负债	8473.34
对中央银行负债	21889.63
对其他存款性公司负债	107682.25
对其他金融性公司负债	103207.21
其中：计入广义货币的存款	98372.26
国外负债	25231.88
债券发行	118474.43
实收资本	33901.26
其他负债	186219.16
总负债	1682921.55

资料来源：中国人民银行，中信资本

　　银行业表内信用规模的扩张对应着银行资产负债表规模的膨胀。银行业资产负债的状况可通过央行报表系列中的金融机构人民币信贷收支表和其他存款性公司资产负债表等来观测。自2004年以来这10年，银行业资产负债规模持续保持相对快速的扩张。2004年一季度末银行业金融机构总资产规模仅为28.8万亿元，但截至2014年三季度末这一规模已达167.9万亿元。根据其他存款性公司资产负债表，我国银行主要的资金来源是非金融部门的存款，而主要的资金运用是对非金融部门的贷款。虽然债券投资和同业业务等新兴业务相继兴起并快速扩张，但10年来我国银行业最主要的资产运用业务仍是对非金融部门的信贷业务。与此相对应，信贷文化在当下银行体系仍然根深蒂固。

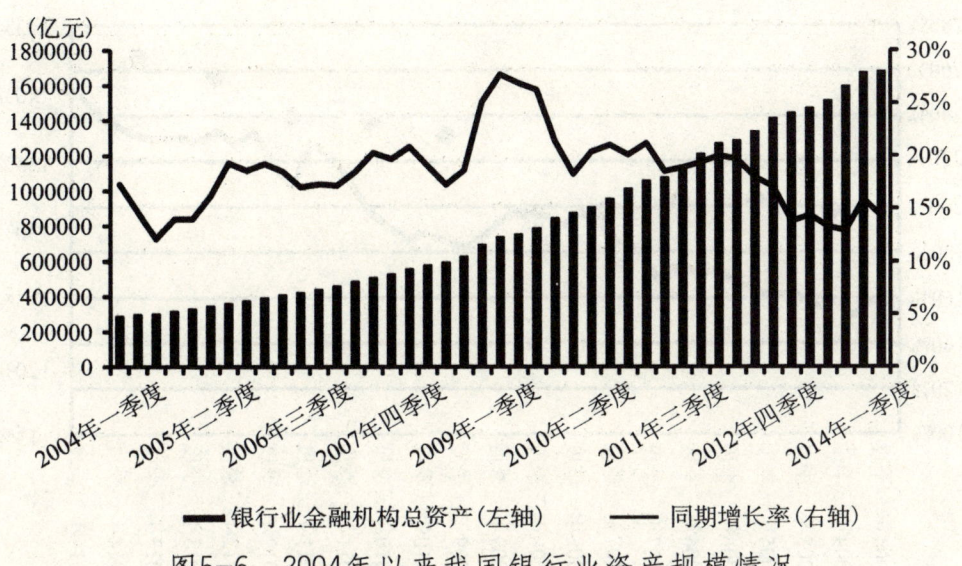

图5-6 2004年以来我国银行业资产规模情况

资料来源:中国银监会,Wind资讯,中信资本

银行业资产规模与GDP之比的变化轨迹在一个侧面反映了中国经济状况的时代变迁。从图5-7可知,在2009年以前,银行业总资产与我国GDP的比例关系较为稳定,但2009年后上述比例急剧攀升。这粗略地表明经济增长越发依赖于货币信贷主导的银行业资产负债表扩张,单位新增信贷带来的GDP增长大幅下降。

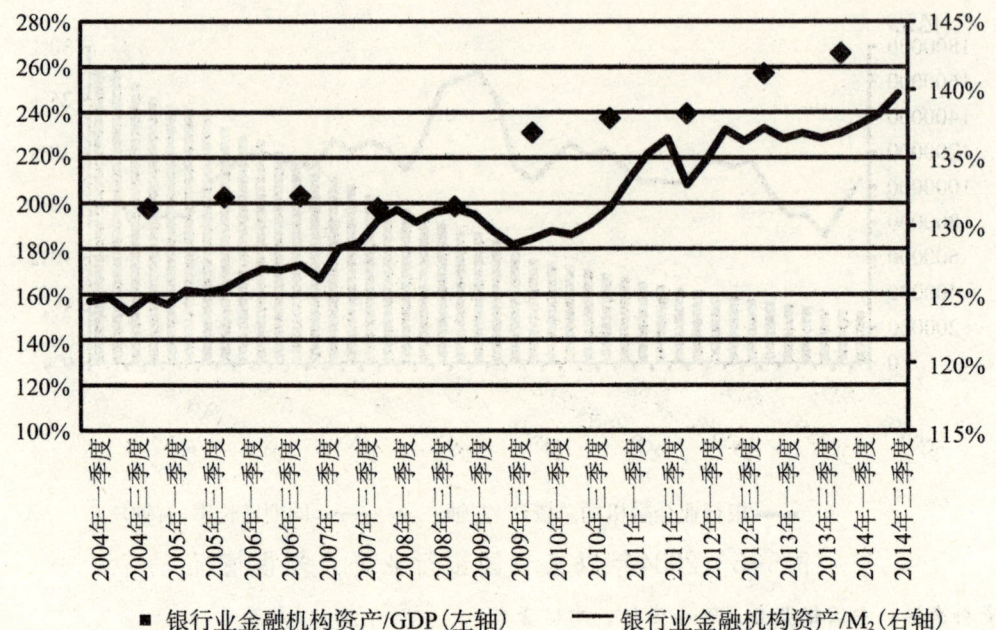

图5-7　2004年以来我国银行业资产与GDP、货币供应量的对比

资料来源：中国银监会，Wind资讯，中信资本

于今日观之，我国银行业除了百万亿级别的表内资产负债业务外，还拥有规模达10万亿级别的表外业务。银行业表外业务是其表内资产负债业务的延伸，同样有力地促进了非金融部门的融资需求，支撑了非金融部门加杠杆扩充资产负债表。2008年后，利率市场化和规避监管等因素驱动着银行表外业务的快速发展。银行业最显而易见的表外业务即表外银行理财业务。表外银行理财业务的资金来源主要是通过发行银行理财产品来筹集理财存款，其中多数理财产品为固定收益类产品。资金运用端则主要投向债券、货币市场产品和非标类产品，其中投向非金融企业的融资类产品为主。2007年年末，银行理财产品余额尚不足万亿（仅5300亿元），但到2014年6月底上述余额已猛增约24倍，至12.65万亿元。在银行表外理财业务与银行自身资产负债表真正实现风险隔离之前，多数固定收益类银行理财产品的本息兑付实际上享有银行信用的隐形担保，仍属于广义银行负债的范畴，只不过多数银行理财产品（银行书面承诺保本的理财产品除外）不进入银行资产负债表而已。

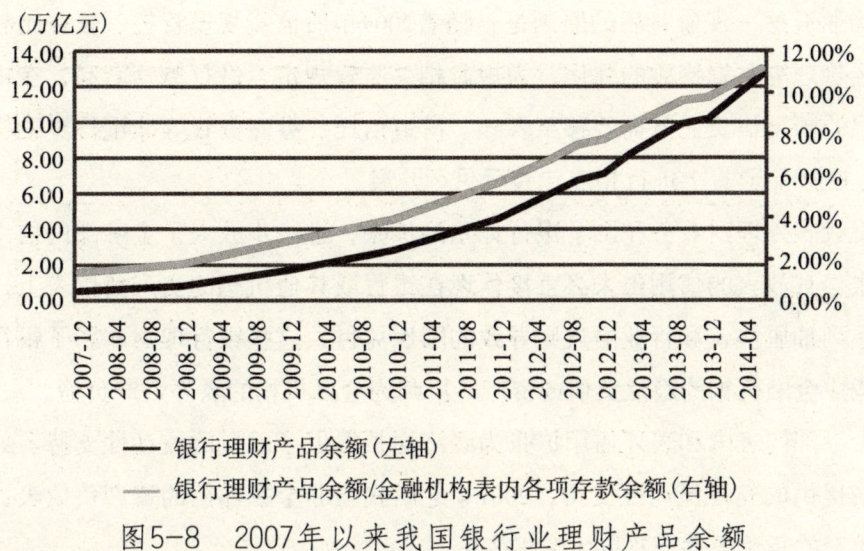

图5-8 2007年以来我国银行业理财产品余额

资料来源：中国银监会，Wind资讯，中信资本

2009—2013年，受监管套利等驱动，我国非银行金融中介业务发展较快，信托公司、券商资管、基金子公司等非银行金融机构管理的资产规模大幅增长。这类业务最为典型的产品是委托贷款、信托贷款和花样繁多的其他融资类资管产品。一般来说，非银行金融中介业务与影子银行业务高度重叠。目前各方对我国影子银行的认定规则仍有分歧，不同规则下的认定范围也存在显著的宽窄之分。若认定范围宽泛，则中国影子银行体系包括商业银行表外理财、证券公司集合理财、基金公司专户理财、证券投资基金、产业投资基金、创业投资基金、私募股权基金、小额贷款公司、票据公司、具有储值和预付机制的第三方支付公司、有组织的民间借贷等融资性机构。若认定范围较窄，则受到监管的非银行金融中介业务均不归入影子银行，如此一来影子银行只包括有组织的民间借贷等地下金融中介业务。笔者倾向于将影子银行的范围界定为直接从事类信贷融资业务的非银行信用中介机构，如信托公司、券商资管和基金子公司等从事的非银行融资中介业务。

不同于西方的影子银行体系，我国的影子银行体系在很大程度上更像是银行业的"影子"。在多数非银行金融机构从事的类信贷融资业务中，非银行金融机构更多只是提供业务通道，融资业务的资金和客户均来自银行。银行借道非银行金融机构通道这一现象背后的原因是：随着2009年后信贷规模管控、贷存比和银行资本金管理等监管措施的强化，为规避相关监管规定、进行监管套利，在银行表内受限的新增信贷业务需要移至表外，借道信托、券商资管等非银行金融机构的通道，在产品形式上进行相应包装后另行开展。

银行表外理财业务和影子银行体系的扩张，进一步放大了金融部门信用扩张的效果。其放大的信用虽未必直接体现在银行或其他机构的资产负债表上，但由于一系列抽屉协议和行业潜规则导致的刚性兑付，这些银行理财和影子银行产品往往构成金融机构的隐性负债或资产，可归为金融机构的表外资产负债。

金融部门表内和表外信用扩张为经济增长提供了巨量的流动性支持。如无金融系统提供的充足流动性支持，2001年之后我国非金融部门的资产负债表扩张也将因收紧的货币条件而难以大幅扩张。

以融资功能为主导的金融市场大扩容

金融市场是金融机构表内外资产负债运营的主要场所。10余年来金融市场的发展变迁也映射着这一时期非金融企业部门和货币金融部门资产负债表的演变轨迹。

广义金融市场包括固定收益市场、权益市场、外汇市场和商品市场等。本节所讨论的我国金融市场主要包括债务市场和权益市场。从市场中的产品类型看，我国债务市场主要包括债券市场、信贷市场和非标融资等类信贷市场。权益市场则主要包括沪深主板市场、创业板市场和新三板市场。从市场层次看，固定收益市场和权益市场大体均可分为一级市场、二级市场和衍生品市场。从金融学理论的角度看，金融市场具备资源配置和价格发现等功能。从金融实务的角度看，金融市场主要具备融资、交易和风险管理三大功能。这三大功能又主要由一级市场、二级市场和衍生品市场来承担。融资功能是金融市场的核心功能，联系着实体经济和金融体系，发挥着重要的资源配置作用。而交易功能和风险管理功能是金融市场的重要功能，对完善金融市场至关重要。

过去10年是我国经济高速增长的10年，也是金融市场快速扩容的10年。

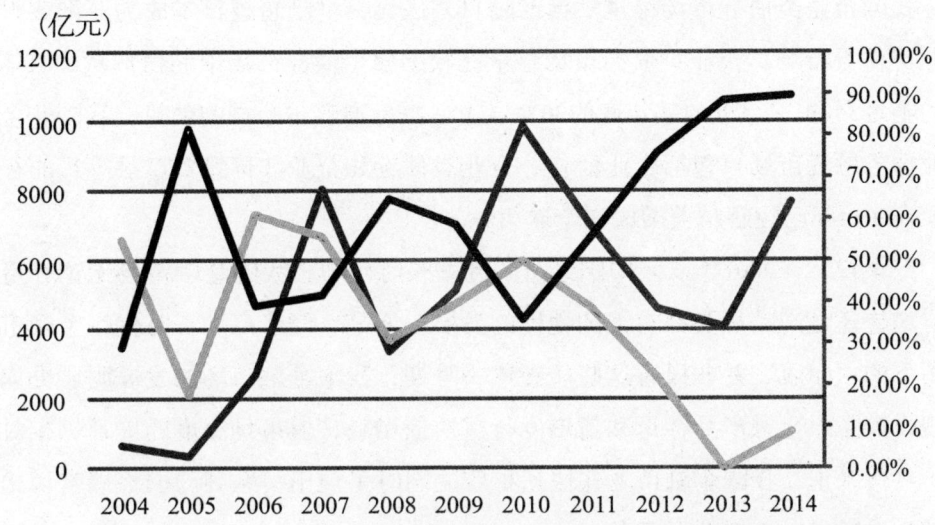

——募集资金（左轴） ——首次公开募股占比（右轴） ——二级市场增发占比（右轴）

图5-9　2004年以来我国股票市场融资情况

资料来源：Wind资讯，中信资本

2005年推行股改以来，股票市场的募集资金额显著提升。2005年股票市场募集资金仅326.9亿元，2010年达到9859.8亿元的高点，2014年也有7000亿元左右。沪深两市总市值从2005年的约3.2万亿元增长到2014年11月底的32.8万亿元。

2001年年底，我国金融机构人民币信贷市场余额仅11.2万亿元。截至2014年11月底，上述指标已接近81万亿元，信贷市场仍是我国最大的融资市场。2004年以来是我国债券市场快速扩容的时期。2004年年初，未到期债券存量约为4.8万亿元；截至2014年12月底，我国未到期债券存量达约35万亿元，已成为全球规模第三的债券市场。我国债券市场存量规模从5万亿元到35万亿元的历程，也是发行主体多元化的过程，特别是非金融企业类发行主体的数量、规模和规模占比均有显著提高。2004年年初，企业类债券（包括发改委主管的企业债、央行和中国银行间市场交易商协会主管的非金融企业债务融资工具以及证监会主管的公司债等）存量规模仅1000亿元左右。2007年后，央行和中国银行间市场交易商协会主管的非金融企业债务融资工具快速发展，带动企业类债券市场大扩容。截至2014年年底，我国企业类债券市场存量规模已超11万亿元，早已超越日本成为亚洲最大的企业类债券市场。企业类债券市场存量在我国整个债券市场中的份额从2004年年初的不足3%提高到2014年年底的30%以上。据标准普尔公司的估算，我国非金融企业债务融资市场（包括企业信贷、企业类债券和企业非标融资产品等）的存量规模在2014年已经超越美国成为全球第一。

应该说，在2001年以来中国经济的高增长时代中，我国金融市场无论存量规模、增速还是产品种类都有天翻地覆的发展。但是，经济高增长时代在金融市场上留下的"印痕"并非只有这些。在这一时期，我国金融市场的发展明显更偏重于规模扩张，金融产品存量和新增发行量快速增长，但市场深度的提升仍相对薄弱。具体来说，我国金融市场在快速扩容的同时呈现出一系列与旧格局密切相关的结构性特点，比如以下三点。

第一，金融市场发展以融资功能为主，交易功能相对薄弱，风险管理功能才刚刚起步。以债券市场为例，我国债券市场快速发展成为全球第三大债券市场，但即使不用烦琐的指标也能看出其发达程度仍与美国债券市场有很大差距。这种差距主要还不体现在规模的差异而在于市场各功能深度的差距。过去10余年，我国金融市场的发展明显更偏重于拓展融资功能，交易功能相对薄弱，风险管理功能更是残缺不全。从分层的金融市场看，一级市场的发展程度明显领先于二级市场，更远远领先于衍生品市场。应该说，上述金融市场的结构性特点与投资主导的经济增长模式是一脉相承的。

第二，债务融资为主，权益融资占比相对有限。若按照债务融资和股权融资的口径将历年非金融企业的社会融资规模分类，可发现：在份额最低的年份，债务融资也仍达到91%；在份额最高的年份，股权融资也仅为7.3%。2008年后非金融企业债务融资的增速更是显著高于股权融资。债务融资增速高于股权融资，就自然使得非金融企业资产负债率持续上升。

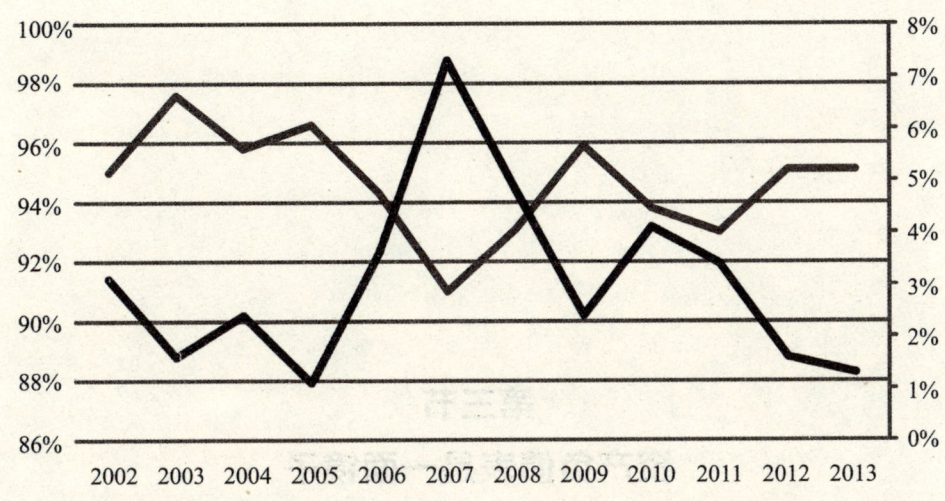

图5-10　2002年以来我国社会融资规模的结构

资料来源：Wind资讯，中信资本

第三，快速发展的金融市场固然离不开决策层、监管部门的大力支持和各市场参与者的共同努力，但是金融市场此等扩容速度也是特定经济形势下的一种宏观现象。金融市场快速扩容，既与过去10余年投资主导的经济增长模式有内在一致性，也与非金融部门、金融部门资产负债表扩张相互印证。投资对应的是融资，高速扩张的基建和房地产等固定资产投资必然需要金融系统提供充足的融资支持作为保证。2008年后，经济增长越发依赖债务融资推动杠杆率上升。金融市场的扩容（特别是债务市场的扩容）自然就是中国经济加杠杆背景下顺理成章的产物。

第三节
资产负债表是一面镜子

资产负债表是一面镜子，映射着经济的基本面貌，折射着经济的若干基本规律。

2001年以来中期经济增长的起落与资产负债表扩张的兴衰

概括前两节的分析，2001年后，我国各经济部门资产负债表规模持续扩张，其既是经济高增长的结果，也有力地支撑了经济高增长。

对粗放式经济增长的偏好，使得我国长期以来在资产负债表管理上擅长且热衷于做加法（扩充资产负债表、加杠杆），而很少且不甘于做减法（收缩资产负债表、去杠杆）。在长时间里，从宏观经济管理到微观企业运营等层面，普遍存在重视规模增长胜于结构优化和单位赢利能力提高的现象。

不过，在2008年前，各经济部门的资产负债表质量较好且趋于改善，集中体现在：企业赢利能力较强且资产负债表良性扩张；政府部门财力大幅扩张从而财政较为充裕；住户部门收入增长并且实际生活水平改善；金融部门在改革后快速发展壮大且资产负债表质量持续改善（规模快速扩张、赢利能力不断改善且坏账率不断下降）。

自4万亿刺激计划启动至2013年，虽然在基建和房地产投资的带动下，我国经济相对高增长仍在持续，但经济增长内生动力日渐疲弱。维持增长过分依赖于低效债务融资扩张推动的资产负债表加杠杆（典型的如不计成本举债大办固定资产投资等）。企业的资产负债率和全社会的债务杠杆（债务规模/GDP）均不断上升，但赢利能力和资产负债表质量却趋于下降。虽然通过经济加杠杆拉动基建和房地产等投资暂时提振了我国经济的总需求，但由于全社会资产负债率上升、创造利润的能力下降，以及加杠杆进一步加剧了产能过剩，加杠杆对总需求的刺激作用是短暂的。随着多部门资产负债表质量下降，经济增长的质量也持续下降。大量经济主体资产负债表的恶化是2011年后我国经济增速震荡下滑的重要原因。这一时期，资产负债表扩张主要集中在地方政府和国有企业主导的非金融企业部门，这些部门的负债规模、资产负债率（总负债/总资产）和债务杠杆率（总负债/GDP）均大幅提升。但是，由于愈发受困于产能过剩和资产供应过剩等难题，新增债务造成资产的赢利能力下降且现金流创造能力不佳。于是以这两个部门债务为代表的高债务问题逐渐成为中国经济亟待化解的难题。

随着非金融部门资产负债表质量趋于恶化，金融部门自2012年后开始承担越来越大的资产质量恶化等压力，其资产负债表质量面临巨大的潜在压力。非金融部门和银行业等金融机构资产负债表稳定与否、风险是否可控在很大程度上依赖于宏观当局的政策走向。目前宏观当局坚守不发生系统性和区域性风险的底线，并运用大量政策工具大力干预，如2012年、2014年通过持续的货币宽松等措施来遏制风险扩散。因此，在2011—2014年间，虽然系统性风险一度曾趋于恶化，但仍处于被遏制的状态，特别是2014年政策干预使得系统性风险爆发的概率再度显著下降。不过，系统性风险的隐忧虽被遏制，但并未根除。从资产负债表的角度看，根除系统性风险需主要经济部门的资产负债表均保持相对健康，特别是需要债务杠杆率高企的地方政府部门和非金融企业部门资产负债表通过修复恢复健康。

更具一般性的探讨——从资产负债表之镜盘点经济运行周期

非金融部门的资产负债表扩张须臾离不开金融部门在融资等方面的支持，两个部门的资产负债表紧密相连。从非金融部门资产负债表看，其资产端是货币计价的资产，负债端是货币计价的负债和所有者权益。金融机构提供的债务融资工具是非金融部门负债的主体，而我国金融类债务大体是广义货币的重要构成，因此非金融部门负债端的变动还折射并影响着广义货币供给的变化。

由于产品或资产的市场价格波动较大，非金融部门资产端的市场价值弹性较大。但在不发生区域性或者系统性债务违约的情况下，由于存量债务的市场价值具有一定刚性，因此非金融部门负债的市场价值弹性较小。形象地说，100元的固定资产或库存产品的价格波动范围很大，可能变成200元也能变成10元，但不发生违约的话，未偿还的100元债务的市场价值波动范围要小得多。短期看，若无大的产能缺口，则资产端的新增供给弹性较小。但债务端的债务融资弹性较大。当政府或非金融企业等的债务增速持续快于资产供给增速时，由于负债对应着投资，因此较多的货币追逐较少的资产就会推动资产价格上涨。随着资产价格上涨，资产端的市场价值提升，但负债端的市场价值相对刚性，因此营业收入和盈利提高，所有者权益增加，企业财务状况改善，加杠杆也有利可图，经济的整体效益较好。2001—2007年之间的中国经济在一定程度上如此。

企业财务状况的改善和资产价格上涨既使得企业等经济主体赢利空间较好，也使得其加杠杆的空间较大。加杠杆扩大资产规模和产能是有利可图的经营选择，既能抢占市场规模，又能扩大企业的影响力，还能在一段时间内推动盈利扩张。政策的波动特别是脉冲式的经济刺激还会进一步加剧产能周期的扩张。但在长期，由于工业产出等的规模效应，多数行业的产能和资产扩张弹性很大，往往远高于实际需求的增长。产能不断堆积终将超过可持续的需求。房地产等大类资产长期价格上涨中所形成的市场预期具有强大的惯性，因此往往产能或资产供给大幅超出需求之时才能改变之前形成的价格上涨预期。而且由于产能形成的滞后效应，当经济景气见顶之后往往产能仍会继续扩张一段时期，比如2013年年初钢铁行业产能严重过剩早已成定局，但新增产能仍以较快速度增长了数月之久。此外，短期的脉冲式政策刺激虽有助于稳增长和平滑经济短周期波动，但刺激政策无论其计划本身还是其成效终归只是短期性的。由于政府主导的刺激政策长期偏重于基础设施投资和重工业投资，结果往往推迟了过剩产能的市场出清并加剧了产能扩张。脉冲式的大规模刺激政策效果退去之后，往往一地鸡毛：产能过剩和资产供给过剩进一步加剧，政府和非金融部门的资产负债率和杠杆率上升，经济运行的效益下降，加杠杆的经济部门资产负债表规模虽进一步扩大，但质量大为下降。2008—2013年的中国经济基本如此。

进一步从非金融部门的负债端分析，其负债端所需的资金供给主要由金融部门提供。短期负债供给弹性较大，但长期负债供给和货币供给受制因素较多。由于非金融部门资产端的恶化以及高企的资产价格越发难以维系，不仅存量项目的信用风险开始趋于恶化，而且优质的融资项目和抵押品供给受限，债务融资链条变得危机四伏。上述情况直接限制了金融部门的信用供给空间和非金融部门的有效债务融资需求。由于经济结构调整缓慢、过剩的产能和资产供给难以快速出清，因此债务融资需求虽持续回落，但慢于有效的债务融资供给。信用风险环境的恶化、信用风险识别和防范趋于复杂化，也使得资金融出方或者需要更高的风险溢价作为保障，或者需要更多的信用保障条件（比如收紧对融资人的资质要求、选择公开市场债券等更为安全的债务融资形式等）。随着地方政府财政收支压力扩大，其扩散式的政府信用保证趋于收缩，存量债务根据融资主体和融资形式的不同而呈现阶梯式的次级化。体制内最核心的地方政府和企业仍受到保护，公开的融资市场（比如债券市场）也受到较多保护，系统性风险被严密防范并遏制。但体制内相对边缘的机构所得到的政府信用保护减弱，民营企业曾经得到过的政府信用支持严重弱化甚至消亡。于是，部分非核心机构存量债务再融资的进程就风险大增。由于其负债端的债务偿付压力相对刚性，资产端恶化的非核心机构既需承担资产端的经营压力，又需承担负债端的财务成本上升和再融资压力。这样一来，债务融资难融资贵就既是一个总量的问题，又是一个结构性的问题。

2013年之后部分非金融部门的情况大体如此。

更一般地,从资产负债表角度看,资产(财富)对应货币。非金融部门供给资产,金融部门供给货币。资产(财富)创造受经济潜在增长率的限制,而货币供给的弹性要大得多,如果中央银行和其他金融机构等配合,货币供给可以指数式增长。在货币经济中,如果资产(财富)的非指数增长遭遇货币供给的指数增长,结果往往表现为资产价格上升。

在金融部门中,央行掌握流动性总闸门。对商业银行的信用创造过程,央行只能间接影响而不能直接决定,中央银行控制的总闸门在限制信用扩张时比促进信用扩张更为有力。在"流动性陷阱"中,即使央行扩表,由于商业银行的惜贷,货币供给增速可能会弱于基础货币供给增速、商业银行资产负债表扩张速度可能弱于央行资产负债表扩张速度。但在央行资产负债表扩张放慢的情况下,如果商业银行负债表持续快速扩张,那么商业银行会逐步面临越来越多的限制并陷入"巧妇难为无米之炊"的境地。

从资产负债表的角度,可以清楚地发现:以投资主导的经济增长模式难以为继、债务压力不断扩大、2011年后经济增速震荡下行的主要原因是非金融部门的资产负债表出现了严重问题,杠杆率不断上升而赢利能力下降,从而产能过剩严重、有效需求扩张困难,资产负债表扩张越来越困难,内在不稳定性和去杠杆压力不断扩大。

随着我国经济整体层面的资产负债表质量恶化,2013年后经济运行中的一系列问题开始凸显,产能过剩和房地产等资产供给过剩、地方政府性债务等债务问题压力加大、融资难融资贵、环境问题不断恶化升级等问题层出不穷且盘根错节。过于重视规模增长的"旧格局"难以维系,全面深化改革和经济结构升级调整既有内在动力也有外在压力,更有最高决策层的全力推动,化解存量问题、注重经济增长质量的"新周期"呼之欲出。十八届三中全会以来,我国进入全面深化改革的新时期,目前我国经济最重要的任务即是通过改革化解存量问题并挖掘未来经济进一步发展的动力。从资产负债表的角度看,上述任务就意味着要修复问题部门的资产负债表,并使各部门资产负债表扩张回归到相对健康的路径上。

下部　"新周期"

第六章
美元与全球货币金融、经济新周期

2009年后，美元与全球货币金融、经济逐步进入新周期。美国贸易和财政双赤字持续萎缩，减少了美国经常项目下的美元输出；QE3（第三轮量化宽松）到期后，美联储逐步收紧之前的宽松货币政策，美元汇率也进入新的升值周期，这会减少量化宽松时代美国通过资本项目的美元输出；2013年以来石油美元和大宗商品美元规模萎缩，减少了国际金融市场上的大宗美元流动性供给，对部分细分金融市场的长期影响尤其大。上述这些因素共同决定了全球经济正进入新一轮美元紧缩周期，而美元紧缩周期将导致新兴市场国家进入金融风险加剧的新周期。在美元步入紧缩周期和新兴市场进入金融风险新周期的国际宏观背景下，中国内部也正在发生着潜在经济增速下行、基础货币发行机制转型和经济金融风险逐渐突出等重大变化。有必要认清国际美元流动性供给新机制以及中国在此变局中所处的地位，并以此为基础来思考中国未来的发展战略。

第一节
美国财政从全面扩张到相对收缩

从2011年开始,美国财政赤字已经进入一个新的相对收缩的周期。

随着经济持续复苏,预计未来2—3年,美国的财政收入将继续快速增长,而财政支出增长相对节制,因此美国的财政赤字将继续改善。其中最显著的指标是:存量上,美国政府债务/GDP之比在2014年见顶,结束10余年来的快速上扬;增量上,财政赤字将于2015年或2016年下滑至10余年来的新低。

近年和未来两年美国财政赤字的相对收缩受以下几方面因素同时改善的影响。第一,经济持续复苏,内生经济增长动力增强;第二,美联储量化宽松政策推高居民部门金融财产性收入,并降低存量债务的再融资成本,有力地促进了美国私人部门资产负债表的修复;第三,多种减税到期、自动支出削减等法律条款性变化带来的收入增长和支出下降。

自金融危机以来,美国财政问题的风波起起伏伏,多次成为影响金融市场的热点。2009年美国财政赤字达到史无前例的1.4万亿美元(占GDP之比接近10%);2011年8月之后发生多次债务上限之争,2013年10月甚至发生联邦政府非核心部门短期"关门";在债务上限问题高潮迭起的2011年,标准普尔公司更是调降美国AAA主权评级。可以说,与财政相关的风波既曲折动荡又纷繁复杂。

但是从2009年的高点之后,美国财政赤字规模不断下降,美国财政开始大转向，从绝对扩张到相对收缩。2013年，美国财政赤字大幅缩减4070亿美元至8000亿美元，下降40%。2013年的财政赤字规模从2012年占GDP的6.8%，下降至4.1%，该比率连续4年下降。根据美国国会预算办公室（CBO）的报告，2014年美国财政赤字为5140亿美元，占GDP的3%；2015年财政赤字将进一步下降至4780亿美元，占GDP的2.6%。

2000—2009年美国联邦财政收入迅速恶化。究其原因有二：第一，2000年和2008年的两轮经济衰退，使得企业与个人的盈利大幅减少，税收增速迅速放缓。2008年金融危机期间趋势更为明显，2009年和2010年税收收入占GDP比重降为14.9%的历史新低。第二，布什政府于2000年和2003年推行两次减税政策，直接导致了约两万亿美元的赤字增加。

进入2011—2012年，美国财政支出转向收缩。支出降低主要得益于自主性支出部分缩减。自动减支项目的生效在短期内显著地压缩了自主性支出。2013年美国财政经历了最严厉的紧缩阶段，预计这一状况在未来2—3年内延续。财政收入方面，美国财政收入从2009—2010年的谷底开始上升，预计2013年财政收入达到GDP的17.5%，接近过去40年17.9%的均值，其中，个人所得税上的收入攀升是2013财年税收增长的重要原因。预计2014—2015年仍将较快上升，主要来自于税收减免停止与经济复苏的推动。

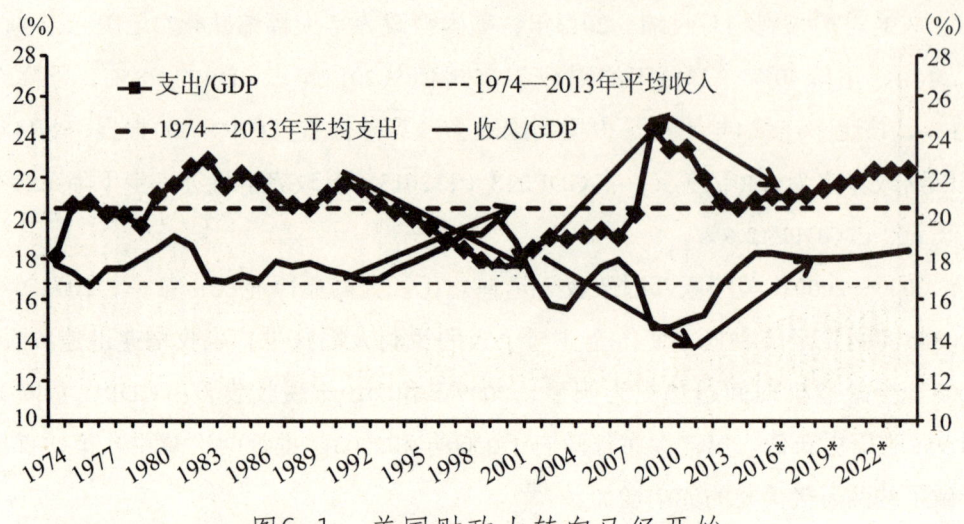

图6-1 美国财政大转向已经开始

注：带*为CBO预测数据

实际上，美国联邦债务/GDP已在2012年年底见顶。在2008年金融危机之前，美国私人债务问题严重。金融危机爆发后，美国采取了扩张性的货币政策（量化宽松和扭转操作），引导私人部门去杠杆化，同时政府加大杠杆，使得政府财政状况进一步恶化。美国联邦政府债务占GDP之比从危机前平均的62%猛增到2012年101.43%的历史高位。除了希腊、意大利、葡萄牙和爱尔兰等欧洲问题国家，美国联邦政府负债水平在发达国家中仅次于日本。

但是根据美国季度数据，美国联邦债务/GDP已经在2012年年底见顶（2012年年底的101.43%），并于2013年结束了自2008年来的快速上扬。2013年后，联邦债务/GDP转向下行，2013年二季度降至99%。随着2013年美国财政状况的大幅转好，预计未来美国联邦政府债务总规模与GDP的比例将继续下行。

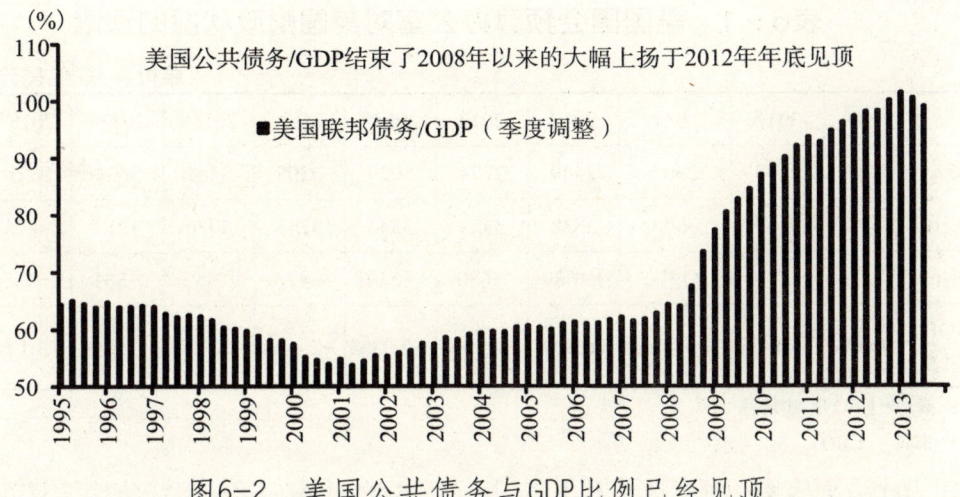

图6-2 美国公共债务与GDP比例已经见顶

2013年美国财政经历了最严厉的紧缩阶段。展望未来，美国财政赤字将于2015年或2016年下滑至10年来新低水平，这导致财政端的不确定风险得到根本缓和。

在金融危机后的几年，财政状况不佳既是美国经济的重大软肋，也是拖累美国经济增长的重要原因，还是美联储推迟削减QE的重要考量因素。而事实上，2013年是美国财政整顿最为"成功"的一年，表现为财政收支状况大幅好转，赤字大幅收缩。美国财政部报告显示，2013财年美国财政收入27740亿美元，超过2008—2012各财年，而34540亿美元的财政支出水平下降至2009年以来最低，最终录得赤字6800亿美元（与GDP的占比为4.1%），较2012年降低38%，较2009年的峰值1.4万亿美元（与GDP的占比为9.8%）降低一半以上（52%）。

根据2014年预算法案，2014年财政赤字将进一步下降至5140亿美元，赤字/GDP下降至3%。根据美国国会预算办公室的预测，2015年美国财政赤字将继续下降至4780亿美元，占GDP的2.6%，2016年开始小幅上升，但是直到2018年都将低于1974—2013年的平均水平（3.12%）。

表6-1　美国国会预算办公室对美国财政状况的预测

(单位：10亿美元)

	2009	2010	2011	2012	2013	2014*	2015*	2016*	2017*	2018*
收入	2105	2163	2303	2449	2774	3029	3305	3481	3631	3770
支出	3518	3457	3603	3538	3454	3543	3783	4020	4212	4425
赤字	-1413	-1294	-1300	-1089	-680	-514	-478	-539	-581	-655
GDP占比	-9.80%	-8.80%	-8.40%	-6.80%	-4.10%	-2.98%	-2.64%	-2.82%	-2.90%	-3.12%

注：带*为CBO预测数据
资料来源：CBO

几个方面因素的同时改善利于美国财政赤字的收缩。第一，经济持续复苏，内生经济增长动力增强；第二，美联储量化宽松政策推高居民部门金融财产性收入，并降低存量债务的再融资成本，有力地促进了美国私人部门资产负债表的修复；第三，多种减税到期、自动支出削减等法律条款性变化带来的收入增长和支出下降。

首先，经济方面，美国正处于平稳复苏阶段，内生经济增长动力增强。经济增长的改善使得个人收入和企业收入增加，税收随之快速增长。

经常账户是经济体外部平衡和内部平衡的连接点。经常账户顺差扩大，通常意味着国民储蓄上升，债务的堆积比较慢，这是经济体竞争力强的一个表现。美国的经常账户逆差比率在2006年达到最高水平，之后开始大幅收窄，经常账户赤字/GDP从接近6%下降到仅2.71%。未来美国将主要从三个方面改善经常账户状况：能源贸易赤字是美国经常账户逆差的重要来源，但近年来增强的页岩油等新能源生产能力促使美国减少石油进口并增加天然气等出口，再加上石油价格的大幅下跌，从而大幅减少了能源贸易的赤字；再工业化促进"进口替代"，利于减少制造业的贸易赤字；构建的TPP和TTIP，促进跨境服务贸易发展，提升服务业贸易顺差。数据显示，美国近几年来的经常账户情况显著好于2000年来的平均水平。在能源独立、再工业化、服务业贸易扩大的情况下，未来美国贸易逆差可能持续改善。

其次，私人部门资产负债表的修复减轻财政压力。2008年金融危机后，市场对美国财政体系可持续性的忧虑迅速升温，并最终导致标准普尔公司于2011年8月将美国国债评级从AAA下调到AA＋。市场之所以有这种忧虑，除经济增长疲软和两党政治博弈风险外，另一主要原因在于美国政府大规模举债托底经济增长，虽然此举通过政府杠杆水平的上升换取了私人部门（金融机构、企业和家庭部门）去杠杆的空间，但也进一步恶化了本已高企的联邦政府债务水平。

但现在来看，美国三大私人部门——金融机构、企业、家庭部门的资产负债表状况正在显著好转，大大减轻了美国财政恶化的"隐形压力"，利于财政状况改善。对金融机构部门而言，信贷投放创出新高、放贷意愿恢复至金融危机前水平，资产负债结构为历史最佳；对企业部门而言，已经经历了充分的去杠杆化过程，偿债能力、现金水平处于近30年最好时期；对家庭部门而言，总资产逼近金融危机前历史高位，偿债压力为近30年新低。本书第一章对此已有充分论述。

综合来看，金融机构、企业、家庭三大大私人部门未来不但不会构成财政巨大的潜在压力，还会通过增加税收、减小失业保险和社保等财政支出压力，起到支撑美国财政状况改善的作用。这也意味着，中期展望来看，美国财政体系的尾部风险将基本解除。

美国私人部门资产负债表的迅速修复也得益于美联储的宽松政策。美联储过去几年的政策逻辑可简单地归纳为：不考虑通胀压力，通过货币投放，稳住并推升国内风险资产价格特别是股市价格，提升居民部门的金融财产性收益，促进修复美国住户和企业部门的资产负债表。如果将"物价＋资产价格"定义为广义价格，那么2008—2012年的美联储货币政策的目标，事实上就是在稳住并推高广义价格。这与以往靠债务紧缩的去杠杆逻辑具有极大的不同，更多是依靠资产价格上升，做大资产规模。资产价格上涨让大量陷入危机的有毒资产被盘活，企业和家庭的债务比例自然大幅下降。

最后，一部分税收减免项目到期以及2011年美国国会超级委员会达成的"自动支出削减机制"从收入和支出两方面改善了财政赤字。

2001年1月20日，时任美国总统的小布什颁布了《经济增长与税收减免协调法案》，将最高所得税税率从39.6%降到35%。2003年，小布什政府又将资本利得税税率从20%降到15%，股息征收的个人所得税税率从35%降到15%，减税期限都为10年。小布什政府的减税政策本应于2011年年底结束，但金融危机爆发后，美国经济遭受重创，奥巴马政府被迫将小布什政府的减税时间延长了两年。此外，为了刺激消费，奥巴马宣布从2011年起将工资税从6.2%下调至4.2%，并出台失业救助金计划，政策周期分别为两年，2013年1月到期。

由于税收的减少和经济刺激计划的巨大开支，美国财政处境艰难。美国联邦政府债务于2011年5月正式达到债务上限。虽然最终两党就提高债务上限达成了协议，但未能就今后10年的减赤方案达成一致。随后国会设定了自动触发机制，如果不能在2013年之前达成共识，将在未来10年强制削减1.2万亿美元支出。

一系列财税刺激政策于2013年1月集中到期和自动减支措施开始生效，使美国财政赤字水平呈现断崖式下跌（约6000亿美元），故称"财政悬崖"。最终部分财税刺激项目得以延期，但是2013年美国的财政紧缩仍然高达4090亿美元，在财政支出如此紧缩的情况下，2013年美国经济仍然稳定复苏，这也从另一个侧面证明了美国经济内生动力的增强。到2013年年底，以上减税项目全部到期。此外还有其他一些减税项目的到期，其中较为明显的有企业自2013年起不可以对新增投资进行50%的加速折旧。在2017年后，一些新的税收减免将失效，对个人所得税项目的大范围减免将终止。

第二节
美国再工业化收窄经常账户赤字

美国的制造业在近20年来不断出现空心化趋势。尤其是2000年之后，制造业产出占GDP比重和就业人数加速下滑。然而，次贷危机之后，从2010年开始，这种趋势出现了逆转，美国的制造业出现了长期复苏态势。在美国要素价格下降、美国国内一系列制造业扶持政策等诸多因素的共同作用下，制造业企业"回巢"现象增加。这从根本上改变了原来美国经济复苏对外部影响的逻辑，由于国内产能与供给端复苏，美国从危机前的外需转向内需，美国经济复苏对国际经济的拉动作用减弱。在这一转变下美国经常账户赤字呈现出缩减趋势。

美国经常账户赤字从20世纪90年代开始出现快速扩张，并于2006年达到7617亿美元峰值。2008年金融危机之后，美国经常项目逆差开始收窄，2009年美国经常账户赤字缩减为3837亿美元，这一水平与2000年大致相当。随着金融危机冲击的消退，2011年该指标恢复至5486亿美元，但此后重新进入收窄趋势，2013年已缩减至4764亿美元，较2006年峰值水平减少了37.46%。经常账户赤字，是美国向全球输出美元的重要渠道，经常账户赤字收窄，意味着全球美元流动性供给的收缩。

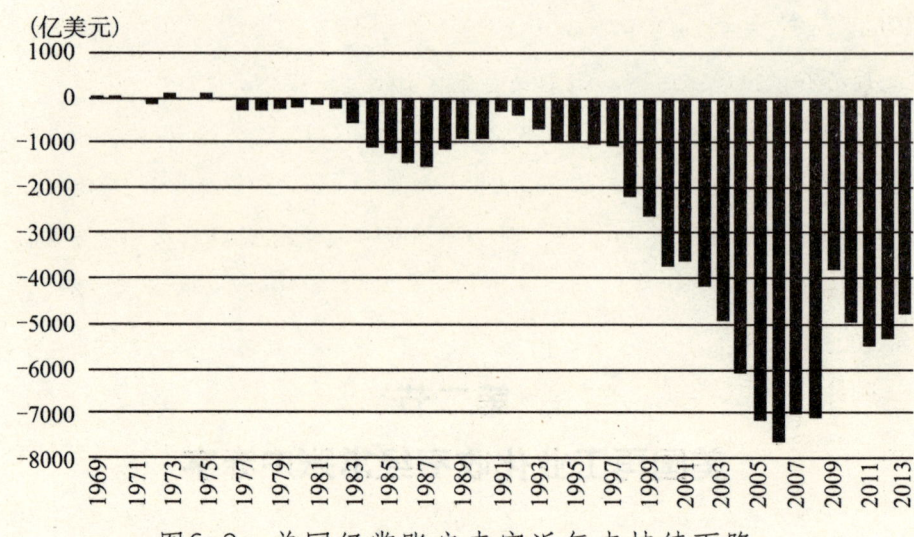

图6-3 美国经常账户赤字近年来持续下降

资料来源：Wind资讯

2000年以后，美国制造业工业增加值的增长速率大幅放缓，2000年12月至2009年12月，美国的制造业产出增加了8.8%，但同期GDP增长了13.7%。

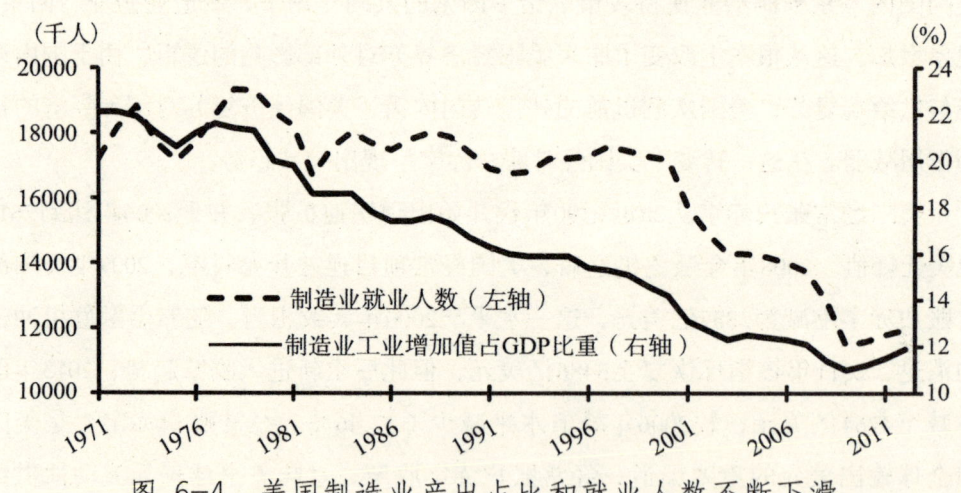

图6-4 美国制造业产出占比和就业人数不断下滑

资料来源：Wind资讯

但是,这一趋势在2010年后出现了逆转,美国制造业的竞争力正在复苏,并且这一复苏的证据越来越多。美国制造业产出增加、投资加速、产能利用率上升、制造业就业人口回升等无不说明美国生产端复苏的事实。由于美国政府一系列的复兴制造业政策措施和美国能源独立带来的成本下降、生产效率的提高、劳动力成本的相对下降等多方面的原因,美国开始变成一个相对具有吸引力的制造国,美国制造每增加一分都会对原有的外部需求产生"进口替代"效应。

自2009年以来美国制造业产出增速明显快于其他发达国家(见图6-5),并且,美国的这种相对优势还在扩大。

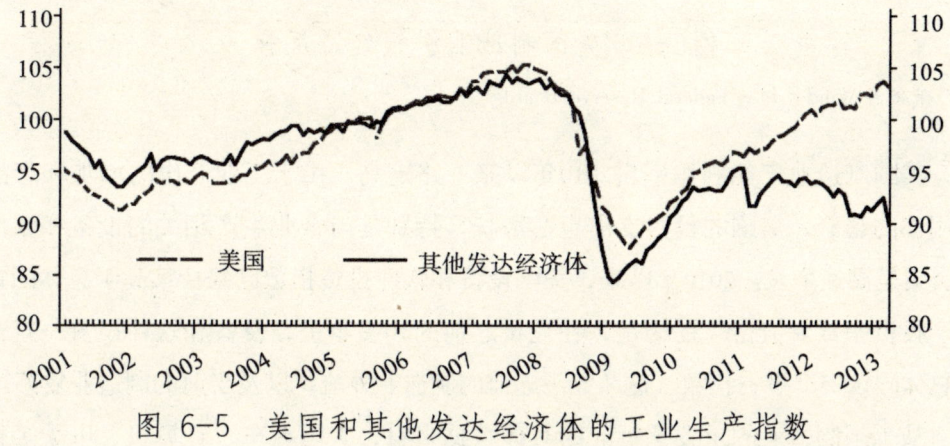

图 6-5 美国和其他发达经济体的工业生产指数

资料来源:OECD

事实上,随着2010—2012年美国经济复苏,美国制造业的增长速度均高于美国GDP增速(见图6-6),并且这一情形有持续趋势。对于美国经济来说,制造业正在以快于整体经济增速的水平增长。

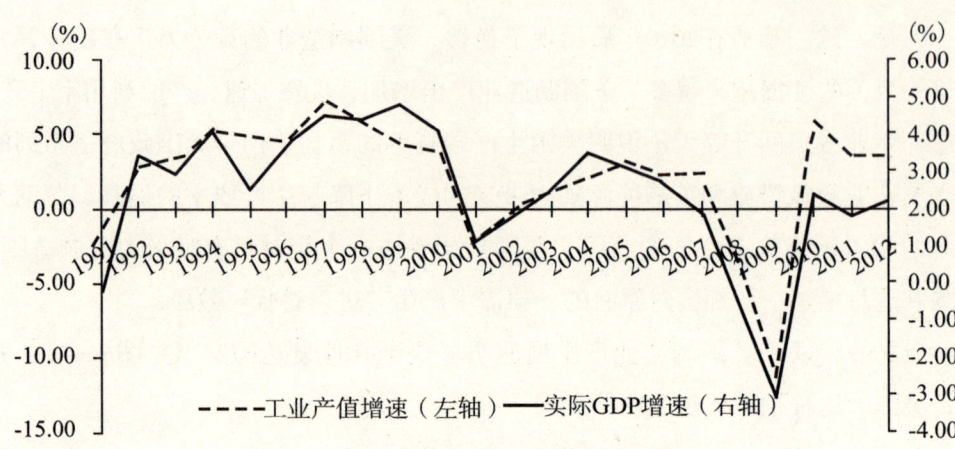

图6-6 美国制造业引领经济反弹

资料来源：Wind资讯，Federal Reserve Board

美国制造业产能利用率自2010年以来一路走高。由于工业产出的增加和产能利用率的趋紧，美国的投资支出也在增长，特别是与企业生产相关的设备和软件投资更是高速增长。2010年以来，美国设备和软件投资指数已经持续高于总体固定资产投资指数。值得一提的是，在危机之前的10多年里，设备和软件投资一直低于总体固定资产投资指数。这凸显了之前的制造业外流，以及当前的制造业复苏。

从美国制造业的重要子行业的具体数据来看，美国汽车、计算机、电子等行业的产出不断增长，已回到甚至超过次贷危机前的水平。以2007年为100，美国汽车及零部件生产指数在2008年滑落到接近40，但目前已经复苏到110左右；美国机械行业生产指数也是如此。更突出的美国计算机和电子产品生产指数目前则攀高到接近140（见图6-7）。

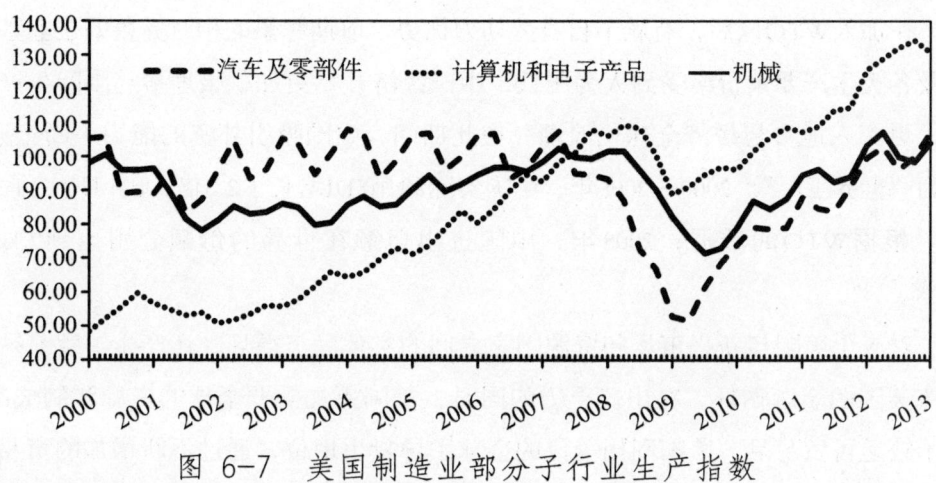

图 6-7 美国制造业部分子行业生产指数

资料来源：Wind资讯

综合来看，由于美国绝对低廉的能源价格、相对降低的劳动成本、劳动替代技术的应用带来的劳动力占制造业总成本的下降，美国制造的成本优势凸显，美国已经成为具有相对吸引力的制造业国家。

这意味着，对于一家美国公司来说，将在中国销售产品的生产配置在中国是有道理的，但在北美销售产品的生产放在美国就更有道理。事实也是如此，已经有大量的制造业回流美国的例子。美国南部州正在重新将制造业定位为带动经济增长的重要产业。

2010年以来，美国经济持续复苏，但是此次美国经济复苏的逻辑已经与次贷危机前发生了根本性变化——从新兴市场特别是中国的进口消费转向"进口替代"，以及外部需求来源从中国向墨西哥等新兴市场的"需求转移"。美国再工业化与美国经济复苏逻辑转化互为因果，这将对美国和美国作为出口市场的国家产生深刻的影响。

在2002—2007年的经济扩张周期，美国消费扩张，但生产、产能、投资、供给端却大幅产业转移，美国通过进口满足国内消费，这产生了"美国消费提高——美国进口增长——新兴经济体出口增长"的美国经济拉动新兴经济体的实体经济循环，这一循环还产生了新兴经济体贸易盈余回流美国的金融循环。

在加入WTO以后，有赖于自身劳动力优势、前期积累的相对完善的工业基础以及各类生产要素价格受到人为压低，中国经济开始更加积极地参与国际生产分工，更深入地参与经济全球化浪潮。在此期间，中国吸引外资的能力不断上升，成为"世界工厂"。2000—2008年，中国实际利用FDI增长了2.3倍，出口增长了5.7倍。根据WTO的数据，2008年，中国进出口额在世界的份额分别达到7%和9.1%。

对应于美国与新兴市场和资源国家之间的实体经济循环，还产生了贸易盈余回流美国的金融循环。在出口乏力的同时，美国更加需要全球的资源和制成品。由于缺乏可贸易品，美国利用美元的全球主导货币地位，通过不断增加的贸易赤字和财政赤字来支撑美国的消费。由于国际货币和金融体系的不对称性，美元的主导货币地位和美国金融市场的深度、广度，吸引了诸如中国、俄罗斯、石油输出国家等用贸易盈余购买美国国债，为美国的消费融资。如图6-8所示，布雷顿森林体系崩溃之后，美国的财政和贸易双赤字格局不断持续和扩大，特别是经常账户在2002年后急剧恶化，贸易赤字与GDP的比率一度高达6%。美国的债务/GDP也在不断上升，至2012年年底，美国政府债务余额与GDP的比重超过100%，高达15.93万亿美元。根据美国财政部的数据，截止2012年年底，中国3.3万亿美元的外汇储备中约有1.22万亿为美国国债（不包括中国持有的美国机构债等其他金融资产）。2012年年底，国外持有的美国国债总额高达5.5万亿美元，是美国15.93万亿美元国债（2012年12月）的最大持有主体群，占比超过三分之一。

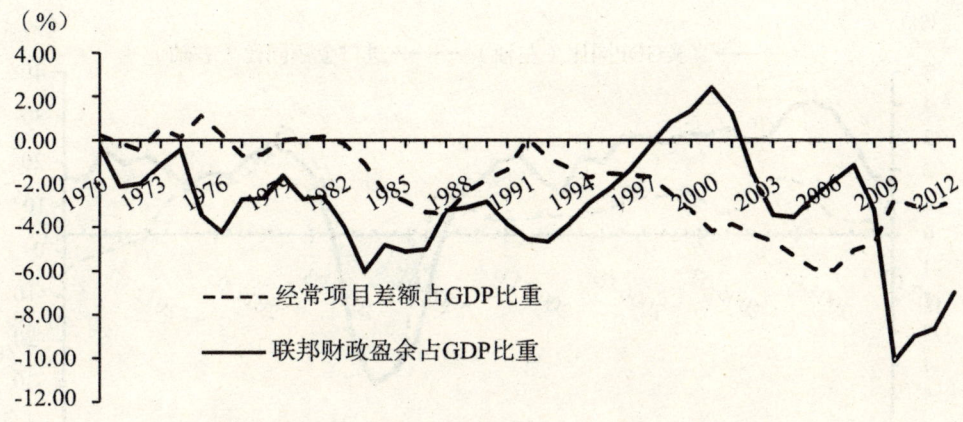

图 6-8 美国持续的双赤字支撑本国消费

资料来源：Wind 资讯

2010年后，特别是进入2012年以来，美国经济正在以区别于危机前的逻辑复苏。这一新逻辑的关键词是：产能与供给复苏、进口替代。美国经济复苏新逻辑在弱化中美经济关系，这总体都表现为"中美脱钩"。这种脱钩的意义在于，美国经济复苏将越来越表现为中国经济的风险，而不是机遇。

一是"进口替代"效应。2008年国际金融危机之后，美国要素价格大幅下降，尤其是2010年页岩气革命带动美国产生了全球层面的"能源比较优势"，美国经济产生了新的模式，即美国消费更多由美国国内的生产所满足，消费提高进一步拉动美国国内生产、产能、投资、供给端的复苏，经济增长并没有带动美国进口的大幅增长，这在投资、消费两端加速了美国经济增长。这种美国经济增长的新模式，对新兴经济体尤其是中国的出口作用有限，美国经济复苏对外部经济的拉动力在减弱。数据显示，美国的进口金额同比增速自2010年高峰以来不断下降。

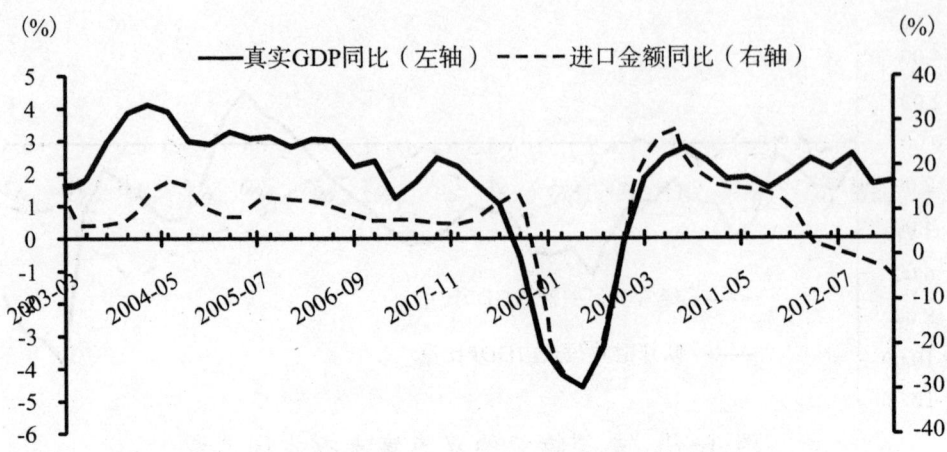

图 6-9　2010年后美国进口增速大幅落后于GDP表现

资料来源：Wind资讯

二是"需求转移"效应。因为运输成本的上升、墨西哥等拉美国家产能的提高、相对中国劳动力成本的下降等诸多因素，美国的外部需求开始从中国向墨西哥等拉美地区转移。在2005年，美国从墨西哥进口占美国总进口额之比，曾经下滑到9%，但到2013年4月已上升到约12.95%，已经超过了前期的高点，为2000年来最高。

"再工业化"是美国经济"再平衡"的内在要求。如我们前文所述，2010年以来，美国经济复苏的逻辑和模式已经发生了变化，转向了"进口替代"和"需求转移"。数据显示，2010年以来，美国的经常账户赤字不断收窄。这对美国经济的再平衡，保持美元的地位都具有重要的现实意义。

美国制造业复苏对美国的经济再平衡和可持续性发展具有重要意义，但是对包括中国在内的新兴市场国家则未必就是好消息。美国外需减少带来的再平衡，在世界经济增长乏力的情况下必然将导致新兴市场经济减速，我们不能再用过去的逻辑观察美国经济的发展与中国经济的关系。

第三节
美元汇率从弱势周期转强势周期

美元汇率在2002年之后出现持续多年的疲弱趋势，但弱美元在2013年左右已经出现拐点。可以说，美元弱势周期已经结束，并开始进入强势周期。在2008年和2009年，肇始于美国的金融危机在全球范围内产生了改变以美元为主导的国际货币体系的舆论，这一流行话题甚至在华盛顿和伦敦G20（二十国集团）会议上成为重要议题，美元的主导地位在舆论层面受到动摇。但自2010年开始，随着欧债危机的爆发和加剧，美元总体企稳回升，并且重建了全球市场对美元的信心。随着美联储货币政策自2014年1月开始逐步退出量化宽松政策，以及美国经济基本面的复苏、能源独立等的综合影响，新一轮美元强势周期正在展开。

影响美元短期走势的因素主要有两个：美国联邦基金利率和避险需求。美国联邦基金利率与其他国家的利差将影响短期套利资金的流动，联邦基金利率下调短期套利资金将流出，美元呈现出短期贬值，反之，则短期升值。美元的特殊地位和美国国债、金融市场的广度、深度都是其他国家和地区无法比肩的，一旦出现危机，美国是全球资金最后的避风港。避险资金的流入将推高短期美元走势，流出则将使美元出现贬值趋势。

需要十分注意，美元由于其特殊货币地位，从前两轮美元升值的经验来看，纯经济理论意义上的加息、低通胀、低失业、低债务、经常项目顺差都不是美元升值的必要条件。不应对诸如利率和经常账户状况等单个因素过度解读，而应该从更加整体的状况来看待美国，看待美国与其他国家力量的相对变化。

一般来讲，如果国际收支中期内处于逆差，该国货币有贬值的趋势，反之则有升值趋势。

美元走出趋势性牛市的核心条件主要有三个：

第一，美国找到新的经济增长引擎，如20世纪90年代的互联网经济，促使本土投资吸引力大幅提高，刺激国际资本回流。

第二，美联储持续收紧货币政策，提高利率水平，如20世纪80年代初的高利率政策。

第三，美国之外的地区爆发危机，推升作为避险货币的美元的价值。当美国经济疲弱时，危机只能导致美元阶段性走强。但当美国经济强劲和其他地区的危机叠加时，美元将走出大牛市。当下，美国经济金融的整体向上和新兴市场经济的整体向下，美国经济复苏强于其他发达国家，正符合这一情形。

展望未来，美元已经迎来周期性上涨趋势。主要驱动力量是：美国自身经济增长在2014年加速，继续领先其他地区；美联储退出QE并将步入加息周期，与其他主要央行的货币政策继续分化；美国财政端的经济拖累和政治风险将显著降低；投资者对美元资产配置转为战略性增持，而对海外尤其新兴市场资产减持。

以上结论，基于从经济增长、通胀、货币政策、财政、国际收支、资产配置、估值、波动率、周期等因素，从美国自身的绝对力和与外部世界的相对力两个方面，对美元的系统分析和判断。具体来看，多数因素的绝对力变化和相对力变化，都支撑美元升值，只是程度有所不同。

美国经济增长在自身增速抬高的同时，也总体领先于外部世界复苏，内外力量的变化趋势总体支撑美元升值，尤为支撑对新兴市场货币和较差的发达国家货币升值。从内部绝对力量来看，美国经济增长将"更上一层楼"，2014年实际GDP增长中枢将由2013年的2%抬升到3%以上的水平，达到强势复苏的水准，在全球主要经济体中表现最为耀眼。

美国经济的需求端已经得到全面改善，私人部门全面恢复和大幅改善。2010

年以来，美国私人消费已经恢复至接近危机前的水平，而私人部门投资已经超过危机前水平，长期拖累美国经济的贸易赤字也已经大幅改善。更为重要的是，根据国际货币基金组织的预测，这些改善未来是可持续的。

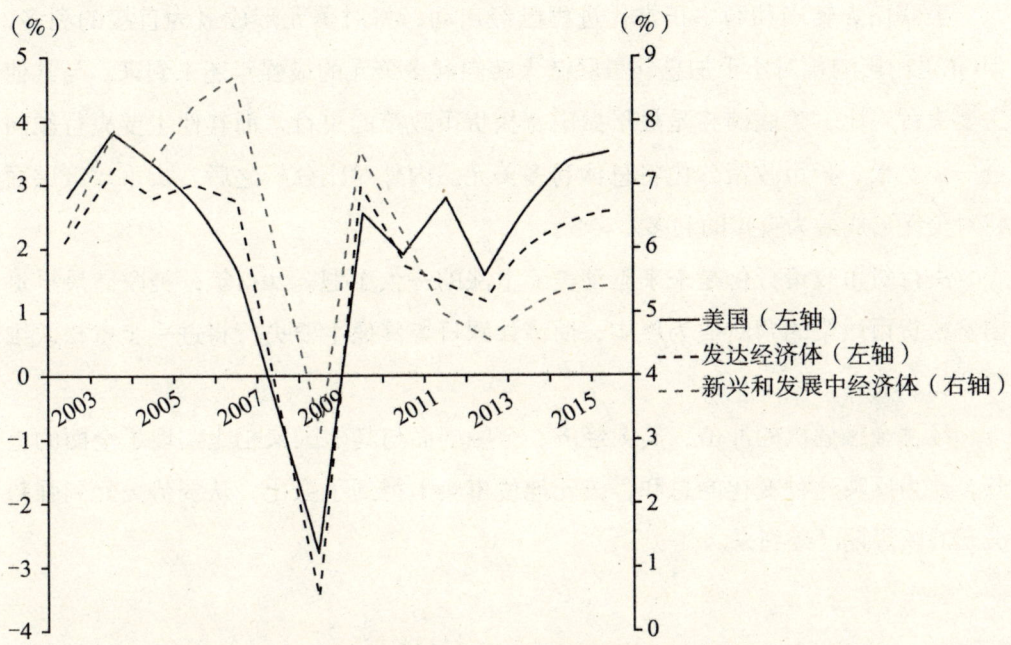

图6-10　美国经济增长显著好于全球整体水平

资料来源：Wind资讯，第一财经研究院

美国仍然是世界创新的主要源头，强大的创新能力是一国保持其竞争力的基石，同时也是维护投资者信心的支柱。从更长期来看，美国的创新能力支撑美国的竞争优势。科技创新能力是一国劳动生产率提高的最基本因素。美国持续的高研发投入是美国全要素生产率提高的保证。美国的研发投入/GDP在20世纪80年代美国制造业开始大幅向国外转移时触底，之后保持了总体持续上升的趋势，当前已经达到新的历史高点。

美国核心通胀未来仍然稳定偏低，仅可能出现缓涨局面。而全球面临"通胀过低"问题，部分地区面临通缩威胁，尤其是日本和欧元区，因此央行货币政策面临很大宽松压力，相对而言，美国通胀情况偏好，美联储因通胀过低带来的宽松压力较低。通胀状况的内外对比，支撑"主要央行中美联储最早撤出宽松货币政策"的判断，但因美国自身通胀仍未"达标"，美联储对通胀的反应阈限很高，所以，对美元的综合影响为中性偏多。

美联储大转向和利率正常化进程已经启动，将对美元形成最为直接的利多，但QE退出影响相对小于加息，美联储大转向利多美元的最强年还未到来。与其他主要央行对比，美联储将是最早撤出宽松货币政策的央行，而其他主要央行倾向进一步宽松，货币政策分化将总体利多美元。内外对比分析之后，货币政策层面将对美元形成最为直接的利多。

央行货币政策分化是未来驱动美元上涨的一大主题。2014年，美联储最早退出宽松货币政策的判断成为现实，而诸如欧日等其他主要央行将进一步宽松或维持宽松。

经过金融危机的冲击，美国经济、金融层面与其他国家相比实现了全面的上升，作为反映这种变化的总和，美元地位事实上得到了强化，从弱势美元到强势美元的新周期已经到来。

第四节
全球进入美元紧缩周期

当今国际货币金融经济体系的基本格局,是全球金融周期决定全球经济周期,而作为国际货币体系主导货币的美元周期,主导全球金融周期。作为国际流动性,美元在全球体系的盈缺,是全球金融周期的关键基础。

提供足够的国际流动性,是任何国际货币体系必须具备的两大功能之一。具体到当前,随着国际经济金融形势的变化,全球经济正进入新一轮美元紧缩周期,这一判断主要基于以下三个变化。

第一,如上文所述,美元财政赤字、经常账户"双赤字"萎缩,美元全球流动性供给减少。

"特里芬难题"揭示了美元流动性提供与对美元信心之间的矛盾。在牙买加体系下,这一难题表现为,如果美国不能保持持续的国际收支逆差,国际货币体系流动性需求将难以得到满足;而美元供给增长过快,又难以对各国对美元的信心提供足够支持。自2011年以来,美国双赤字呈现出萎缩趋势,这将使得美元流动性供给不足进一步激化:一方面,美国贸易赤字的缩小将直接导致全球美元流动性供给的缩减,另一方面,美国财政状况的改善不仅在美元发行机制上减少美元流动性投放,同时因财政改善又提高市场对美元的信心,从而提升市场对于美元的需求,使得美元流动性供给不足更加凸显。

第二，石油美元、大宗商品美元规模萎缩。

20世纪70年代，美国与沙特阿拉伯签订的秘密协议中规定，将美元作为石油出口唯一的定价和结算货币。基于沙特阿拉伯在欧佩克（OPEC，石油输出国组织）中的地位，其他成员国也接受了这一要求，由此任何进行石油交易的国家不得不把美元作为储备，美元与石油"挂钩"巩固了美元在国际货币体系中的地位。经过1974年到1986年、1986年到1999年以及2000年以来三个阶段的发展，总价值高达6.8万亿美元的石油美元体系，创造了至少等同于全球石油贸易总量的货币流动性，成为美国维系全球货币金融体系完整统一的关键环节。

2011年之前，新兴市场国家尤其是中国对大宗商品需求的快速增长，和石油等大宗商品供给受限，使得商品价格提高了数倍。2002—2011年是大宗商品的"超级周期"，油价从每桶25美元飙升至100美元，铜价从每公吨1500美元升至9000美元，铁矿石价格从每公吨20美元升至190美元历史峰值。价格的提升，放大了全球石油美元、大宗商品美元的规模，丰富了全球流动性。

但是，随着当前新兴市场经济增速开始减缓，美联储货币政策正常化打开美元指数上行趋势，北美能源革命带来全球能源供应量不断攀升等多种因素，以石油为代表的大宗商品超级周期正走向终结，大宗商品价格将存在持续下降压力。2014年WTI（西得克萨斯中间基原油）和布伦特原油价格全年跌幅分别高达46%和48%。在原油价格大跌背景下，主要石油出口国家通过石油美元输出的美元流动性发生了大幅收缩。法国巴黎银行研究表明，2014年，能源出口国家首次出现从全球金融市场中抽出石油美元的情况。根据该研究，主要石油出口国家如俄罗斯、安哥拉、沙特阿拉伯和尼日利亚通过石油美元循环机制向世界提供美元流动性，自21世纪初持续上升，2006年达到峰值，向世界输出了5110亿美元，2012年向世界提供了2480亿美元流动性，2013年输出600亿美元，而2014年石油生产国向其国内引入了76亿美元。

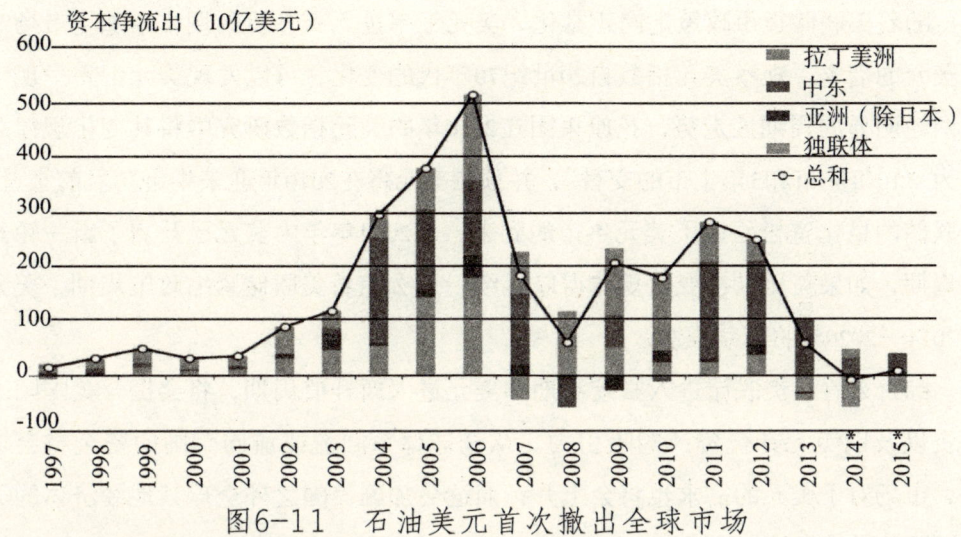

图6-11 石油美元首次撤出全球市场

注：带*为BNP Paribas预测数据
资料来源：BNP Paribas

大宗商品超级周期的结束，对石油和大宗商品出口国意味着财政收入减少、GDP增长下滑，经济金融的不确定性随之升高，相关实体资产负债表也将承压，这些国家和相关企业将更倾向于增加安全资产储备。

整体来看，国际上通过石油美元、大宗商品美元渠道提供的美元流动性规模，将继续趋于萎缩。

第三，美联储进入紧缩政策周期，美元汇率进入新升值周期。

在2008年金融危机全面爆发后，美国联邦基金利率降至0—0.25%，利率调节工具已失去空间。美联储通过三轮量化宽松，以购买抵押债券、政府债券、不良资产救助计划等手段，对美国GDP、消费信心、失业率等各项宏观经济数据回暖起到了决定性作用。2013年12月FOMC（联邦公开市场委员会）会议上，美联储决定从2014年1月开始每月削减100亿美元资产购买，最终美联储在2014年10月如期退出QE，这标志着过去5年美联储宽松货币政策的结束和美国货币政策正常化的开始。美国2014年三季度GDP指数大幅上扬5.0%，失业率已位于6%以下，预计美国将在2015年年中或之后加息，由此美联储进入紧缩政策周期。美国货币政策走向正常化，最直接的影响就是将减少对市场提供的美元规模。

随着美联储货币政策走向正常化，美元汇率进入新升值周期，增加了市场对于美元的需求。观察美元指数自20世纪70年代的变化，可以发现美元汇率呈现出了两轮明显的周期性走势，花旗集团在2010年的美元指数研究中将其变化规律总结为"10年熊市和5年牛市的交替"，并预测美元将在2010年迎来牛市。目前来看，美联储的量化宽松延迟了美元牛市的到来，但2014年年中美元已开启了新一轮升值周期，如果美元以往变化规律得以延续，那么随着美联储紧缩政策周期，美元在2014—2020年将延续强势。

综合来看，美联储进入紧缩周期和美元进入新升值周期，将会提升美国国内投资以及以美元计价资产的吸引力，从全球体系回流或流向美国的资金将会增加，市场对于美元的需求也将会上升，而这会加剧美国之外全球其他经济体的美元国际流动性短缺。

第五节
美元紧缩周期下的中国经济金融变化

由于美国经济和美元在世界经济金融体系中的中心地位，世界经济已经形成了美国货币政策主导的全球金融周期。历次美元加息周期下，新兴市场危机的主要表现形式主要有三种。

第一，因债务错配而引发的新兴市场危机。债务期限错配使得新兴市场短期偿付压力过高，进而提升了债务违约的概率，尤其是整体债务率高同时债务结构中短期外债占比高的经济体。以20世纪80年代拉美债务危机为例，拉美国家在70年代低利率的资金诱惑下借入大量以美元计价的债务。1970年至1980年间，拉美7国平均债务水平从4.52%上升至34.58%；外债总额从212亿美元上升至3153亿美元，其中短期外债比率从11%上升至30%。70年代末美元的升息周期使得资金利率高涨与资本流向逆转，拉美国家债务负担加剧，债务危机从1982年起陆续在各国爆发。此后10年，拉美人均国民生产总值平均每年下降1.2%。

第二，因货币错配而引发的新兴市场危机。货币错配表现为借入短期外汇资金投资本国货币，滋生资本市场泡沫。因而在短期套利资金大量流出时，资本市场泡沫刺破，本币汇率波动加大，两者互相影响形成负向循环，进而重创实体经济。以东南亚金融风暴为例，危机前，日元美元实际利差逐渐扩大，而同期东南亚国家综合收益率高于美国且实行钉住美元的汇率制度，套息投机资本因此大举流入东南亚国家。根据沈联涛估算，套利交易的平均利差收益约130亿美元/年。钉住美元的汇率制度推高了东南亚国家币值，使得资本市场泡沫堆积的同时国家收支恶化。随着日本银行业坏账暴露，东南亚国家流动性开始收紧，在流动性反转与对冲基金的双重夹击之下，金融风暴从东南亚席卷至北亚。

第三，因发达市场危机传导至新兴市场，从某一国危机演变成区域性甚至全球金融危机。2007年美国次贷危机席卷全球，新兴市场经济金融遭遇巨大冲击。从经济角度看，发达经济体增速放缓降低了通过贸易渠道对新兴市场的提振作用；从金融角度看，全球避险情绪的攀升推动了资本流入美国国债等避险资产，新兴市场资产遭遇严重抛售。其中MSCI新兴市场指数（MSCI EM）从2007年的1337点高点下挫至2008年年末的567点，跌幅达58%。

以上三种新兴市场危机机制中的一个共同点，是由于美联储货币政策收紧而导致国际资本从新兴市场剧烈流出，全球经济金融体系由此处于一种"美元短缺"的极端形态，进而引发并加剧新兴市场的货币金融危机。因此，在当前全球经济进入美元紧缩周期的背景下，新兴市场金融风险新周期也将随之而开启。

在全球经济进入美元紧缩周期、新兴市场进入金融风险新周期的国际宏观背景下，中国经济金融体系自身也在发生着深刻的变化，这一变化重点表现在经济潜在增速与经济结构、基础货币生产机制和经济风险三个方面。

第一，中国经济潜在增长率下降。

经济增长主要由投资、劳动投入和全要素生产率（TFP）三项驱动，当前中国这三项对经济的驱动力均发生了不同程度的弱化。以增量资本产出率（ICOR）指标衡量中国投资回报率，该指标值越高则表示投资效率越低。1978—1987年中国ICOR均值为4.2，1988—1997年ICOR均值上升为4.6，到了1998—2007年ICOR均值降为4.5，而次贷危机后，中国投资效率明显下降，ICOR均值上升为5.8。中国劳动年龄人口（15—59岁）2012年为9.37亿人，比2011年减少345万人，2013年中国劳动年龄人口（16—59岁）为9.2亿人，较上年下降240万人，2030年前劳动人口将继续稳步减少。根据清华大学白重恩教授估算，中国全要素生产率对经济增速的贡献已从危机前3%—5%的水平降低到2012年的1%以内，世界大型企业联合会估算的2014年中国经济TFP贡献已经为零。这意味着中国更高的债务规模，未来将越发难以持续。

第二，中国基础货币生产机制从外向内被动转型，开启不同于过去10年的新周期。

2001年以来，我国基础货币主要通过央行向其他存款性公司购买外汇占款来投放，央行所购入的外汇形成外汇储备。10余年来，央行的外汇资产规模快速扩张，成为我国基础货币供应的主渠道。但是自2011年四季度以来，我国新增外汇占款开始放缓，主渠道有萎缩趋势。根据我国国际收支表，央行外汇占款来源主要有三个，即经常项目下的贸易盈余、新增FDI和资本项目下的其他资金流入，而这三个来源未来增长前景均不乐观。

经常项目贸易盈余方面，受我国居民净储蓄趋于下降、全球经济复苏相对疲弱、国内出口部门竞争力比较优势下降等因素影响，我国贸易盈余呈收缩趋势，贸易盈余与GDP占比逐步下降，2014年一季度经常账户顺差规模已经微弱到接近零的水平；新增FDI方面，由于国内成本上升而投资回报率下降、部分制造业回流美国等，新增FDI增长空间有限；资金流入方面，受制于美联储将逐步退出量化宽松政策、我国对外投资规模的扩大等，资本项目下资金流出压力渐大。这将意味着未来新增外汇占款规模将呈现持续减少趋势且波动加大，未来国内流动性收紧压力将越来越大，与之对应的则是中国基础货币生产机制将由外向内被动转型。

第三，经济运行机制不畅，经济金融存在突出风险。

当前中国经济面临着流动性风险、房地产风险、地方债务风险、总体高杠杆高债务风险和产能过剩等主要问题，这些风险因素相互交织，放大了金融体系风险，并严重影响和制约了中国经济长期稳定健康发展。

流动性风险方面，目前我国M_2与GDP比例接近200%，但依旧存在着实体融资难、融资贵的问题，金融系统则也存在严重期限结构错配和高杠杆部门资金链紧张的问题；房地产风险方面，从房价收入比、房租收入比、租金收益率等指标看，2013年可能是中国住宅市场的顶部，综合供求关系、人口结构变化等因素来看，此次变化是一轮长周期调整的开始,未来房地产将继续面临下行压力;地方债务风险方面,根据审计署报告,截至2013年6月,我国各级政府负有偿还责任债务达到了20.7万亿元,负有担保责任债务2.9万亿元,可能承担一定救助责任债务6.7万亿元,与2010年审计结果对比表明地方债务风险在继续累积;产能过剩方面,PPI已连续负增长。

中国经济潜在增速的下行、高杠杆的脆弱性,加上基础货币生产机制处于转型中,决定了紧缩、风险和不稳定成为未来中国货币金融经济体系的主要特征。人民币汇率也将从过去10年的单边升值格局,转向艰难维持稳定乃至贬值周期,这将降低人民币资产的吸引力。全球经济进入美元紧缩周期,中国基础货币机制转变造成的国内流动性收紧压力加大的影响,将一定程度上被放大,而新兴市场金融风险新周期的开启,将与中国经济下行压力加大和经济风险上升的影响相互交织。

在此格局下,经历过2008年金融危机检验的美联储货币互换网络的形成,具有了不同寻常的意义,这一网络成为全球货币金融经济体系最具有预防底线危机能力的重要机制,必须引起各新兴市场国家尤其是中国的高度重视。为应对此格局,中国需要对美联储货币互换网络形成后的全球美元流动性供应机制形成清晰认识,同时对中国在美联储货币互换网络形成后的国际货币体系中的自身角色进行重新评估,并在此基础上思考自身发展战略。

第七章
基础货币发行机制由"外生"转为"内生"

2013年是2008年金融危机后的重要转折点,从此之后全球经济的增长态势出现新的显著变化,各主要国家货币政策也走向了大分化。在上述大背景下,我国外汇占款主导的基础货币发行机制进一步衰落,人民币基础货币发行机制正经历深刻转变。

2013年之前,美、欧、日等主要经济体的货币宽松政策催生了宽松的全球流动性环境,其中以美联储的非常规货币宽松政策最为重要。在宽松流动性的支持下,以中国为代表的新兴市场国家经济仍保持较高的经济景气,国际收支下的资本项目总体呈净流入态势;而美国等发达经济体则处于私人部门(包含住户部门和私人企业部门)需要修复资产负债表的去杠杆时期,经济复苏相对乏力。

2013年后,全球经济形势有了新的显著变化。一是无论主要发达国家还是新兴市场大国均面临长期经济增长比较低迷的"新常态",多数国家结构改革的压力和经济下行压力均不容小觑;二是虽都处于低增长的"新常态",但主要经济体的经济形势出现重大分化。具体来说,美国结构调整和去杠杆进程都比较成功,其经济增长态势最为耀眼,就业形势持续改善,财政赤字和贸易赤字均有所改善;人口老龄化加剧的欧元区渐渐患上"日本病",经济增长动能低迷,通缩和主权债务危机的魅影时隐时现,德法等成员国的增长动能显著分化,包括财政政策在内的欧元区进一步整合尚无突破性进展，欧元区内部的社会形势和所处的地缘政治形势更为复杂；安倍经济学主导下的日本经济尚未见明显起色，处在人口深度老龄化泥潭中的日本经济仍在慢性衰落过程之中，日本经济的重振仍需更具魄力的非常规改革政策；巴西、俄罗斯等新兴市场光芒趋于暗淡，多数国家内生经济增长动力下降，经济的结构性问题加剧；我国经济下行压力明显加大，且该趋势短期难以扭转，通过基建和房地产投资拉动内需的药方日渐失灵，急需通过全面改革化解现有难题，并实现结构调整和产业升级。

与经济形势分化相对应，主要经济体的货币政策等宏观政策走向大分化。美联储已开始逐步退出非常规的货币政策，英格兰银行也很可能选择进入加息进程；但欧洲央行和日本央行仍在实施进一步的大规模货币宽松政策，欧元和日元竞争性贬值的趋势隐现；部分新兴经济体需要宽松的货币政策以应对国内经济下滑的困境，但又面临国内货币政策受制于汇率贬值和国际资本流出的困境。

在上述变化中，对我国经济影响最大的当属美国经济和美联储货币政策的变化。美联储政策走向紧缩周期，对全球流动性环境将产生深远影响。在当下的国际货币金融体系下，美元是最重要的全球货币，美元流动性收紧对全球流动性环境有着近乎主导性的影响。如果美元流动性环境持续收紧，过去依赖外汇占款的基础货币供给将首当其冲面对冲击，其次是人民币利率和汇率等。此外，从三重对应关系看，一方面，由于货币对应资产价格，因此如果货币创造受到不可控的外生紧缩冲击，会对国内虚高的房地产等资产价格构成重大风险；另一方面，由于债务融资过程和货币创造高度重叠，因此若货币供给受到持续的外部冲击，则可能进一步影响金融系统的流动性创造能力，从而对融资和存量债务的稳定造成严重冲击。

我国正处在三期叠加下的全面深化改革进程之中，传统的经济增长模式日薄西山，新的经济增长点和模式仍在孕育发展之中。产能过剩和债务压力仍是压在中国经济头顶的两座大山，系统性风险虽短期可控但仍在积聚，能无痛走出困境的改革方案恐怕并不存在。相对脆弱的实体经济恐难以承受内外部因素所导致的大规模流动性被动收缩冲击。对我国而言，美联储退出进程等外生冲击是外生变量，无从直接影响之。因此，面对美联储政策收紧周期可能带来的影响，我国只能对自身的货币金融体系做出系列调整，特别是需要对货币创造机制做出重大调整，以维护本币市场的流动性稳定。

第一节
人民币基础货币发行方式面临转变

新增外汇占款减少使得基础货币发行方式面临转变

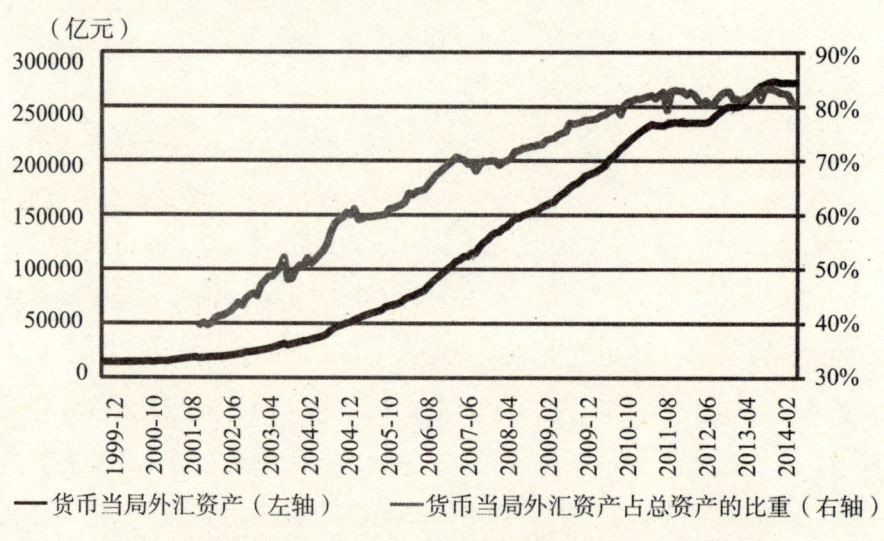

图7-1 货币当局资产负债表中的外汇资产规模

资料来源：中国人民银行，中信资本

根据第三章的相关分析，2001年以来，我国基础货币主要通过央行向其他存款性公司购买外汇占款来投放，央行所购入的外汇是我国外汇储备最重要的来源，体现在货币当局资产负债表中的外汇资产（国外资产一栏科目下）。

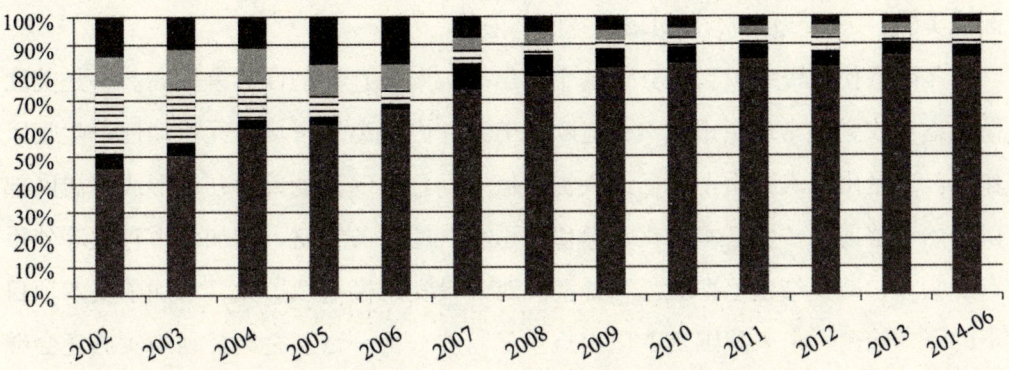

图7-2　货币当局资产结构的变化

资料来源：中国人民银行，中信资本

10余年来央行口径下的外汇资产规模快速扩张，成为我国基础货币供应的主渠道。但是2011年四季度以来新增外汇占款开始放慢，这一主渠道有萎缩的趋势。

由于央行外汇占款是央行出资购买外汇资产形成的，因此其最终来源是国际收支。我国国际收支平衡表主要有经常项目、资本和金融项目、储备资产以及净误差与遗漏项这4个项目构成。根据编制规则，这4项的变动额之和为0，即存在如下等式关系"经常项目差额＋资本和金融项目差额＋储备资产变动额＋净误差与遗漏项差额＝0"。从中长期看，净误差和遗漏项的影响相对较小，储备资产变动额的决定性因素是经常项目差额以及资本和金融项目差额。因此，央行外汇占款的最终来源主要有三个：经常项目下的贸易盈余、资本项目下新增FDI和资本项目下的其他资金流入。2013年以来，上述三个来源的增长前景并不乐观。

受人民币实际汇率高企、我国居民储蓄率趋于下降、全球经济复苏相对疲弱、国内出口部门竞争力比较优势下降等因素影响，我国贸易盈余增长放慢，2008年后贸易盈余与GDP占比下降。经常项目盈余对外汇储备和新增央行外汇占款的影响减弱。

由于国内成本上升而投资回报率下降、部分制造业分流其他新兴市场国家或回流美国，因此我国新增FDI增长空间有限。

多因素使得资本项目下其他资金流出压力渐大且波动性显著提高。一是美联储将逐步收紧非常规货币政策会对欧洲美元在内的离岸市场美元流动性产生收紧作用。二是由于人民币汇率已无大幅升值空间且双向波动局面初步形成，居民部门开始调整前期"资产本币化、负债外币化"的财务策略，增加外币存款等外币资产头寸，减少结售汇净值。三是我国对外投资规模持续扩大，增加了资本项目下的资本输出，未来我国资本输出规模随着"一带一路"之类计划的实施还会继续扩大。

三大来源的变化使得新增外汇占款规模呈下降趋势且波动很大，外汇占款这一基础货币供应的主渠道趋于枯竭，外部流动性流入的收紧使得我国经济面临持续的外部流动性收缩压力。但国内经济增长和稳定仍需要适度的信用扩张来支持，存量债务偏高所导致的去杠杆压力也需要相对宽松的流动性支持。现有基础货币供应模式下的上述供需系统性失调，使得我国基础货币发行方式需深刻调整。

外汇占款主导的基础货币发行方式存在诸多问题，需要调整

外汇占款主导的基础货币发行方式与人民币固定汇率制度相互支撑。虽然汇率弹性不断增强，但人民币汇率仍较为紧密地钉住美元，这与布雷顿森林体系下各国货币钉住美元有较多相似之处。在上述汇率和发行机制下，人民币基础货币的发行近似于以新增外汇资产（主要是美元资产）为担保，这种机制对于稳定汇率、促进出口部门增长和消化我国经济过去长期偏高的净储蓄大有帮助，但也存在诸多问题。

1. 削弱我国对货币政策的主导权。

现有基础货币发行机制削弱我国对货币政策的主导权，基础货币发行和利率

政策过于被动地受制于国外政策环境的溢出效应，受美元强弱、美联储政策等影响过大。

美元是首要的国际储备货币和广泛使用的全球货币，美联储是全球基础货币的主要提供方，但当今世界并无全球政府，美联储也并非全球中央银行。各国中央银行在货币政策制定层面更关注所在国内或区域内的经济金融运行情况，主要央行间缺乏可信的紧密政策协调。美联储的政策主要根据美国国内经济形势来制定，其对自身货币政策的外溢效应关注度较低。而美国和我国的经济周期虽相关但往往并不完全同步，特别是当下两国的经济形势和货币政策走向正在发生大的分化。当下美国经济复苏相对强劲，从而使得美联储趋于收紧货币政策，并从非常规货币政策回归常规货币政策。相比之下，我国经济下行压力仍大，改革和结构调整也需要相对稳定的流动性环境，从而对货币政策有稳中趋松的内在要求。但是，人民币越紧密地钉住美元，则美元强弱波动、美联储政策变化对我国影响越大。当美元走弱、美联储实施宽松货币政策时，我国资金流入压力加大，容易造成我国国内经济过热和流动性泛滥，加剧通胀和资产价格泡沫的压力；而美元持续走强、美联储收紧货币政策，则容易造成我国国内经济偏冷和流动性偏紧，变相进口通货紧缩压力，并对虚高的资产价格构成巨大压力。

2. 虚增政府财力，低估财政负债且无法根除二次结汇。

不是用财政资金而是通过央行发行基础货币来购买外汇储备容易造成虚增政府财力、低估政府负债、无法真正切断二次结汇等后果，加剧金融系统的脆弱性。这一点至关重要。

各国形成外汇储备的资金或来自于央行资金（即发钞），或来自于财政资金（财政盈余或发行国债）。实行现代中央银行制度的许多国家，如日本、新加坡等国的外汇储备主要由财政部发行国债或以财政盈余从外汇市场或央行购买，然后由财政部管理或者委托央行管理。这类国家外汇储备的增长与基础货币投放通常直接关系不大。如果财政部发债在本国外汇市场上向银行等金融机构购入外汇，则资金从财政部账户流入金融机构账户，不影响市场流动性的总规模。如果财政部发债向央行购买外汇储备，则资金从金融市场流入央行，从而对冲了央行各种操作购入外币资产时所投放的基础货币，从而基本切断了外汇储备购买和基础货币投放之间的直接对应关系。央行通过印钞所构成的外汇储备规模较小，且受到立法机构的有效制约。而在中国香港等少数实行货币局制度的地区或国家，外汇储备的非估值变动和基础货币投放存在较为严格的一一对应关系。但货币局制度下，央行的职能是不完整的，无法实施独立的利率政策等。货币局制度下的央行持有本区域商业银行债权等行为也被严格受限，否则易导致货币局制度崩溃。通常货币局制度只被香港等高度开放的小型经济体采用。

我国中央银行制度在官方外汇储备形成和基础货币发行层面，与上述两种制度均有所不同。我国央行大量持有对其他存款性公司债权、对其他金融性公司债权等（参见图7-2），这与日本等国的中央银行类同。但我国的外汇储备是通过央行发行基础货币向商业银行购汇形成的，这一特点与货币局制度类似。由于我国经济总量和贸易规模等均处于全球前列、人民币有可能成为区域乃至全球重要储备货币、我国不可能完全放弃货币政策独立性，因此类似货币局的制度在我国是行不通的。对我国而言，采用类似货币局制度下的基础货币发行机制和外汇储备形成机制可得一时之利，但弊端巨大。

一是由于外汇储备与基础货币发行相对应，因此我国外汇储备并非政府的财政资金或资产，但历史上外汇储备曾多次未经财政出资购买即直接或间接用于注资我国金融企业。由于上述金融系统的资本金缺口本应由政府财政资金予以补充，因此用外汇储备直接注资实际上混淆了外汇储备和财政资金的区别，等同于央行印钞来弥补短期财政资金的不足。此举事实上虚增政府财力，导致财政和基础货币发行之间的关系难以从根本上切断，容易造成货币超发，并在制度上造成财政金融制度的诸多扭曲。

二是现有的制度也相对低估了我国的政府部门负债水平。虽然外汇储备很多情况下被当作政府的资产或财政资金在使用，但并未计入政府负债，而只是记为货币当局的负债。如果我国参照日本等国惯例，将20余万亿元的外汇储备用财政资金购买，则我国中央政府的债务杠杆（债务/GDP比率）将大幅上升约50个百分点。这将极大改变对我国政府债务状况的评估。对比中日两国政府的债务状况时也不能忽视各自外汇储备形成机制差异所带来的影响。

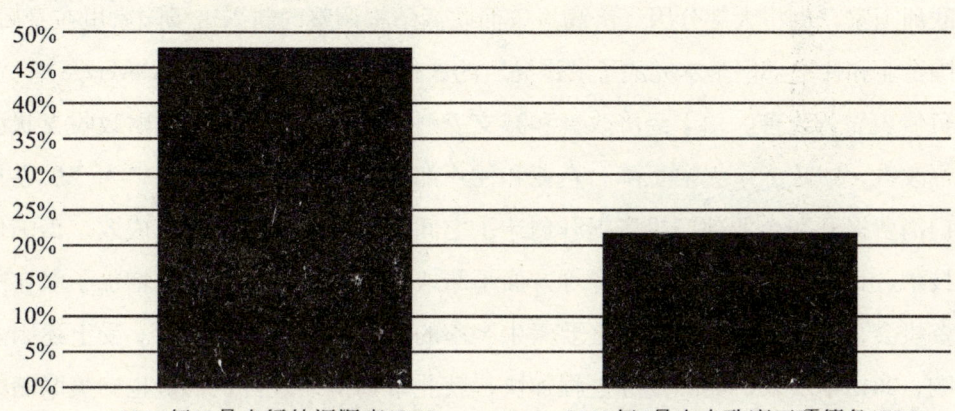

图7-3 央行外汇资产是用财政还是央行资金购买对政府负债率影响巨大
资料来源：国家审计署，Wind资讯，中信资本

三是在外汇占款主导的基础货币发行机制下，随着外汇储备资产配置的多元化，实质上的二次结汇难以界定，更难杜绝。

综上分析，要转变基础货币发行机制，还需调整外汇储备形成机制，用财政资金逐步接盘外汇储备，化解现有储备形成和基础货币发行机制所造成的种种扭曲。

3. 外汇占款趋势性减少会持续收紧国内流动性。

在外汇占款趋势性减少甚至持续为负的情况下，国内流动性收紧压力越来越大。虽短期内可通过降准等方式对冲，但法定存款准备金率下调空间有限。假定法定存款准备金率下调10个百分点，大约银行体系能新增超额存款准备金8万亿—9万亿元，规模虽大但远非无限量。如果没有更为长效的基础货币发行方式，货币当局终将缺乏调节流动性并进而调节通胀和经济增长等货币政策目标的工具。

美联储宽松政策退出和国内债务杠杆偏高使得基础货币发行方式转变十分迫切

经过金融危机后近6年来的艰难转型，美国经济结构调整在全球主要经济体中率先取得成效，不仅遥遥领先于暮气沉沉、结构改革迟迟未见进展的法国、意大利等欧洲国家，也将大部分因经济高景气而耽搁结构调整的新兴市场国家甩在身后。美国企业和住户部门基本完成了"漂亮"的去杠杆进程（Beautiful Deleverage），资产负债表显著改善。由于经济改善和减支等财政整固措施，美国的财政收支状况大幅改善，财政赤字大幅下降。企业和住户部门资产负债表的修复，为今后住户部门消费提升和企业部门投资提升创造了空间。随着结构调整初见成效，美国信息技术、页岩气为代表的新能源等方面不断取得突破，既在微观上增加了潜在的投资机会，也在宏观上为未来全要素生产率的持续回升提供了可能。受上述因素影响，2013年以来，美国复苏进程加快，就业市场持续改善，物价也向美联储的政策目标收敛，经历了数年向下调整的房地产市场也趋于复苏。随着美国经济好转，美联储的宽松政策退出逐步提上日程。先是2013年6月前后，时任美联储主席的伯南克公开表示将考虑退出量化宽松计划，然后是2014年1月量化宽松下的债券购买计划开始退出并于当年秋季退出完毕，最后是联邦公开市场委员会成员对在2015年的某一时间开始加息接近于达成一致。

美联储政策走向紧缩周期，对全球流动性环境将产生深远影响。在当下的国际和国内货币金融体系下，我国的货币供给会受到美联储货币政策和美元流动性环境趋势性变化的影响。过去依赖外汇占款的基础货币供给将首当其冲面对冲击，其次是人民币利率和汇率等。另外，从三重对应关系看，一方面，由于货币对应资产价格，因此如果货币创造收到外生的紧缩冲击，很可能会成为彻底压垮虚高资产价格的最后一根稻草；另一方面，由于融资过程和货币创造高度重叠，因此若货币供给受到持续的外部冲击，则可能进一步影响金融系统的流动性创造能力，从而对融资和存量债务的稳定造成严重冲击。

如不完善基础货币发行机制，则我国经济和金融市场可能进入流动性紧张险情频发的时期（如2013年下半年）。随着未来美联储宽松政策逐步退出和国内潜在经济增速下行，经常项目和资本项目的双顺差可能逐步变为资本项下逆差或双逆差，新增外汇占款可能继续震荡减少。2015年美联储步入加息周期是大概率事件，不确定的仅是加息的具体时点和加息节奏的组合。面对这种情况，未来金融市场可能早于美联储进入加息周期。走强的美元和相对较高的美元利率，会持续吸引国际资本流入美国，对新兴市场国家构成较大压力，甚至可能导致我国短期内资本外流加速，显著收紧金融市场流动性。若发生短期性的大规模资本流出，金融机构可能被迫抛售金融资产等以获取流动性，如果抛售行为过于集中和剧烈，则可能导致资产价格雪崩，并进而威胁银行资产质量等。

面对大规模资本外流和本币贬值的共振，央行通常有两种应对方式。

一是通过快速加息并在外汇市场抛出部分外汇储备来稳住本币汇率，防御资本外流。上述方式是应对资本外流和汇率贬值共振的标准防御模式。由于贬值预期会加剧资本外流，因此若能通过提高境内外净息差来稳住本币汇率，则会对减弱资本外流有一定作用。但在国内经济增长放慢而地方政府和企业部门债务杠杆较高、债务负担沉重的情况下，长期维持高利率会导致债务危机和经济增长减速。哪怕通过高利率暂时稳住了资本外流和本币汇率，可市场参与者仍会预期高利率水平无法持续，就如同1992年外汇市场上众多机构认为英国失业率高企从而英格兰银行的高利率政策无法持续一样。如此一来，加息对阻止资本外流的作用有限，并可能刺破国内债务泡沫。特别需要指出的是，虽然我国外汇储备规模足以应对绝大多数资本外流和汇率冲击，但我国利用外汇储备干预汇率贬值压力也会带来人民币资金紧张和利率上行压力。我国的外汇储备绝大部分由央行直接发行货币购买后形成，而日本等国的外汇储备则主要由财政资金购买后形成。由于这种外汇储备形成机制上的差异，若日本大藏省干预日元汇率贬值，其抛出的外汇储备并不造成日元基础货币的收缩；但我国央行减持外汇储备来干预人民币汇率贬值时，直接造成基础货币的收缩，从而可能加剧人民币资金紧张和利率上行压力。为此，央行需要其他的基础货币投放渠道，向市场注入流动性，以保持金融市场和金融机构的稳定。

二是通过降准、公开市场操作和PSL等方式向市场投放不同期限的流动性，同时配合一定幅度的汇率贬值，缓解资本外流导致的资金紧张和利率高企。这种方式就意味着要调整基础货币发行机制。连续降准和通过PSL等资产端政策工具大规模注入流动性能缓解流动性紧张。但由于人民币还非重要储备货币，因此泛滥的人民币流动性可能会刺激货币贬值预期，产生进一步的资本外流压力。如果汇率不做相应调整，则资金会持续流出以进行套利，从而导致外汇储备持续减少。因此，在内外部经济增长态势和货币政策走势分化的大背景下，大规模主动投放流动性往往需配合一轮本币汇率贬值，甚至是一次性到位的快速贬值。此外，单独使用某一种政策工具都有其局限性。法定存款准备金率不能无限下降；常规逆回购期限较短且规模有限，投放基础货币的能力有限；PSL等手段不够透明，政策反应未必及时。为保证主动调整银行体系流动性的能力，央行需要不断完善新的基础货币投放机制，综合利用各种政策工具来调节市场流动性。

总之，依赖外汇占款的基础货币发行方式已难维持，未来我国基础货币发行需要转向主要依赖央行增加对国内机构（政府、其他存款性公司等）债权来实现。

第二节
基础货币发行方式转变的路径

转变基础货币发行方式主要体现为央行增持对政府和其他存款性公司的债权

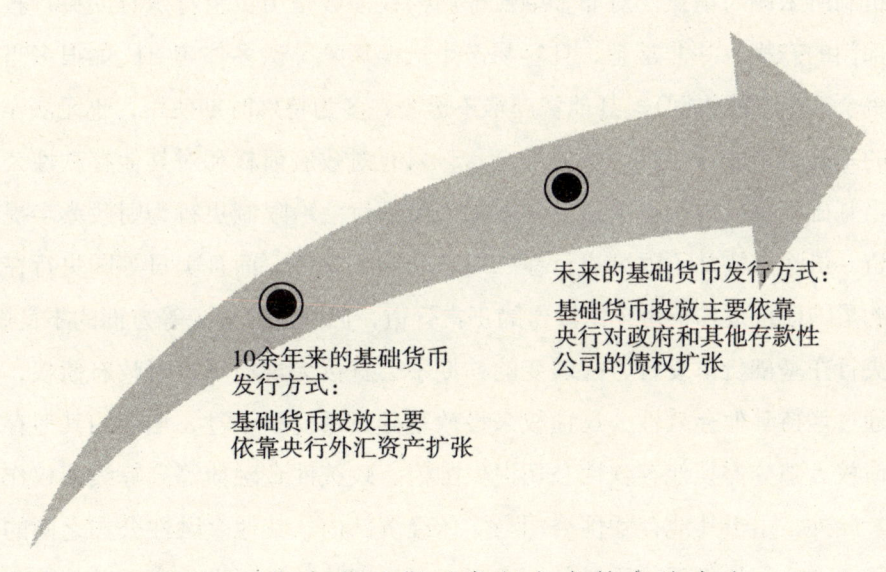

图7-4 未来基础货币发行方式转变的走向

资料来源：中信资本

基础货币发行方式的转变就意味着央行借以调节其资产负债表扩张的方式发生转变。我国的基础货币主要对应着央行负债端的储备货币。基础货币供给的增长伴随着央行资产负债表的扩张。货币当局负债端的扩张需要资产端的扩张与之协调。通常央行资产端的扩张是其资产负债表规模变动的主要驱动力。过去10余年主要是通过"国外资产"科目下的"外汇资产"的扩张来推动资产负债表扩张。因此，转变基础货币发行方式就是央行需通过其资产端"外汇资产"以外的科目来吞吐基础货币、调节资产负债表的扩张与收缩。

具体来说，调整基础货币发行方式，就意味着央行需增加资产负债表中资产项下国内资产（对国内机构的债权）的规模和占比。所谓央行国内资产主要包括：对政府债权、对其他存款性公司债权、对其他金融性公司债权、对非金融性部门债权和其他资产这5大科目。在目前分业经营、分业监管的框架下，对其他金融性公司债权主要是历史上出于保持金融稳定的目的而持有的。而且，由于其他金融性公司的资产规模和能提供合格抵质押物规模有限，这类债权不能成为基础货币发行机制所依赖的重点。对非金融性部门债权多数是历史上特殊时期央行救助非金融部门的产物，并非常态，且容易产生道德风险等诸多弊病（比如很多当年投放的资金至今未能收回）。其他资产很不透明，多为特殊时期使用，也无法作为一般性的基础货币发行工具。从规模上看，只有对政府债权和对其他存款性公司债权堪当基础货币投放的主渠道。《中国人民银行法》限制央行为财政赤字提供直接融资。虽然该法并不限制央行在二级市场购买国债，而且美日等国央行在二级市场购买国债也是其货币政策操作的正常管道，但为避免舆论等方面的不良影响，预计央行在基础货币发行方式转变的初期不会直接大规模增持对政府债权，而会更多通过增持其他存款性公司债权来投放基础货币。只不过，增持的其他存款性公司债权大部分需其他存款性公司提供国债、政策性金融债等高等级债权作为抵押物。此外，由于其他存款性公司与实体经济部门、其他金融性公司之间的关系最为紧密，故而从货币传导机制上看，央行的新基础货币投放也应以其他存款性公司为主要投放渠道。概括起来，基础货币发行方式的调整应主要体现为央行通过若干政策工具增加对政府债权和对其他存款性公司债权，特别是后者。

基础货币发行方式转变的路径展望

从操作层面看，为实现基础货币发行方式的转变，央行需扩充并完善各类可调整货币当局自身以及其他存款性公司资产负债表的工具。央行历史上曾用过很多种调节对其他存款性公司债权的政策工具，比如公开市场操作中正逆回购、各类再贷款再贴现、发行央票和SLF等。2014年以来央行更是推出并大量使用PSL、MLF等定向宽松工具。为了更好地实现央行货币政策对金融市场和实体经济的政策引导，未来势必有更多类型的货币政策工具被推出。

毫无疑问，基础货币发行方式转变后的政策工具是多样的，包括PSL和MLF等规定资金用途的定向工具，也包括公开市场操作等非定向工具。在一个成熟的货币政策工具体系里，虽然不同时期各货币政策工具的使用频率和规模有所不同，不过政策工具仍有主次之分。虽然2014年以来央行明显更偏好PSL等定向工具，虽然未来数年内定向工具仍可能会被大量使用，但定向工具所具有的主观选择性和不透明性等特点使得其不适合作为长期使用的主流货币政策工具。

如果将不透明的定向工具长期作为主流政策工具，则会带来一系列问题。

首先，货币政策操作会变得更加不透明，不利于引导市场预期，也不利于金融市场健康发展。我国货币政策的透明度明显弱于美联储等。固然某些政策基调调整的低透明度是国情使然并有其合理性，但很多具体政策操作的低透明度长期以来颇为市场参与者所腹诽。如果低透明度的定向工具长期大规模使用并成为主流投放渠道，那必然使得市场参与者不得不终日忙碌于猜测或者传播央行究竟做了什么，势必各类谣言满天飞。这显然不利于央行和市场之间建立相对稳定的预期引导机制。政策操作的不透明度增大，也会导致市场参与者的信息不对称，助长消息灵通群体的不当得利，对众多市场参与者不公平，不利于市场正常发展。

其次，试图通过定向工具来定向输血事实上难以做到，推动经济实现结构调整也是货币政策不可承受之重。企业在经济转型中是生存、发展还是淘汰出局，应该由市场决定。政府或货币当局都不是经济运行中全知全能的"上帝"。如果由它们决定谁应该得到定向输血从而得以生存发展,这既不公平也未必有效率。从某种意义上看,货币当局主动调配资金的具体分配像极了计划经济在金融领域的复归。使用定向工具来定向宽松只应是当前形势下短期性的权宜之计,而不应是一种长期的制度安排。

最后,强大的央行需要较高的透明性作为辅助和约束,以保证货币政策的顺利传导。随着基础货币发行方式的转变,央行对金融市场和市场参与者的影响将进一步增强。央行在货币市场、债券市场和外汇市场等金融市场中都将成为举足轻重甚至具有决定性的"玩家"。货币政策的公开透明、货币当局与市场的互动将变得极为重要,每每让市场参与者揣测央行政策意图乃至央行是否采取操作并不明智。随着中央银行市场影响力的扩大,甚至央行推出前瞻性指引的必要性都会日益增强。

因此,我们认为,未来货币政策工具体系应是以透明度高的公开市场操作为主、定向工具等多种政策工具并用的格局。具体的货币政策工具设置,可参考全球主要央行的情况并结合我国国情。

参考全球主要中央银行的情况,其货币政策工具大体可分为常规手段和非常规手段。

以美国为例。美元是全球首要的主导性货币,其基础货币吞吐主要通过美联储买卖国内机构的债权(主要是联邦政府的国债和两房债券)来实现。由于公开透明且流动性极佳的债券市场是美联储吞吐储备货币的重要依托,因此美国基础货币发行和美联储公开市场操作等货币政策工具紧密嵌合在一起。美联储主要的货币政策目标也通过公开市场操作来实现。公开市场操作最主要的两类工具是回购和买卖债券。买卖债券可区分为常规债券买卖操作和非常规债券买卖操作。美联储可通过回购和债券买卖来影响联邦基金利率和长期利率水平,并调整金融系统的短期流动性和金融机构的资产负债表。美联储回购工具旨在调节金融体系的短期流动性,其交易对手范围广泛,不仅包括一级市场交易商,也包括联邦政府担保机构、大型投资管理公司和货币基金。使用回购工具的主要目标在于通过有效调节各类金融机构的短期资金余缺,以促进联邦基金利率维持在联邦公开市场委员会决议的水平上。而公开市场债券买卖则分为常规债券买卖和非常规债券买卖。常规债券买卖的对象为国债，美联储通过此类交易影响来永久性地投放或回笼基础货币，以影响金融体系的超额存款准备金率，进而调控联邦基金利率。非常规债券买卖主要是指2009年以来美联储进行的系列量化宽松计划。这些计划是在金融危机后联邦基金利率已逼近零利率的情况下，通过大规模购买长期限债券来压低收益率曲线中长端的利率，投放基础货币，并影响市场对风险资产的偏好。美联储债券买卖的交易对象基本为一级交易商，交易标的主要为联邦政府国债，其次为联邦政府支持机构房地美和房利美发行的住房贷款抵押支持债券。总的来说，主要经济体中央银行资产购买的对象大都为高评级债券，购买低评级品种以及其他有毒资产严格受限。

参照美联储等的经验，我国转变基础货币发行方式需完善货币政策工具体系，除了推出PSL等若干定向工具，还应完善透明度高的公开市场操作，建立常规手段和非常规手段相结合的公开市场操作工具体系。常规手段主要是推出各种期限的常设逆回购（主要为三个月以内的短期限品种）和央行在公开市场买卖债券。具体步骤可分为几步，主要的两步如下所述。

完善公开市场操作工具的第一步：完善基准利率体系，推出常备借贷便利，增强央行政策的透明度

要完善公开市场操作工具，第一步是配合利率市场化，完善基准利率体系，增强央行政策的透明性，强化逆回购在央行政策工具中的地位。可将隔夜（或7天）回购利率或者更长期限的逆回购利率作为基准利率，选定的短期限基准利率就起到未来常规货币政策利率锚的作用。如是前者，则需要央行定期公布合意的基准利率水平，并向市场承诺在市场利率显著偏离政策基准利率时，通过不定量的逆回购来干预。而如果是后者，则需央行出台真正的常备借贷便利，并定期调整各期限正逆回购的政策利率。真正的常备借贷便利是指，央行确定常备借贷便利的融资利率和提供融资的质押条件等，融资量由市场需求来决定，央行通过调

控融资利率来间接影响市场需求。为保证逆回购工具的政策效率，需扩大逆回购的操作对象范围，不应只包括一级市场交易商，还可逐步包括一些规模较大的其他非银行机构投资者。为避免预算软约束机构不计成本地信用扩张，避免央行资产负债表膨胀过大，央行可根据货币政策的总体目标，在逆回购的同时，通过正回购或是通过发行长期限央票"放短锁长"来对冲。将逆回购利率定位为基准利率与现有货币政策更易衔接，而考虑到央行二级市场买卖债券需有政策利率基准，则设立类似中国版"联邦基金利率"更有优势。

完善公开市场操作工具的第二步：建立常规和非常规的央行债券购买机制

第二步是央行在公开市场上直接或者通过代理机构开展买卖债券的操作。由于回购工具的期限不宜过长，一般在三个月以内，因此央行若主要通过回购持续投放基础货币，则需要频繁滚动操作且规模越来越大。此外，回购工具本身并不具备流动性，更适于做短期流动性调节工具，不适于中长期基础货币投放。透明度较高的长期性基础货币投放还需央行在公开市场上通过买卖债券来投放。央行买卖债券这一操作也可分为常规操作和非常规操作。常规操作主要通过买卖中短期限国债、政策性金融债等高评级债券来干预货币市场利率之类的短期限基准利率。而非常规操作则主要分为两类情形，一是当出现系统性的债务危机时，由于短期限货币市场利率陷入"流动性陷阱"，因此央行通过中国版"量化宽松计划"压低各期限的无风险利率水平，向金融系统注入大量流动性，稳定金融系统和经济增长；二是为配合可能的外汇储备形成机制改革，在二级市场买入财政部发行的用以购买外汇储备的特别国债，用央行的货币资金而非财政资金直接购买外汇储备存在诸多积弊，基础货币发行方式的转变为用财政资金接盘外汇储备创造了客观条件。

信用市场有着重要的资源配置功能，为避免市场机制发生严重扭曲，央行的资产购买行为应设置一定约束。健全的约束机制应是一个严密的体系，这里简单提几点看法。

央行债券买卖的主力品种应限制在国债、国务院审批的地方政府债、政策性金融债和部分政府支持机构债券、高评级信用债，并严格限制中低评级信用品种的规模和占比。除非金融危机等特殊情况，央行不应购买信用风险存在重大瑕疵的有毒资产，避免刺激部分融资主体过度融资的道德风险，强化金融机构和企业投融资风险自担的原则。央行在进行债券买卖操作时，还需注意切断财政赤字和货币超发之间的关系。应坚决贯彻《中国人民银行法》中禁止中央银行直接为财政融资的核心主旨，央行债券买卖只能在二级市场上购买，而不能在一级市场上直接购买国债。对于非常规操作的债券购买计划，其规模和程序需严格限定，并受到内外部监督。为严防滥用这一手段，需增强央行独立性，明确并强化通胀目标区间作为货币政策目标的约束力。总之，在二级市场购买国债的数量和利率应由利率政策目标、货币供应量目标等货币政策目标来决定，而不是由财政部门等决定。

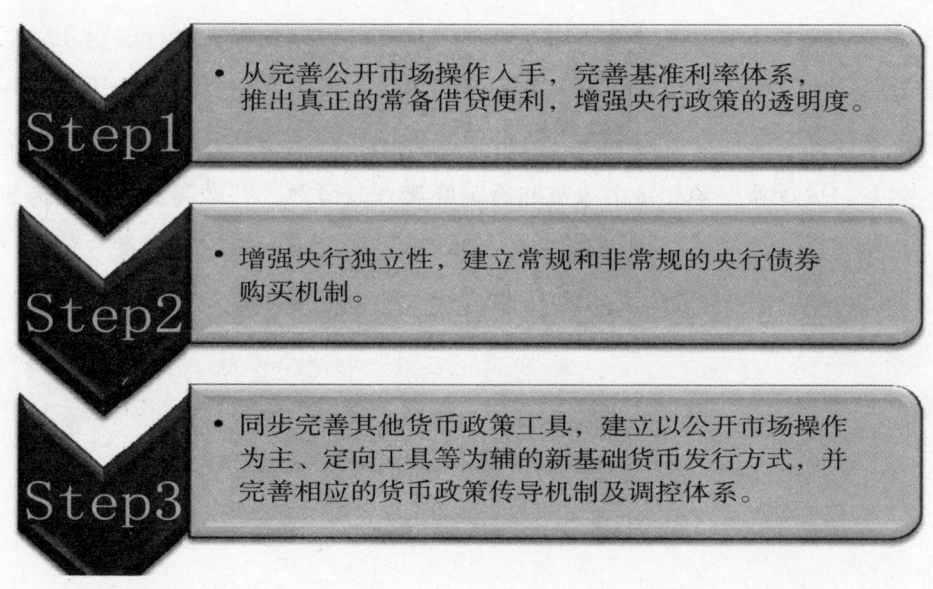

图7-5 对基础货币发行方式转变路径的一些设想

资料来源：中信资本

第三节
与基础货币发行方式转变相关的一些深层次问题

2014年以来，我国基础货币发行方式正处在转变过程中。需特别指出，基础货币发行机制转变将是一个非常复杂的系统性工程，并不只是简单地创设几种货币政策工具向市场投放或回笼货币。若不顾及其他目标约束，央行创设几种工具或会计科目来"印钱"根本就是轻而易举的事情。关键在于，基础货币发行方式转变还牵涉到利率和汇率市场化、人民币国际化和资本项目开放、财政与货币政策的关系、央行独立性和货币政策的透明度等方方面面。要顺利实现这一转变需要妥善协调这一系列深层次问题。深入地勾勒这些问题，超出了本章的范围，这里仅提出其中一些重要的问题，并作探讨。

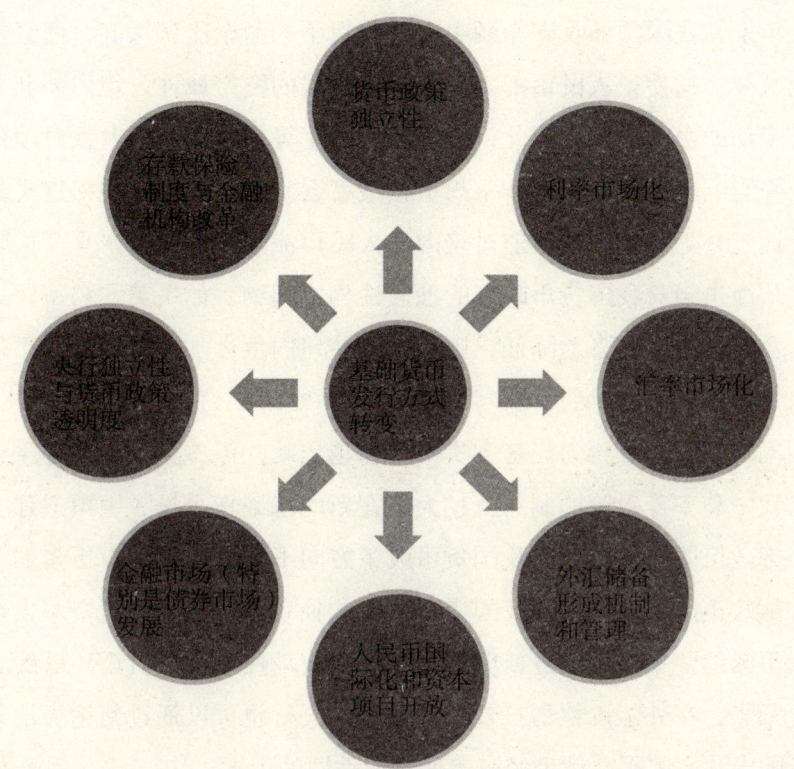

图7-6 基础货币发行方式转变所需考量的一些深层次问题

资料来源：中信资本

基础货币发行方式转变与货币政策独立性

如本章第一节指出，在外汇占款主导的基础货币发行方式下，外汇占款增减对利率、汇率和国际收支等有着广泛的影响，并不只是简单地影响着基础货币的投放和回笼。外汇占款通过影响基础货币和银行体系超额存款准备金的变动，影响着金融机构的资金松紧和金融市场的利率水平。随着基础货币发行机制转变，央行可以通过系列政策工具来更好地主动调节国内流动性，从而维护自身对国内利率的主导地位。但是，简单地将基础货币发行机制从依赖外汇占款转向依赖增持对国内的债权，并不意味着就很好地化解了货币政策主导权受制于境外政策外溢效应的难题。

近几年来，我国国际收支净额中资本项目下的盈余比例增高，而经常项目下盈余占比减少。这使得人民币汇率具有越来越强的资产属性，境内外利差对外汇占款规模变动的影响增大。因此，境外美元利率等就通过外汇占款对境内利率水平有了更强影响。美联储进入非常规宽松或者逐步退出非常规宽松这类趋势性政策变动就通过外汇占款这一渠道对境内的人民币流动性和利率水平产生较大的牵引作用，从而也会对我国货币政策的独立性构成制约。如果美元利率较人民币利率升高，会导致境内外息差降低，则可能促使境内主体加快"资产外币化、负债本币化"，使得外汇占款增长减少，增加人民币贬值压力，并收紧国内货币供给，对国内利率水平有推升压力。基础货币吞吐越依赖外汇占款，美元等主要货币区的政策对我国利率等政策的制约就越大。在新的基础货币投放主渠道建立后，如果上述外部政策的溢出效应与我国货币政策方向不符，央行便有更多的工具去对冲上述外部政策影响，以增强我国货币政策的独立性。一旦出现资本大规模流出造成的货币紧缩，央行可通过新渠道持续注入流动性（基础货币）以缓解金融体系的资金紧张；在外汇占款增长较少的时期，央行也可以通过新途径注入基础货币，调节国内利率水平，满足经济发展对流动性的需求。

不过，这些对冲政策的效果仍受到外部政策溢出效应的制约。比如，在美元利率趋势上升时，我国央行若采取趋于宽松的货币政策，其效果会受到资本外流影响。央行投放的巨量基础货币会使得人民币流动性过于宽裕，可能加剧汇率贬值压力和资本外流，从而使得宽松政策效果将被部分对冲、极端情况下甚至完全被抵消。除非我国国内经济增长局面持续稳定并且人民币成为全球性的重要储备货币和国际支付货币，否则美联储等的货币政策和利率趋势性变动仍对国内货币政策走势有较大的间接影响。

归根结底，在全球经济紧密联系、各生产要素越来越市场化的背景下，一国的货币政策完全不受国际经济环境的影响是不现实的，利率政策不可避免受到汇率政策等的影响。不过政策腾挪空间大小对一国的实际影响是有天壤之别的，比如面对资本外流压力时，欧元区利率政策的自主性空间就远比俄罗斯大得多，五十步完全可以笑傲百步。要提高货币政策相对于境外主要经济体政策走势的独立性，除了转变基础货币发行方式，还应致力于改善我国经济增长的可持续性、控制经济的系统性风险以及持续推动人民币成为重要的全球性货币（重要的计价货币、贸易结算货币、金融支付货币和储备货币）。

基础货币发行方式转变与利率市场化

利率市场化进程正在持续推进之中。2013年我国已基本实现贷款利率市场化，金融机构负债端（主要是存款）的利率市场化也有很大进展，挂钩基准利率的存款正不断转化为市场化利率的理财存款等。存款利率市场化是利率市场化进程的最后一步和最为关键的一步。央行周小川行长在2014年表态力争两年完成存款利率市场化。随着银行负债端利率市场化进程深化，金融机构负债端资金成本的形成机制将会系统性重构。而基础货币发行方式的转变同样会对银行负债端的规模增长和负债成本高低产生重大影响。基础货币发行方式转变势必与利率市场化进程交织在一起，互相影响。

首先，无论市场供求还是央行政策，均对以银行为主的金融机构负债成本的影响力持续增大。毫无疑问，随着利率市场化深入，市场利率水平越发由市场供求来决定。不过，央行本身即是金融系统重要的资金供应者。随着外汇占款渠道的衰落和基础货币发行方式转变，央行通过国内资产科目主动投放的资金在银行负债端的比重趋于上升。银行系统也更加依赖央行通过国内债权等渠道投放的流动性。过去央行无法直接决定其通过购买外汇占款所投放人民币的利率水平，但今后央行通过公开市场操作、PSL等方式投放资金的利率却是是由央行直接决定的。因此，随着基础货币发行方式转变，央行势必对各期限市场化利率有着更强的影响力。

其次，虽然利率市场化完成后，央行将更少地通过基准利率管制利率水平，但央行仍有利率政策或大致的利率中枢目标。随着基础货币发行方式转变，预计央行会逐步设立各期限的利率锚，并通过各种工具来引导市场利率。只是这些利率锚不能随意确定，需权衡利率政策目标对利率市场化后金融机构赢利模式和风险状况的影响，正确引导金融机构的资产负债经营。

最后，由于境外利率和货币政策仍通过外汇占款的增减影响国内利率水平，因此国外利率水平对境内仍有一定影响。利率市场化、美元利率波动、基础货币发行方式转变这三重因素交织在一起使得利率环境更为复杂多变。央行在制定货币政策时需考虑外部利率环境的影响，可能会面临一个两难选择，究竟是跟随美联储等全球主要央行的货币政策，还是优先考虑我国去杠杆进程等国内因素。在后面的章节中，本书将对这一问题展开详细分析。

基础货币发行方式转变与汇率市场化、外汇储备形成机制和管理

基础货币发行方式转变需妥善处理与汇率市场化、外汇储备管理之间的关系。

首先，基础货币发行方式的平稳需要汇率市场化相配合。汇率由市场供需决定且汇率波动区间较宽，有助于汇率及时调整以消化贬值或升值压力，避免汇率长时期稳定地单向波动对基础货币投放的影响。当货币存在升值压力时，如果受制于各类固定汇率波动的措施而无法升值到位，则市场会形成相对稳定的升值预期，不断吸引过多的套利和投机资本流入，使得国内流动性持续泛滥，压低真实利率，助长不当投资，推动资产价格和物价上涨。当货币存在贬值压力时，如果受制于各类固定汇率波动的措施而无法贬值到位，则市场会形成相对稳定的贬值预期，不断鼓励境内资本流出，使得资本外流压力长期存在，持续收紧国内流动性，推高国内真实利率，导致国内资产价格下跌。而汇率市场化有助于拓宽汇率波动区间，消除人为因素促成的长期性汇率稳定升值或贬值的预期。

其次，基础货币发行机制的转变需要考虑内生性的基础货币投放对外汇储备的影响。外汇储备的主要功能是保证贸易和债务等正常支付。中国经济是全球经济中的重要一环，贸易部门在国民经济中占有重要地位。但由于人民币不是首要的储备货币、尚不能自由地用于国际支付等环节，人民币难以完全替代外汇储备的作用。我国仍需保留足以应对正常国际支付等需求的外汇储备。外汇储备的变动主要由国际收支和汇率变动所致，而国际收支与人民币汇率走势互相影响。基

础货币发行方式转变后,央行通过增加国内机构债权来吞吐基础货币会影响到国内总需求、利率、货币供给和通胀等,进而影响国际收支和人民币汇率强弱并导致外汇储备的波动。

最后,随着基础货币发行机制转变,有必要调整外汇储备形成机制,逐步用财政资金接盘外汇储备,将政府负债显性化,促进人民币向储备货币方向迈进,完善中央银行制度,使基础货币供给的规模完全由货币政策目标决定并且减少外汇占款波动带来的影响。外汇储备形成机制不变,则无法从根本上切断二次结汇,也就无法切断财政赤字和货币发行之间的隐性关联,更难以建立新基础货币发行机制下人民币的国际信用。调整外汇储备形成机制,也有利于增强金融系统的稳定性。当财政资金逐步接盘外汇储备后,除非外汇储备降到偏低的水平,否则外汇储备的正常波动并不影响国内基础货币供给,利于稳定金融系统流动性。截至2013年6月底,外汇储备规模约3.5万亿美元,货币当局资产负债表下的外汇资产约为25万亿元,而2012年全国财政收入仅11.7万亿元,2013年9月国债存量尚不足8.5万亿元,每年国债净融资尚不足1万亿元。显然,用财政资金接盘外汇储备也绝非一朝一夕能完成。但用渐进的方法逐步接盘还是有必要的。至于接盘办法,本文提供一种初步设想:第一步,从增量做起,对于新增外汇占款,由财政部发行国债购买后委托国家外汇管理局继续管理;第二步,逐步消化存量,随着人民币逐步走向自由兑换,将一部分外汇储备藏汇于民,另外由财政部在5—10年内发行10万亿—20万亿的特别国债(期限从3—50年不等,不同年份的到期量尽量分散)逐步消化存量外汇储备。为减少对市场的冲击,央行可通过在二级市场开展非常规债券购买来参与认购(需统一限定央行的认购比例)此类债券;第三步,并轨,央行持有的特别国债到期后,不得使用非常规的债券买卖计划展期。基础货币投放并轨到主要依靠央行通过回购和常规债券买卖等操作来投放,央行在二级市场购买国债的数量主要由基准利率等中间目标和通胀、就业等最终目标决定,而非由新增外汇占款规模直接决定。

基础货币发行机制转变与人民币国际化、资本项目开放、金融市场发展

转变后的基础货币发行机制需与人民币国际化、资本项目开放和金融市场（特别是债券市场）发展协调推进。

1. 基础货币发行方式转变与人民币国际化、资本项目开放。

推进资本项目开放和人民币可自由兑换会推升短期资本外流风险，要对冲这一风险，则需央行及时通过新的货币投放主渠道进行流动性管理。人民币国际化需要拓展人民币的使用范围，逐步开放资本项目，最终实现人民币可自由兑换。从世界主要货币区（如英国、欧元区和日本等）的情况看，本国货币国际化的进程离不开资本项目开放和货币可自由兑换。在国内经济和金融市场总体稳定的情况下，资本项目开放和货币可自由兑换会增强非居民部门长期持有本国货币的吸引力。但资本项目开放和本币可自由兑换，也会增加未来发生大规模短期资本流出的风险。对我国而言，大规模资本外流会收紧境内人民币市场的流动性，推升利率，并对汇率产生贬值压力。为对冲短期资本外流对流动性的冲击，就需要央行通过降准和系列主动投放工具来稳定金融市场的流动性。为避免流动性投放过多或不足，可开放不限量的常备借贷便利窗口，让金融市场参与者根据自身头寸情况来确定各自的融资量。此外，短期资本流动所带来的流动性冲击可能具有结构性，即并非所有金融机构都会遭受同等程度的冲击。因此，也需要央行设立多层次、交易对手覆盖范围不同的流动性投放工具来应对结构性问题。

2. 基础货币发行方式转变与金融市场发展。

基础货币发行方式转变和人民币国际化均需大力发展境内金融市场（特别是债券市场）以及离岸人民币市场。

随着基础货币发行机制的转变，诸如公开市场操作、债券买卖等央行政策操作均需以货币和债券市场作为中介市场。若债券市场规模有限、市场深度不够，则难以胜任货币政策中介市场的角色。这就要求：一方面做大、做强债券市场，提升债券融资在债务融资市场中的比重和影响力；另一方面，改变过去过于重视

市场融资功能的局面，大力深化二级市场，规范发展衍生品市场，提升市场的交易功能和风险管理功能，推动金融市场需实现更为平衡的发展。

今后央行货币政策的传导也将更多地通过债券市场传导至其他金融市场和实体经济。如果债券市场和信贷等市场之间过于割裂，那么货币政策传导至信贷等市场的效率将十分低下。2014年货币当局降低社会融资成本的主要成果沉淀在债券市场，向其他债务融资市场的传导缓慢。这种现象说明货币政策在传导过程中面临一些阻滞的因素。为此，需推动"五龙治水"下债市规则的统一，加快推进信贷资产证券化、非标转标，并深化注册制改革，打破不同债务融资市场之间严重割裂的局面，特别是更好地打通债券市场、信贷市场和非标融资市场，完善货币政策传导机制。

推进人民币国际化需要为境外主体不断积累的人民币头寸提供更多的保值增值渠道，为此需大力发展包括债券市场在内的人民币金融市场。美元之所以是世界首要储备货币，其中一个重要原因就是美国拥有当今世界最为发达的金融市场。我国也需要一个规模足够大、流动性较好并且具有一定国际性的金融市场，特别是债券市场。2014年以来，随着人民币合格境外机构投资者（RQFII）等规模的扩大和沪港通的推出，海外投资者在我国金融市场（特别是债券市场）上的比重已在不断上升。未来境内金融市场的开放应更进一步，既要进一步推动离岸人民币金融市场发展，也需推动国内金融市场的进一步国际化。两者应协调推进，离岸市场的发展离不开国内金融市场的发展和开放。

基础货币发行机制转变与央行独立性和货币政策透明度

基础货币发行机制转变需要提升央行独立性和货币政策透明度，这两点至关重要且相辅相成。

基础货币发行机制转变后，央行主动或被动地增加国内机构债权将替代外汇占款成为基础货币供给的主渠道，这要求央行独立性显著提高。

首先，基础货币发行机制转变后，央行通过主动增加资产负债规模，成为了国内基础货币和市场流动性的最主要提供者。这种地位既使得央行成为很多市场上的决定性"玩家",也使得央行面临的国内各方面压力加大。央行更容易成为各部门转移自身困境的攻击对象,因此需要提升央行独立性以保证货币政策独立性。可以预见,在未来若干年,新增外汇占款规模有限,而我国去杠杆进程不可避免,部分地方政府、政府支持机构和国有企业部门等的债务压力将日益沉重。显然获得新的流动性支持利于这类主体缓解债务压力的苦痛,它们对新增流动性的饥渴始终存在。在盲目投资冲动未根除且预算硬约束仍未确立的情况下,这些在国内体制中占据优势的部门,往往厌恶进行艰难的去杠杆、去产能、去过剩人员式的紧缩调整,而更倾向于运用自身在体制内的影响力去迫使央行投放流动性来降低其债务压力。如果不在法律和制度层面提高央行独立性,那央行货币政策始终存在因被"胁持"而被迫持续大开印钞机的风险。虽然眼前通胀压力不大并存在一定通缩压力,但如果大开印钞机并回到经济增长的旧模式,那很可能会在不太遥远的未来造成严重通胀或资产进一步泡沫化的恶果,损害人民币的信用基础。为保证基础货币机制的转变不至于打开恶性通胀的"潘多拉之盒",应提升央行独立性,减少各类复杂的部门矛盾对货币政策的干扰。

其次,利率市场化、汇率市场化、人民币国际化、资本项目开放、海外政策环境和金融市场波动等因素交织在一起,需要央行政策的灵活性和决策的效率更高,更为独立决策的央行更容易做到这一点。

最后,增强央行独立性,有助于切断央行货币投放和财政赤字之间的直接关系。虽然基础货币发行方式转变后,央行可以通过购买国债等向市场投放流动性,但这一机制的目的和出发点不能是为结构性财政赤字提供融资,否则贻害无穷。我国存在着一种有较多受众的看法:"对政府而言,选择财政政策和货币政策的本质区别不大。无论财政部门的财政资源和货币当局的印钞权,不过都是政府棋盘上可用的棋子。形势比规则强,到了形势需要的时候,财政支出货币化(即本该由财政支出的资金由中央银行印钞提供,或者说中央银行出资为"第二财政"融资等)也无不可。如果货币当局不能直接为财政赤字融资,那也可以用其他隐蔽而间接的方式来提供。"2014年以来,基础货币发行和财政支出的边界在模糊。为实现政府保增长和定向资金支持的政策目标，央行通过PSL等定向工具向具有"第二财政部"或"小财政部"色彩的国家开发银行提供大量资金，这一行为已有些财政支出货币化的味道。

要提高央行独立性，可以采取以下措施：第一，在法律和制度层面进一步强化中央银行的独立地位，比如修订《中国人民银行法》，加入更强有力的保证中央银行货币政策独立性的章节；第二，在机构和组织设置上，进一步强化中央银行制定和实施货币政策方面的独立地位，可考虑将中央银行置于类似最高人民法院和最高人民检察院的机构层级；第三，设立并明确有约束力的货币政策目标（如通胀率、失业率等），全面增强中央银行货币政策制定和实施全流程的透明度，注重央行与市场就货币政策的沟通和反馈，用有透明度的货币政策流程来维护货币政策的独立性。

再一次特别强调增强政策透明度的重要性。增强货币政策的透明度，不仅是保障央行货币政策独立性的重要手段，也是基础货币发行方式转变的内在要求。未来的基础货币发行方式转变既需要央行通过回购影响基准利率，也需要央行通过公开市场操作买卖债券。无论何种情形，央行势必更深入地介入金融市场运行。由于央行作为交易者具有特殊性（预算约束为无穷且不以财务盈利为目标），如果央行不增加货币政策制定和实施的透明度，则市场预期可能极度混乱，不利于央行达到政策目标。增加货币政策透明度可参照美联储的经验并结合我国国情来逐步改进。

概括本章，依赖外汇占款的基础货币发行方式正难以为继，需要逐步转变至依赖央行增加国内机构债权的基础货币发行方式。基础货币发行方式的转变可以从央行完善货币政策工具体系的角度出发，新的货币政策工具体系应以透明性高的公开市场操作等为主、定向工具为辅。基础货币发行方式的转变是一个复杂的系统性工程，其转变并非一朝一夕，该进程与利率和汇率市场化、人民币国际化和资本项目开放、货币政策独立性和央行独立性、国际货币政策和流动性环境变化、国内经济去杠杆进程和转型升级等问题紧密相关，可谓牵一发而动全身，因此货币当局在考虑推动基础货币发行机制转变时需要通盘考虑、稳妥推进。

第八章
债务压顶呼唤平稳的去杠杆进程

人性驱动的经济活动如同洋流，潮涨潮落，周期循环不息。政策干预可以平滑短期经济波动，但难以抹平经济长周期。债务去杠杆进程是经济周期特别是信用周期的一个重要环节，是市场经济自我调节机制的一种体现。在剧烈的信用膨胀和投资爆发式猛增后，经济运行往往终将进入债务去杠杆进程。由于经济内生增长动力下滑，反复的政策刺激只是在拖延经济进入去杠杆进程的时点，却无法治愈旧格局下经济运行中积累的系统性和结构性病症。去杠杆进程牵动着经济、金融市场乃至社会的方方面面，剧烈的去杠杆在经济和政治等层面往往是难以承受的，因此应尽量引导各部门去债务杆杠平稳进行。

2008年以来，受大规模刺激政策等因素影响，我国经济整体债务杠杆（非金融部门总债务/GDP）大幅上升，如何妥善化解债务难题是当下中国经济最为核心的问题之一。由于投资的边际回报率下降等因素影响，我国经济运行中的工业产能过剩和地产等资产供给过剩持续恶化。这使得非金融企业部门的现金流及利润创造能力下降，其债务还本付息压力不断加剧。经济和金融体系的内在不稳定性增大，加杠杆空间日益局促，2011年后我国经济增速下行的乌云久聚未散。从细分经济部门来看，短期内仅公共部门中的中央政府和住户部门为代表的私人部门存在很有限的加杠杆空间，经济整体的去杠杆压力正不断加大，未来我国经济终将进入债务杠杆逐步下降的去杠杆进程。

影响一国债务杠杆的因素众多,各因素彼此之间的交互影响相对复杂,总体债务杠杆的变动更是透过这些影响因素对经济和金融体系的方方面面影响甚广。在步入去杠杆进程之后,我国不仅必然会面对去杠杆进程与正在进行的财税体制改革、利率及汇率市场化等金融改革、存量债务风险处置和国有资本管理体制改革等进程之间的相互影响,还势必将面对宏观政策在多因素纠葛的复杂形势下如何权衡和抉择的问题。

为相对严谨地勾勒各因素对一国债务杠杆的影响,本章将构建一个动态的债务杠杆分析模型,旨在分析通胀率、融资利率、经济增长率、债务违约率、新增债务增速等因素对一国或地区整体债务杠杆的影响机制。结合我国经济情况,本章会运用此分析模型研究4种典型的去杠杆情景,并指出笔者认为出现各种情景所需的宏观政策条件和对策,以供读者参考。

笔者认为,如果去杠杆进程不可避免,那最为关键的就是搞清楚什么类型的去杠杆进程代价最低以及如何引导宏观经济走向此种"漂亮"的去杠杆进程(Beautiful Deleverage)。通过对比分析,我们认为,"较低的利率(或融资成本)、温和通胀与较快经济增长"主导的去杠杆是各类债务去杠杆进程中最为平稳的路径;先通过利率、汇率市场化等措施来实现温和债务紧缩然后再温和通胀的去杠杆进程次之;最需竭力防范的是恶性通缩或恶性通胀主导的去杠杆进程。需要说明,处在现代化转型过程中的宏观经济是充满不确定性的多因素经济系统,我们提出最优去杠杆路径及对策未必是唯一解,更多是为大家提供一个分析用的参照系。

第一节
去杠杆进程难以避免

为便于下文分析,根据债务的直接归属将我国国民经济中的各非金融部门划分为广义主权部门(或公共部门)和私人部门。广义主权部门包括:中央政府部门(包括中央政府及直属机关、事业单位等)、地方政府部门(地方政府和地方政府融资平台)和国有企业部门(国有资本实际控制的企业和集体所有制企业);私人部门包括:非金融企业中的非国有企业和住户部门。

需特别说明,政策性银行虽属于金融部门,但政策性银行的债务受国家主权担保,且这类债务对应的债权很大程度上带有"类财政支出"的色彩。从某种意义上,将政策性银行的债务计入上述中央政府部门有一定道理。不过,由于政策性银行的债务大多对应着此类银行对地方政府部门和非金融企业部门的债权,为避免重复计算,因此不列入。

根据以上划分,有以下等式成立:

$$国家债务杠杆 = \frac{广义主权部门债务}{GDP} + \frac{私人部门债务}{GDP} \qquad (1)$$

广义主权部门在我国经济中占主导地位,以债务融资为主的金融资源更是主要流入该部门,因此该部门债务在各部门总债务中也占绝对份额,私人部门的债务规模和占比均始终处于从属地位。

2008年国际金融危机之后，中国经济虽仍维持了较高增长，但经济内生动力减弱，逐步步入增长速度换挡期、结构调整阵痛期和前期刺激政策消化期这三期叠加的新周期。受制于三期叠加之下盈利预期恶化和融资难融资贵，制造业等行业（主要是其中传统的周期性行业）中的私人企业持续去杠杆，驱动新增制造业投资等投资增速下降。这种趋势仍将继续一段时期。受到居民可支配收入在GDP中占比不高、社会保障体系不完善和买涨不买跌的大众心理模式等因素影响，住户部门杠杆率上升空间有限。2014年以来各地房地产限购陆续放松和央行放松房地产限贷，对房地产行业销售和开发投资的改善只有短期和局部效果，难以大幅促进住户部门加杠杆。大力度的刺激措施，如大幅降低首套房和改善性住房的首付比率，或是由央行向商业银行住房贷款提供低利率的定向资金支持，会对住户部门加杠杆有中长期刺激作用，但也会加剧中长期的宏观不稳定。这类激进措施多少有些"饮鸩止渴"的味道，更像是极端情况下的托底措施，并不容易推出。

自4万亿刺激计划启动以来的短短数年，以地方政府为代表的政府部门和国有企业部门债务规模快速上升。虽然这些部门债务杠杆显著抬高，但债务扩张所带来的经济和社会效益显著下降。不仅债务压力高企，而且空气、水和土壤这三类生态环境近乎全国性地空前恶化。与此同时，粗放投资的低效浪费与投资边际收益递减正在逐步制约公共部门继续举债投资的潜力。公共部门进一步加杠杆的空间已很有限，而公共部门债务杠杆的走势是我国总债务杠杆走势的决定因素。此外，也正因为并非完全市场化的公共部门在我国经济中占主导地位，因此在去杠杆过程中公共部门不同的应对措施会导致路径不同的去杠杆进程。

公共部门已无力大幅加杠杆，去杠杆进程呼之欲出

2009年以来，大规模的公共部门负债投资，使我国债务总规模快速增长，整体债务比率大幅上升。根据中国社会科学院发布的《中国国家资产负债表2013》显示，2012年中央政府与地方政府加总债务27.7万亿元，占当年GDP的53%，其中地方政府债务19.94万亿元。中国社会科学院副院长李扬还透露，2012年中国全

社会的债务规模据测算达到111.6万亿元，占当年GDP的215%。债务杠杆的快速上升，使得债务还本付息和再融资压力均显著加大。

大规模投资所造成的债务主要堆积在地方政府控制的融资平台以及非金融国企部门。长期以来，地方政府债务的存在形式日益多样化，但透明度有诸多欠缺。不同机构对地方政府债务的统计口径有所不同，于是地方政府债务版本众多。其中最为权威的是国家审计署于2011年和2013年两次全国地方政府性债务审计的结果。根据2011年国家审计署的公布，截至2010年年底，地方政府性债务余额为10.7万亿元。不过国家审计署三种口径的地方政府性债务只纳入了地方融资平台总债务中的一小部分。2013年7月底开闸新一轮覆盖省市县乡和一些中央部门的政府部门债务审计。根据国家审计署2013年12月30日发布的《全国政府性债务审计结果》，截至2013年6月底，全国各级政府负有偿还责任的债务206988.65亿元，负有担保责任的债务29256.49亿元，可能承担一定救助责任的债务66504.56亿元。截至2013年6月底，地方政府负有偿还责任的债务108859.17亿元，负有担保责任的债务26655.77亿元，可能承担一定救助责任的债务43393.72亿元。应该说，国家审计署报告对地方政府性债务的认定口径是偏紧的，地方政府对申报的债务规模也是有所保留的，于是市场所认知的地方政府性债务规模要大于上述统计值。

对国家审计署统计数据进行简单计算可发现，期间地方政府总债务年均增速达到19.97%。地方政府债务杠杆快速上升是不争的事实。假定地方政府存量债务的平均融资成本为6%，则每年利息支出就在1万亿元以上。近年来，包括税收收入、土地出让金收入在内的地方政府广义财政收入增速逐步放缓，而社会保障体系欠账等民生支出、对恶化环境的治理支出等刚性支出不断增长。地方政府财政收支紧张正不断加剧，这种收支矛盾在2015年及以后数年会不断显性化。2012年到期的部分地方政府及融资平台债务被迫进行展期，而2013年以来存续债务借新还旧的情况则更为普遍，并在一定程度上导致单位社会融资总量中用于实体经济新增融资需求的比例下降。预计在未来数年之内，政府性债务借新还旧的情形仍将盛行。

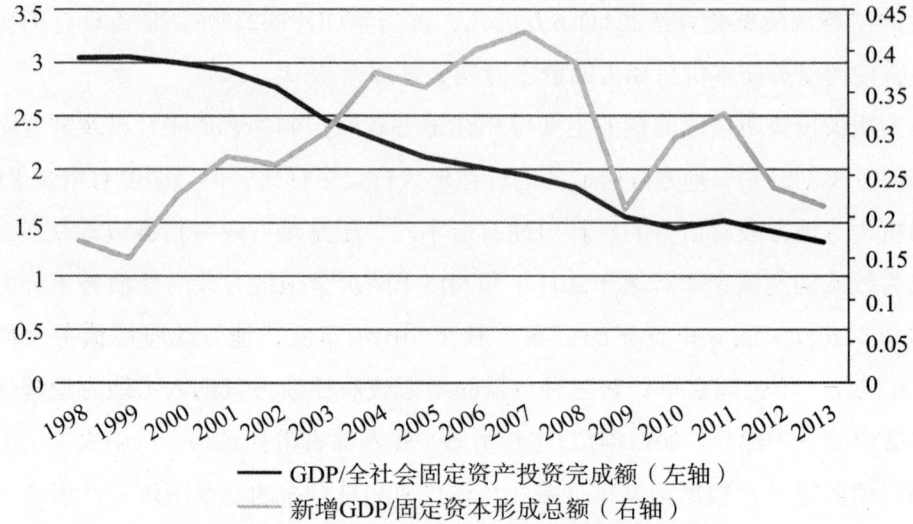

图8-1　单位固定资产投资和资本形成对GDP的拉动作用减弱

资料来源：Wind资讯，中信资本

近10余年来，特别是2008年后，与投资规模快速扩大形成鲜明反差的是：基建投资等主导的固定资产投资的边际收益率不可避免地持续下降，特别是公共投资的效益趋于下降，这表现为每年单位固定资产投资所能支撑的GDP不断下滑（见图8-1）。伍晓鹰和白重恩等人的相关研究也表明，近年来我国的投资回报率显著下降。投资回报率的下降表明2008年后基础设施建设投资和房地产开发所推动的固定资产高增速不可持续，从而投资主导的经济增长模式日薄西山。此外，2008年后的大量新增公共部门投资多属逆周期投资。除非未来经济能较快地重回高增长通道（比如像1998—2001年基建等公共投资加码之后的高增长时代），否则大规模逆周期投资的收益将持续降低。"正在进行时"的中国经济结构性调整涉及经济增长模式从过分依赖投资和出口转向依赖消费等内需，此类深层次的结构调整并非短期内能完成。我国人口老龄化将加速到来以及核心国家加杠杆驱动的全球化繁荣还将经历持续调整，中国经济增长速度短期内难重回两位数的高增长时期。最后，相对私人投资，公共投资缺乏严格的利润和成本考核约束，往往成本高昂、低效浪费，此类例子并不鲜见。并非私人投资就意味着高效，也并非每一笔公共部门投资都低效，私人投资项目中也有大量低效失败的案例。但是，从国内外的经验和研究来看，公共部门的投资收益率在总体上低于私人部门，这是激励机制和预算约束机制等不同使然。

概括以上分析，中国经济的债务问题主要是公共部门的债务问题，问题的症结在于投资所形成资产的利润和现金流越来越难以覆盖债务的本息偿付。存量债务的本息支付压力越来越大，公共部门的加杠杆进程越发难以为继。存量债务所蕴含的违约风险、再融资风险、被迫集中抛售资产带来的抵押品价格雪崩风险等使得金融系统的系统性风险难以消散，去杠杆进程不可避免且已十分逼近。

此外，我国去杠杆进程最早始于私人部门去杠杆，但最终必将体现为公共部门去杠杆，特别是地方政府部门和非金融国有企业部门的去杠杆。2013年以来，随着中央不断收紧和规范地方政府债务管理，地方政府部门加杠杆的动力和融资空间都受到一定限制。财政部正大力推进PPP（Public-Private-Partnership，即"政府和社会资本合作模式"），致力于将私人资本等引入城市公用设施投资，试图降低政府部门由于承办公共服务所带来的政府性债务堆积。从多种角度看，2014年后地方政府部门的去杠杆进程实际上已经逐渐拉开帷幕。

私人企业部门持续去杠杆，而住户部门无力大幅加杠杆

在后危机时代的2008—2013年，私人企业呈现"先加杠杆，后去杠杆"的变化轨迹，与国有企业持续加杠杆形成鲜明反差。2011年以来，受制于盈利预期恶化、结构性的产能过剩和非国有企业债务融资难融资贵，制造业等传统产业中私人企业的加杠杆进程遇到瓶颈后转向收缩，其新增投资需求随之持续低迷。2011年之后，制造业投资的持续低迷与相关行业的私人企业部门率先步入去杠杆关系密切。2013年后，私人企业部门中的互联网等"新经济"发展有所加速。不过这类产业多是轻资产行业，其资产负债率较传统产业偏低，对其他行业资产负债表扩张的拉动作用有限，不能改变私人企业部门去杠杆的格局。

2001年之后,住户部门收入在中国经济各部门收入格局中占比偏低,居民消费在GDP中的占比也位居主要大国末位。这种现象与投资占主导的经济增长模式相契合。住户部门加杠杆主要通过购买住宅类房地产、汽车等耐用品等来扩大支出。考虑到目前房价和物价的水平,收入占比低使得住户部门加杠杆的空间有限。

社会保障体系仍不完善和快速逼近的人口老龄化,在中长期制约了住户部门加杠杆的空间和意愿。绝大多数教育、养老、医疗费用需要自筹,这使得住户部门收入中有相当一部分要作为预防性储蓄。而从人口年龄结构看,2011年后我国正快速步入老龄化,数量上的人口红利期已结束,增长的老龄人口在宏微观层面对经济造成的冲击波正在逼近。老龄人口规模扩大和占比提高无疑将逐渐加大住户部门在医疗和养老等方面的支出压力,在中期制约住户部门加杠杆的能力和意愿。此外,加速的人口老龄化往往会在很长时期内导致一国居民储蓄率下降和消费率上升。这不利于对住宅等资本品的需求,并恶化长期的储蓄供给,对住户部门和整个经济构成一定的去杠杆压力。

此外,住户部门的债务杠杆主要集中在住房信用方面,而房地产行业的中期拐点出现,也限制住户部门加杠杆。2014年以来,住宅等不动产作为10多年来表现最为良好的大类保值增值资产的地位正被打破,买涨不买跌的大众心理使得住房投资需求大幅滑落并持续低迷。波澜壮阔的反腐浪潮更进一步推动了不动产投资性需求的滑落。此外,老龄化等造成对不动产的刚需趋势性下降,对不动产需求造成长远的负面效果。新型的小城镇化有利于对冲不动产需求下滑,但不具备逆转上述趋势的力量。2001年以来房地产行业高歌猛进的资产盛世正面临长周期的调整压力。

总的来说,我国整体债务杠杆水平偏高,特别是地方政府等公共部门,债务去杠杆进程在所难免。实际上,债务去杠杆进程也是我国强化财政纪律、重新梳理政府与企业、市场的关系,以及实现经济结构调整和再平衡等诸多目标的必经阶段。

债务杠杆的变化涉及经济增长率、融资利率、通胀率等诸多因素。下文将使用简单的高等数学知识来构建一个简化的动态经济模型,用以分析影响一国债务杠杆(用债务/GDP比率来衡量)的诸多因素。

第二节
多因素联动的动态债务杠杆分析模型

由于我国债务存量中本币债务为主,为简明扼要,在模型构建过程中暂不考虑债务的币种差异,假定全部债务均为同一币种。

第 t+1 年本币债务（D_{t+1}）= 第 t 年本币债务（D_t）+ 扣除利息的第 t 年新增本币债务（ND_t）+ 第 t 年本币债务利息（$i_t \times D_t$）- 第 t 年债务部分重组或完全违约导致的本币债务减少金额（De_t）

用简化式子表示为:

$$D_{t+1} = D_t + ND_t + i_t \times D_t - De_t \quad (2)$$

第 t+1 年 GDP（G_{t+1}）= 第 t 年 GDP（G_t）× [1 + 第 t 年实际经济增长率（g_t）+ 第 t 年通货膨胀率（inf_t）]

用简化式子表示为:

$$G_{t+1} = G_t \times (1 + g_t + inf_t) \quad (3)$$

可使用债务和 GDP 的比率来衡量一国债务杠杆的高低

$$\frac{D_{t+1}}{G_{t+1}} = \frac{D_t + ND_t + i_t \times D_t - De_t}{G_t \times (1 + g_t + inf_t)} \quad (4)$$

为分析影响债务杠杆走势的各因素及其边际影响强弱,可做以下处理:

$$\Delta \frac{D_t}{G_t} = \frac{D_t \times (i_t - g_t - \inf_t) + ND_t - De_t}{G_t \times (1 + g_t + \inf_t)} \quad (5)$$

简化处理后，可得：

$$f(t) = \Delta \frac{D_t}{G_t} \Big/ \frac{D_t}{G_t} = \frac{1}{1 + g_t + \inf_t} \times \left[i_t - g_t - \inf_t + \frac{ND_t - De_t}{D_t} \right] \quad (6)$$

1. 债务杠杆（债务负担）保持稳定或下降的条件。

债务杠杆是反映实体经济债务负担的重要因素，债务杠杆越高，债务负担也越重。所谓去杠杆也即降低债务对利润和现金流的压力，使得资产负债表状况得以改善。

(6)式表明，要使债务杠杆保持稳定或下降，需使 $f(t) \leq 0$，也即需满足以下条件：

$$i_t + \frac{ND_t - De_t}{D_t} \leq g_t + \inf_t \quad (7)$$

即：债务杠杆保持稳定或下降的条件为：债务利率＋债务增长率－债务违约率≤实际经济增长率＋通货膨胀率。

不等式(7)清晰地表明了经济体债务负担保持稳定或下降的条件，为我们分析一国债务杠杆的走势提供了讨论的"标尺"。

2. 债务利率变动对债务杠杆的影响。

使用(6)式对 i_t 求偏导数可评估债务利率变动对债务杠杆的影响：

$$\frac{\partial f(t)}{\partial i_t} = \frac{1}{1 + g_t + \inf_t} > 0 \quad (8)$$

利率作为单一变量，其边际变动很难主导债务杠杆进程是加杠杆进程还是去杠杆进程，但其边际变动对债务杠杆的影响方向是确定的。(8)式表明利率变动对债务杠杆变动起正向作用，即加息加重债务杠杆而降息减轻债务杠杆，较低的利率环境利于支撑较高的债务杠杆水平，较高的利率环境会限制加杠杆的空间和力度。在加杠杆进程中，降低利率既会刺激总需求扩张，也会削弱存量债务对进一步加杠杆的约束，从而利于促进加杠杆进程；而在去杠杆进程中，降低利率则会降低去杠杆进程的痛感，利于债务去杠杆。

3. 实际经济增长率和通胀率变动对债务杠杆的影响。

使用(6)式对g_t和inf_t求偏导数可评估实际经济增长率和通胀率的边际变动对债务杠杆的影响：

$$\frac{\partial f(t)}{\partial g_t} = \frac{\partial f(t)}{\partial inf_t} = -\frac{i_t + 1 + \frac{ND_t - De_t}{D_t}}{(1 + g_t + inf_t)^2} < 0 \quad (9)$$

(9)式表明实际经济增长率和通货膨胀率对债务杠杆起负向作用，两者上升可降低债务杠杆。这也说明较高的实际经济增长率和通货膨胀率有助于支撑较高的债务杠杆水平。

4. 债务增长率和违约率对债务杠杆的影响。

使用(6)式对$\frac{ND_t}{D_t}$和$\frac{De_t}{D_t}$求偏导数可评估债务增长率和债务违约率边际变动对债务杠杆的影响：

$$\frac{\partial f(t)}{\partial \frac{ND_t}{D_t}} = -\frac{\partial f(t)}{\partial \frac{De_t}{D_t}} = \frac{1}{1 + g_t + inf_t} > 0 \quad (10)$$

(10)式表明不含利息的净债务增长率对债务杠杆起正向作用，而债务重组导致的债务减记等违约行为对债务杠杆起负向作用。

5. 各变量变动对债务杠杆边际影响的比较。

(8)(9)(10)式反映了其他因子不变的情况下各因子对债务杠杆的边际作用，以下简要比较它们上述作用的大小。

当(7)式中条件满足（债务杠杆下降，债务负担减轻）时，显然有

$$i_t + 1 + \frac{ND_t - De_t}{D_t} \leq 1 + g_t + inf_t \quad (11)$$

因此，

$$\frac{\partial f(t)}{\partial i_t} = \frac{\partial f(t)}{\partial \frac{ND_t}{D_t}} = -\frac{\partial f(t)}{\partial \frac{De_t}{D_t}} > -\frac{\partial f(t)}{\partial g_t} = -\frac{\partial f(t)}{\partial inf_t} \quad (12)$$

6. 从模型看降低债务杠杆的几种途径。

当债务持续快速堆积，资产负债表的质量就难免恶化，不断加大的债务还本

付息压力与恶化的利润、现金流之间的矛盾终将日渐尖锐。到某一临界点附近或者受到不特定的外部冲击时，经济体削减自身债务负担的去杠杆进程就会发生。

综合(8)(9)(10)式可见，降低实体经济债务负担大致有以下几种途径：提高实际经济增长率、提高通货膨胀率（通常通过债务货币化扩充央行资产负债表）、紧缩债务增长、降低债务利率、债务减记等违约行为，以及调整财富再分配使得财富流向债务人以减轻债务人负担。

具体来说：

第一，提高实际经济增长率有助于债务去杠杆。经济增长是最积极的消化债务杠杆的方式。不过受制于潜在经济增速的限制，提高实际经济增速的空间有限，在短期内很难大幅提高。要提高短期实际经济增速，主要靠经济刺激措施进行需求端的管理。不过从去杠杆的角度考虑，短期性经济刺激措施主要用来为经济增长托底，避免经济增长恶性硬着陆。将短期刺激政策常态化和长期化并不利于经济去杠杆。提高长期的实际增速则主要靠结构性改革和经营管理制度的效率革新等，从长期看这是最积极的消化存量债务压力的方式。

第二，保持一定的通货膨胀率利于去杠杆。由于多数债务的名义价值不与通货膨胀率挂钩，因此通货膨胀天然具有摊薄存量债务的功能。与之相对，通货紧缩会加剧存量债务的偿付压力。在政府垄断货币发行的时代，通过显隐性的货币超发推高通胀是缓解债务压力的常见方式。不过通货膨胀手段的使用亦有限制。恶性通胀虽能化解存量债务的压力，但可能摧垮正常的经济和社会秩序，如德国魏玛时期的恶性通胀（1921—1923）遗祸甚广。

第三，降低债务增长率利于去杠杆。一段时期内急剧的信贷膨胀往往是债务杠杆率快速上升的主要驱动力，因此去债务杠杆就不能不涉及对债务增长率的约束。约束债务增长率既可以激烈地直接减少债务规模，也可以温和地逐步限制债务增速。由于剧烈的债务紧缩可能对实际经济增长构成负面影响并刺激通缩，所以债务增长率并不是在越短时间内压得越低越好。

第四，降低存量债务的平均融资成本利于去杠杆。上升的债务融资成本会增加存量债务再融资的成本负担，从而增加债务的压力，并制约加杠杆的空间；存量债务融资成本下降的效果则相反。在管制利率主导的情况下，存量债务多与管制利率挂钩，货币当局降息可以直接降低存量债务的成本，从而利于去杠杆。在利率逐步或者完全市场化的情况下，要降低存量债务融资成本，更多需要靠降低市场融资利率来间接撬动。降低市场融资利率既会直接降低新增债务融资的成本，还会促进债务人用低成本的新债务融资置换部分存量债务，从而利于债务去杠杆。

第五，债务违约重组会促进去杠杆。债务违约重组会直接地削减债务人的负担，降低其债务杠杆。在各国进入近现代化时期之前，各国政府最常见的系统性化解政府债务的方式就是通过各种方式逃废债，比如君主专制时代的法国君主经常通过肉体消灭债权人的方式来解决政府承担的债务压力。在现代市场经济中，经营失败企业、个人乃至政府的债务重组也是化解债务的常见方式。不过大规模的债务重组会在短期内抑制信用活动，若失控也会对经济造成严重冲击。

7. 外币债务对债务杠杆的影响。

2008年后，受国外量化宽松政策影响，以美元为代表的外币融资利率较低。而同期人民币又不断趋于升值、国内融资难融资贵凸显。因此，外币融资的吸引力不断扩大。境内机构在境内外的外币融资规模不断扩大，仅大宗商品中的金属融资在2014年或已超千亿美元。外币债务规模的扩大，使得分析一国债务问题时需考虑外币债务的影响。

由于"一国总债务＝本币债务＋外币债务×本币汇率"，仅需将汇率因素纳入上述分析模型即可。

具体来说，

第$t+1$年外币债务（FD_t）＝［第t年外币债务（FD_t）＋扣除利息的第t年新增外币债务（NFD_t）＋外币债务利息（$Fi_t \times FD_t$）－第t年债务部分重组或完全违约导致的外币债务减少金额（FDe_t）］×本币汇率（ER）

用简化式子表示为：

$$FD_{t+1} = [FD_t + NFD_t + Fi_t \times FD_t - FDe_t] \times ER \quad (13)$$

可使用债务和GDP的比率来衡量一国外币债务杠杆的高低

$$\frac{FD_{t+1}}{G_{t+1}} = \frac{FD_t + NFD_t + Fi_t \times FD_t - FDe_t}{G_t \times (1 + g_t + inf_t)} \times ER \quad (14)$$

严格来说，外币债务有不同的币种类别，上述式子应该用矩阵的形式来表达，而一组交叉汇率不同方向的变化同样会影响债务杠杆。但由于我国外币债务主要以美元计价为主，以及简化处理并不影响主要结论，因此仅考虑单币种外币债务的情况。

显而易见，(14)式中除了汇率之外，其他因素边际变动对外币债务杠杆的影响与前述本币模型并无差别。只不过在外币模型中，外币融资利率和外币债务增速较少受本国货币当局影响。对美元债务而言，外币债务增速主要由境内外美元流动性供需、境内外利差和汇差所决定。境内机构的美元融资利率主要受美联储的货币政策和境内机构的风险溢价等附加利差决定。

汇率因素对外币债务的影响较为直观，本币升值可以降低外币债务杠杆，本币贬值则增加外币债务负担。

8. 上述债务杠杆分析模型在中国经济环境下的初步结论。

基于以上分析，上述数量关系在去杠杆环境下又可得出一系列结论。

第一，不等式(7)的左边，最具弹性的变量是债务增长率和债务违约率，因此要降低债务负担，就必须首先抑制过快的债务增长率。要抑制过快的债务增长，首先需限制预期收益对债务本息覆盖差的那部分债务融资（部分政府预算列支的公益性融资除外）的增长。这类融资过快增长会增加明斯基所论述的投机性融资和庞氏融资占比。过多的投机性融资和庞氏融资不仅降低经济效率，还会提高金融体系不稳定性。不过，控制债务增速并非意味着在短时间内将其压得越低越好。债务增速过快下降和偿付剧增使得之前由债务扩张推动的总需求扩张将大幅收缩，经济增长面临压力较大，会加剧去杠杆过程的痛苦和宏观当局所面临的压力。此外，过快的债务紧缩（主要由系统性的流动性持续紧张和无序债务违约导致）会导致实际经济增长率下降和资产价格下跌，这将部分冲销掉债务紧缩的效果，从而产生进一步紧缩的压力，也即存在债务紧缩循环的可能（即债务紧缩—经济下行—债务进一步紧缩—经济进一步下行）。希腊债务危机初期就出现过债务紧缩循环以致减债举措反而导致该国债务杠杆率上升。

第二，提振股权融资市场、增加股权融资份额有利于降低过快的债务增速，但不可期望过高。企业若能在其融资结构中增加股权融资份额，确实可替换部分债务融资，降低企业的债务增速，并改善企业的资本结构和资产负债率。作为"金融不稳定性假说"的开山祖师，海曼·明斯基（Hyman Minsky）也曾提出增加股权融资占比来应对债务扩张—收缩周期下的金融不稳定性和经济周期性震荡。对我国而言，大力发展股权资本市场、提振资本市场的景气度，可帮助企业增加股权融资、改善资本结构，从微观层面降低企业去杠杆的压力。2014年股票市场的高景气便推动了上市公司股权融资规模的回升，使得上市公司资产负债率罕见地出现了多年以来的首季度下降。必须充分肯定发展股权融资利于降低债务增速和优化企业资本结构。不过，也不宜过高期望股权融资对债务去杠杆进程的助益。首先，社会融资结构始终是以债务融资为主导的，股权融资替代债务融资的空间十分有限。即便是在我国股票市场最景气、股权融资占比最高的2007年，股权融资在社会融资规模中的占比也仅为约7%，远低于债务融资91%的份额。今后股权融资份额回到2007年的水平都困难重重、几率很小，更遑论在宏观层面用股权融资大规模替换债务融资来显著降低债务融资增速。根本无法想象2014年股票市场约7000亿的融资额能在未来数年扩充至每年几万亿规模。可如果股权融资达不到每年数万亿的水平，又如何能有力地降低每年10万亿级别的新增债务融资。其次，从中长期看，股权投资者所预期的收益水平远高于债务投资者所预期的收益水平，而当下中国非金融企业部门债务压力沉重的核心原因之一恰恰是其利润创造能力下滑且短期内难有根本性的改善。股权融资市场保持高景气只能依赖股票市场不断上涨和市盈率上升来实现。但缺乏盈利改善支撑的股票市场上涨不会持续太久，也难以走得太远，毕竟"猪"不可能长时间飞在天上。而且，债务问题沉重、经营困难的非金融企业通常也难于拿到大量股权融资。

第三，相较于债务紧缩，在去杠杆初期降低债务融资成本的作用更大。在成熟的市场经济条件下，为减缓债务紧缩的速度和其带来的痛苦，货币当局往往会选择持续降息来降低债务人的负担，平滑去杠杆进程。如果经济债务杠杆过高、债务负担过重，那就需要债务利率下降更多，直至逼近零利率，就如美联储2008年之后的零利率政策和量化宽松政策所做的那样。不过哪怕在成熟的市场经济中，调降债务利率也存在局限：利率不能无限下降，负利率是未知的环境，局部负利率可以短期存在，但普遍性的债务利率名义值不能持续为负。因此当基准利率逼近零之后，调降债务利率工具失效，出现所谓的"流动性陷阱"。

此外，需要强调的是，降息虽有利于平滑去杠杆进程，但也提高了一个经济体债务杠杆的合理上限。在成熟市场经济条件下，在"零利率"环境开启后，暗淡的经济增长前景和低迷的固定资产投资预期收益会促使相当一部分杠杆率高企的经济主体纠正经济繁荣时代的错误支出决策。大量资产负债表恶化的经济主体会利用低利率环境来收紧支出、增加储蓄、重组债务或持续减债，不断修复自身的资产负债表。美国2009—2013年市场出清式的去杠杆进程就如此。但中国经济仍是转型中的市场经济，公共部门在经济中占比较高，地方政府和国有企业并非完全的市场经济主体。这类主体仍广泛存在着预算软约束、治理和激励机制上的诸多缺陷。它们往往是规模和收入最大化导向而非利润最大化导向，因此投资冲动过于强烈，且常倾向于逆周期债务扩张。如不能通过改革来抑制此类冲动，则持续降息可能促使公共部门在本应去杠杆的时期继续加杠杆。这会导致其自身资产负债表更加恶化，积累更多的风险。因此，在中国经济去杠杆进程的初期，利率工具的使用范围受限。去杠杆进程最终要求利率不断下行，但在初期则未必如此。在初期，为抑制预算软约束主体等的扩张冲动，宏观当局可能被迫使用抬高利率、紧缩短期流动性等手段来倒逼其放慢债务杠杆增速。2013年下半年我国货币市场持续易紧难松的背后就有这种因素在起作用。不过，紧货币和高利率无法根除预算软约束主体不计成本债务扩张的冲动，治本仍需依靠全面推进财税改革和国有企业改革等。2014年以来，受中央收紧地方政府债务融资、改革地方政府考核体系和波澜壮阔的反腐浪潮等影响，地方政府融资平台和其他非金融国有企业的盲目投资冲动有所收敛。能否通过改革从根本上建立规范公共部门债务扩张的长效机制是未来中国经济的一大看点。

第四，持续债务紧缩会对社会各阶层均带来程度不一的痛感，甚至可能影响社会稳定,因此大概率宏观当局最终会选择通过各种渠道扩张货币供给,经济也逐渐由紧缩式去杠杆阶段进入通胀式去杠杆阶段。理论上讲,通胀时期(为方便起见,通胀率低于零表示通缩)的通胀率区间为 $[0, +\infty]$。就我国的现实情况而言,通货膨胀可简单分为两类,一类为温和通胀(3.5%以内),一类称之为恶性通胀(期间月度数据不时5%以上,峰值可能超过10%)。相对来说,温和通胀环境下的去杠杆更有可能成为低成本的去杠杆进程。

第五,由于美元汇率持续走强、美元利率中期有望温和走高,外币存量债务剧增使得我国在人民币汇率何处去的问题上处于两难。如果人民币汇率走弱,则外币融资企业将面临利息和汇兑成本上升的双重挤压,以本币计价的外币债务和外币债务杠杆均将显著上升。如果人民币保持坚挺甚至继续对美元升值,则会小幅减轻存量外币债务的负担。但强势人民币也使得人民币兑全球主要货币继续升值,推高本已高企的人民币实际汇率。这既对出口构成不利影响,也会通过较高的人民币币值进口"通货紧缩"。在我国内生经济增长疲弱、结构调整仍在推进的情况下,较高的实际汇率使得我国难以通过拉升出口促进经济增长,实际上将美国经济复苏带来的有限贸易红利推给其他国家。此外,人民币相对强势美元升值,也降低了大宗商品、能源等全球定价产品的人民币价格,并推升了国内不可贸易资产的相对价格,对国内物价构成一定的"通缩"压力。

第六,概念上的去杠杆进程指的是一国总债务杠杆率下降的过程,但各国实际的去杠杆进程要复杂得多。在各国相对平稳的去杠杆进程中,至少在去杠杆进程初期,由于不同经济部门的债务杠杆变动方向不一致,债务杠杆绝对值降幅不大。2009—2014年美国经济的去杠杆进程是相对成功的。在其去杠杆进程初期,私人部门去杠杆而联邦政府加杠杆,整体债务杠杆变动幅度较小;后来随着经济复苏企稳、政府财政增收减支,总杠杆率才开始有相对较快的下降。根据上述分析,我们认为,我国的去杠杆进程初期也未必表现为债务杠杆的大幅下滑,去杠杆进程也更多地体现在控制总体债务增速,并引导债务杠杆高企的地方政府部门和产能过剩的非金融企业部门逐步去杠杆。

最后,需注意,中外去杠杆进程的主体存在较大不同。在美国等市场经济国家中，私人部门在经济中占绝对份额，因此去杠杆主要是私人部门的去杠杆。但在我国去杠杆的进程中，主要去杠杆的压力在公共部门。在经济增长低迷的环境里，私人部门逆周期加杠杆的动力不强，因此我国去杠杆进程会更为复杂，更需要政府强有力改革的决心来支持。随着公共部门债务增速的下降，粗放式固定资产投资对经济增速的贡献下降，一段时期内经济震荡下行趋势难改。为保证必要的经济增速，政府可能反反复复地推行一些经济刺激措施。通过规模有限的刺激政策为经济增长阶段性托底是必要的，但大规模的经济刺激计划只会加剧公共部门的债务负担。哪怕多来几次大规模的经济刺激，虽可以反复地短期大幅提振经济增速，但并不能改变各高债务杠杆主体修复自身资产负债表的内在需要。虽然经济刺激因可以短期缓释经济下行的痛感而对诸多群体具有很大吸引力，但经济刺激无法替代结构调整和债务去杠杆的需要。中国经济的去杠杆进程或许会反复面临稳增长和调结构的平衡。但就算前进的道路曲折，中国经济也只能前行。2014年，中央持续强调促改革和调结构，对稳增长有所淡化。虽然短期经济增速有所下行，不过若能持续推动结构调整和消化债务问题，则这些举措就是正确的开始。

总的来说，(7)式为分析经济的债务杠杆趋势提供了一个判定条件，但考虑到相关变量之间存在的较为复杂的逻辑关系，判定条件的运用必须结合特定的时代背景。

应该说，经济的去杠杆进程异常复杂，尤其我国还面临着去杠杆进程与经济改革并举的局面。伫立今朝看历史，历史的车辙是唯一的；但站在当下仰望未来，未来远非只有一种路径和一种情景。未来不会简单重演历史，但不同历史时期的不同车辙确实是今天和未来的镜鉴。通过历史镜鉴展望未来，可以对未来有更好的认识。观察历史，比较典型的去杠杆进程可以归纳为以下4种情景。

情景1：通过低实际利率、温和通胀、较快经济增长来实现平稳的去杠杆；

情景2：先温和债务紧缩然后再温和通胀的去杠杆；

情景3：恶性债务紧缩与实际经济增速下滑主导的去杠杆；

情景4：恶性通胀与实际经济增速下滑主导的去杠杆。

根据本文第一节的背景分析和第二节的分析模型，下文略去一些枝节重点分析各种情景下经济的特征，并探讨我国去杠杆进程在何种条件下会进入上述各情景。

第三节
"漂亮"的情景：相对平稳的去杠杆进程

如果去杠杆进程难以避免，那么使这一进程变得相对平稳就至关重要。平稳的去杠杆进程有助于推动全面改革和产业结构升级，利于保障政治和社会稳定，并会减少社会各阶层在转型中的痛苦。考虑社会承受力，根据本章第二节的(7)式，平稳的去杠杆进程所需的经济环境往往是："低利率、温和通胀、较快经济增长"组合。卡门·莱因哈特、肯尼斯·罗格夫（Carmen Reinhart，Kenneth Rogoff，2011）和雷·达里奥（Ray Dalio，2012）对各国历史上典型去杠杆进程的研究，也印证了这一点。如果去杠杆进程最终无法避免，那我国去杠杆进程若能步入情景1（通过低实际利率、温和通胀、较快经济增长来实现平稳的去杠杆）将是较为理想的局面。因此，我们将情景1作为4种情景分析的基准情景来详尽阐述。下文将探讨情景1中我国经济的特征和进入该情景的条件。

平稳的去杠杆进程应维持经济增长并避免债务紧缩循环

1. 持续的经济增长是平稳去杠杆的必要条件。

若要进入情景1，较高的经济增速仍是至关重要的。这里的经济增速是指实际增速。

从（7）式看，经济低增长不仅直接导致债务杠杆的分母增速放慢，还往往间接导致存量债务增速上行，从而推升债务杠杆。经济增长失速过快，既会导致企业财务状况恶化，更会导致财政收支恶化，从而使得企业和政府化解存量债务的能力和空间下降，甚至还会使得各经济主体进一步增加债务融资以缓解自身迫在眉睫的财务困境。

以政府部门为例，在间接税为主的财税体制下，我国税收收入与国民经济增长之间的关系较直接税主导的财税体制下更为密切。如果经济过快失速，财政收入增长往往更快地放慢。相对弹性较高的财政收入，财政支出的弹性要弱很多。长期以来，由于政府事权范围过于宽泛、行政管理成本偏高等原因，我国财政支出中的刚性支出占比较高。以北京为例，2013年财政刚性支出的比例在80%左右。此外，近几年来国家治理层面一些十分积极的变化在短期内也会使得财政刚性支出增加。党的十八大以来，新一届领导集体高度重视惠民生。大量社会保障方面的历史欠账需要在各级财政的支持下逐步化解，民生层面的刚性支出有增无减。此外，近年来以空气、水和土壤污染为代表的生态环境困境也使得各级财政需要弥补环境治理方面的历史欠账，相关的财政刚性支出也呈增加之势。补偿历史欠账、加强惠民生的相关财政支出是高瞻远瞩、富有魄力且顺应民心的重大举措，对此必须强调并充分肯定。只不过在经济增长失速的背景下，财政刚性支出的增加会加剧政府财政的收支压力，从而引致政府部门债务融资增速加快，也即 $\frac{ND_t - De_t}{D_t}$ 提高，加剧债务比例上升。

在债务压力高企的时代，追求经济增长既可以是经济难题的暂时"遮羞布"，也可以是饮鸩止渴的"毒药"，还可以是化解复杂难题的"万金油"。关键是要正确选择适当的经济增长目标并采取合适的手段来实现可持续的经济较快增长。情景1中的较快经济增长既是相对于我国潜在经济增速而言，也是相对于低增长和近10年两位数的高增长而言。长期看，经济增速主要取决于潜在经济增速。对此，相对确定的是我国潜在经济增速仍在震荡下行；不确定的是当下潜在经济增速究竟在什么水平，主流的估算范围从5%—8%不等。目前相对权威的看法是要实现中长期的经济和社会发展目标，大致需要7%左右的增速。在潜在经济增速趋于下降的情况下，较快的经济增速一方面意味着没有必要依靠过度的公共部门加杠杆去支持不可持续的经济高增速，宏观当局应提升对经济增速下行的容忍度；另一方面也意味着对经济增长下限的管理仍很必要，宏观当局仍应通过宏观政策管理经济增速，避免短期经济增速过分下滑。在经济增长的环境中推进去杠杆和全面改革，我国在方方面面所面对的压力也小得多。我们认为，在"三期叠加"向"新常态"过渡的时代背景下，正确的追求经济增长的方式是：通过持续、深入的改革来化解存量债务问题并挖掘经济增长潜力，以及用中央政府等部门适度的加杠杆支撑总需求。

总之，较高的实际经济增速对降低债务杠杆是至关重要的。欧洲经济便是前车之鉴。2008年后，迟迟无法恢复可持续经济增长就是欧洲经济迟迟无法走出债务危机和通缩衰退阴影的关键原因。

2. 总债务杠杆下降速度不宜过快，去杠杆更多地表现为各部门之间的债务杠杆转移。

对我国而言，受到融资难融资贵和传统产业预期回报下降等因素影响，私人部门有继续缩减自身债务杠杆的需要。如果公共部门内各个分支也都去杠杆，则经济下滑速度过快，失业、贫富分化等社会问题会凸显，这可能会突破中央的底线，使宏观当局面临维稳重压。因此，虽然去杠杆进程难改，但为避免经济严重失速，公共部门的债务杠杆水平在去杠杆进程初期不宜过快下降。在情景1的初期，适度的财政刺激仍是必要的，公共部门的债务杠杆不能过快下降，中央部门可以适度加杠杆，而包括地方融资平台在内的非金融国有企业则应逐步化解过高的存量债务难题。

由于隐性债务逐步显性化以及大规模刺激计划过快并过早占用了过多的公共部门财力，公共部门的通过加杠杆刺激总需求的空间已相当有限。就整个经济而言，仅中央政府部门和私人部门尚有一定的加杠杆空间。但两部门加杠杆空间均受到一定限制。中央财政的加杠杆受赤字率等限制。决策层担心财政赤字率过高所带来的负面影响，国务院领导人在2013年明确指出中央财政赤字率要坚守3％的红线。今后即使随着形势发展的需要，这一偏紧的红线应该能有限放松，但空间亦不大。相当比例的中央政府部门广义财政刺激或许会持续通过具备"第二中央财政"特征的部门来实施，即通过国家开发银行和中国铁路总公司等的资产负债表规模扩张来实现。

不过，随着财政改革特别是预算管理体制改革的推进，需要规范和透明的并不仅是地方各口径财政预算和地方政府债务，还应该包括中央一级的预算和债务。做大广义"第二中央财政"这种临时性的应对之策终归也需要进一步透明和规范，并不能无限制地做大。概括起来，政府部门各类经济刺激政策应对的空间总体有限，类似"4万亿刺激计划"的大规模财政刺激计划很难再现，今后的刺激仍会是由小规模、更有针对性的"微刺激"政策来主导。

必要的刺激政策不应过分依赖边际效率日益低下的重复基建投资，而应进一步注重公共投资的经济和社会效益，激发私人部门经济活力。为推动结构改革，以及不加剧目前难解的产能过剩局面，政府应更注意公共部门投资计划的经济社会效益，比如投向更急需的公益性基础设施建设、环境治理、高科技研发、技术改造等领域以及各类民生支出，不断提高有限"政策子弹"的综合效益。由于地方政府和国企的债务杠杆已经较高且投资收益偏低，财政刺激需尽量引入并带动更注重效率的私人部门资本投资。激发私人部门的投资意愿，既减轻稳增长过程中政府部门的债务负担，又利于提高国民经济的整体效率。目前财政部力推的PPP以及国企混合所有制改革，都有撬动私人部门加杠杆、接力地方政府部门去杠杆的意图。

不过，不能希冀轻轻松松就能将PPP和混合所有制改革做大做强。考虑到私人部门投资的逐利性，要推动私人部门逆周期投资，只有通过强有力的改革来释放红利，改善私人部门投资的风险收益比。具体来说，至少需要几方面的举措：一是进一步简政放权，改善公共服务，减少对行业准入等方面的管制，提高私人部门的经济活力；二是改善私人部门所面临的融资条件，提升私人部门投资的意愿；三是推进依法治国，用法律规范经营秩序，为私人部门发展提供更为公平的市场环境；四是要顺利将社会资本引入基础设施等政府建设项目，还必须制定好切实可行的细则，保护私人资本的合法权益。虽然改革只争朝夕，但改革红利的释放也非一朝一夕，对改革进程的长期性和复杂性需有充分认识。

概括起来，在公共部门债务杠杆稳中有降的前提下，公共部门适度去杠杆要与积极挖掘私人部门的增长潜力并行，中央政府部门的加杠杆要与地方政府部门去杠杆并行，稳增长要与大力推动改革（经济结构调整、国企改革、财税体制改革、利率和汇率市场化改革等）并行。稳定经济增长的重担主要以广义中央政府部门加杠杆来支撑，要么通过增加中央预算赤字、增发国债来实现，要么通过中央银行定向支持国家开发银行等"第二财政"加杠杆来实现。而地方政府性债务将从地方融资平台部门逐步移至地方政府部门表内，地方政府消化不了的债务将部分由中央政府接盘。此外，要使去杠杆进程初期平稳，必要的财政刺激和有实效的经济改革需同步进行。

平稳的去杠杆进程需要治理预算软约束主体并逐步化解地方政府存量债务

我国去杠杆进程不仅面临债务规模和杠杆率过高的总量性问题，还突出地面临着部分融资主体"预算软约束"和"风险大锅饭"等结构性难题。第四章指出政府信用对债务融资活动存在程度不一但广泛的支持。这促进了刚性兑付，特别是公共部门公开发行的债务保持了刚性兑付。中央政府和地方政府的信用风险彼此牵绊，地方政府和其所属国有企业等的信用风险也难解难分。在这种公共部门"风险大锅饭"的格局下，上级政府或国有母公司的信用在很大程度上被下级政府或国有子公司"套牢"。而"风险大锅饭"又进一步加剧了地方融资平台和部分国有企业等"预算软约束"主体不计成本的投融资冲动。地方政府和地方融资平台推动的基建投资一度成为大量挤占社会资金配置的"吸金黑洞"。

如前所述，要进入平稳的去杠杆进程，公共部门的债务杠杆需要稳中有降。这就需要：

第一,关注当下,抑制部分地方政府和国企不计成本的低效再杠杆,逐步化解高企的存量地方政府债务;

第二,面向未来,设法改造导致预算软约束主体过度负债和投资的机制,标本兼治"风险大锅饭"和"预算软约束"。

1. 抑制部分地方政府和国企的无效加杠杆至关重要,上述部门不良债务大概率需中央介入重组。

公共部门去杠杆主要是地方政府部门和非金融国企(不包括地方融资平台公司)去杠杆。由于地方政府和国企部门享有中央政府不同程度的隐含信用担保以及追求规模最大化的激励机制错位,因此即使其债务规模和杠杆水平已经很高,仍会缺乏内在动力去收缩债务和资产规模扩张。这是预算软约束主体的内在激励机制使然。如第二节分析,在我国去杠杆进程初期,中央政府需要设法控制地方政府等低效债务扩张的冲动,规范"企业请客、政府买单""地方政府请客、中央政府买单"或"上级请客、下级买单"之类的"风险大锅饭"。

"预算软约束"和"风险大锅饭"这两个难题是公共治理架构的缺陷所致,并不易解决,单用经济手段很难奏效且有很大风险。

逻辑上,当宏观当局希望预算软约束主体去杠杆但又无法用行政手段实现时,唯一的选择即通过紧缩货币政策、收紧市场流动性来倒逼这类主体去杠杆。而上述短期对策可能造成短期性"钱荒"、短期资金利率的底部抬升以及实际融资利率高企,如2013年下半年的情形。如果处理不当,这种对策可能引爆系统性风险,风险很高,更多是用来起到震慑作用。解铃还须系铃人,公共治理问题的解决还得行政手段、制度改革和强化执行力三种手段并用。具体对策有治标和治本之分,治标之策重在短期内抑制住不计成本的低效益扩张,治本政策重在正本清源,规范对政府性债务从举债到偿还的管理,对预算软约束企业实行关停并转,明确谁举债、谁负责,打破"风险大锅饭"。

2013年以来,针对地方政府性债务管理,中央采取了大量措施,取得了一定成效。第一,整合监管,出台了一系列监管措施,大力强化对非标融资业务的监管,堵塞地方融资平台的非标融资渠道,限制其不计成本的高成本债务融资扩张。第二，将依法治国提升到前所未有的高度，大刀阔斧地推动反腐倡廉，极大地震慑了整个公共部门，公共部门的投资冲动有所缓和，明显不合理的投融资行为有所减少。第三，2014年以来，先后出台国发〔2014〕43号文等系列文件，推出对地方政府性债务的系列新规，规范地方政府举债程序和机制，剥离地方融资平台的政府性融资功能，着手分类清理并化解地方政府债务。

从我国几千年的历史来看，强大的行政压力和风起云涌的运动可以在一时震慑各既得利益群体，特别是震撼官僚体系，从而抑制现存体制的结构性缺陷（如滋生低效和腐败），但难有长期之效。一旦高压退去，原本存在的诸多弊病大概率将卷土重来。因此，为进一步抑制预算软约束主体的债务扩张冲动，需继续全面深化改革，确立现代公共治理机制，特别是大力推进财税改革、预算制度改革和国企改革等。目前推进的财政改革旨在重划地方的事权和财权，给予地方政府公开发债的权力。但与此同时剥离地方政府通过融资平台在预算外融资的权力，并且把地方政府发债的权力放置在中央政府总量约束和地方人大等监督的"笼子"里。推进中的预算管理改革则旨在加强预算对地方政府收支的全覆盖，并强化政府预算的公开透明和社会监督。通过这些改革，区分政府和企业的行为与责任，引导各级政府自负其责。应该说，这些改革是富有魄力的，如果执行到位，则利于去杠杆进程平稳推进。

近代史以来，全球大多数国家有一个共同的主题：推动本国走向近现代化。在走向现代化的历程中，改革是必需的。可成功的改革却也是极其不易的，改革的深水区中更是充满了不确定性。要过深水区，既需要领导群体有坚强的意志、远见卓识、高超的平衡能力和化解难题的能力，也需要整个社会能凝聚共识、开拓创新、同舟共济以及担当得起转型和结构调整过程中可能产生的短期阵痛。

2. 稳妥化解地方政府存量债务。

存量地方政府债务的化解是加强地方政府性债务管理所需解决的一个棘手难题。在国发〔2014〕43号文中，虽然规定："要硬化预算约束，防范道德风险，地方政府对其举借的债务负有偿还责任，中央政府实行不救助原则"，但也强调"地方政府难以自行偿还债务时，要及时上报，本级和上级政府要启动债务风险应急处置预案和责任追究机制,切实化解债务风险"。极有必要用成本较低的地方政府债置换属于地方政府性债务的高成本城投债和城投类非标产品。地方政府性债务融资的标准化能在一定程度上缓解地方政府的利息偿付和再融资压力,但对化解存量债务难题仍属杯水车薪。由于财政收入增速放慢、支出增长刚性以及还本付息压力不断加大,地方政府债务可能最终需要系统性的化解方案。我们预计部分地方政府的债务偿付往往只能最终依赖中央政府主导的债务重组。公共部门不良债务中有相当部分可能将逐步向上集中并最终体现在中央的资产负债表中,其中最为核心的是地方政府不良债务的重组。

具体来说,如果地方政府部门遭遇系统性的债务偿付困境,其存量债务的重组可能主要通过以下方式来解决。

第一,财政工具。主要包括两个方面,一是通过财税改革等来调整中央和地方的事权分配,提高中央财政所覆盖的事权范围,减少地方政府的刚性支出责任,间接提升地方政府可支配财力;二是中央政府通过特别国债等方式筹措资金,与地方政府协作,以扩大专项中央转移支付等形式承接部分地方政府不良债务。

第二,货币工具。无论是地方政府不断滚动发行大规模地方政府债券来滚动存量债务,还是中央政府发行特别国债救助地方政府,都由中央银行运用货币工具来提供支持。初级的工具是:中央银行向商业银行定向宽松低成本资金,帮助地方政府债券顺利发行,并干预此类债券的发行利率水平。高级的工具是:中央银行发起中国版资产购买计划(QE),用以直接购买地方政府债券或中央政府特别国债。上述QE在具备退出条件前一直持续,极端情况下,中央银行长期持有此类政府债务。

第三,投资人承担一部分债务减记损失。通过有序的债务重组,使银行等金融机构甚至部分私人投资者承担一部分不良债务减记损失。中央政府不完全兜底不良债务,有助于纠正信用市场的扭曲(即投资人和发行人都认为政府会兜底公共部门的全部债务),完善信用市场的资源配置功能。不过这种手段更多适合企业类债务的重组,而不适合政府性债务的重组。通过加强对地方政府性债务管理,可以在很大程度上约束地方政府债务扩张,并使企业债务和政府债务之间、中央债务和地方债务之间具备一定的风险隔离。但我国终归是党领导下的单一制国家，中央政府和地方政府之间并不存在绝对的风险隔离。政府信用是一国信用体系的核心，不到万不得已，是不能轻言全面打破的，特别是不能在众目睽睽之下大规模地打破。不发生区域性风险的底线是要坚守的，维护党和中央政府的权威也是如此。

如果各种措施到位，则去杠杆进程初期整体杠杆的下降会较为缓慢且有序。其中：地方政府部门和国企部门的债务杠杆将缓慢下降，中央政府部门的杠杆将上升，私人部门目前的去杠杆进程可望缓解，整体去杠杆和各部门之间的"换杠杆"同步进行。

通过适度的财政刺激和货币政策干预来应对通货紧缩的压力，并使融资利率下降后保持低位

根据本章的债务杠杆分析模型，在去杠杆进程中，为利于公共部门加杠杆、降低存量债务负担，应尽量保持温和的通货膨胀，并主动引导债务融资利率下行。

1. 通缩加剧债务负担，温和通胀利于平稳去杠杆。

持续的通胀会"悄无声息"地摊薄存量债务的实际负担；而持续的通缩则会增厚存量债务的实际负担。温和通胀所蕴含的价格上升预期，有利于促进投资意愿的回暖；而持续通缩的效果则与之相反。在温和通胀背景下，延迟消费因缺乏经济合理性而会被抑制，从而利于短期消费支出增长。而通缩下的情况与之相反。因此，温和通胀不仅直接"吞噬"债务负担，还有利于投资和居民消费的回升，从而对平稳去杠杆十分必要。

2011年以来，我国物价的天平从通胀向通缩一侧倾斜，虽未出现全面的通货紧缩，但如工业品价格通缩之类的局部通缩已然出现，消费品价格同比增速和GDP平减指数也持续回落。2012年3月以来，我国PPI同比增速持续为负，显示工业品生产领域已出现了持续的通货紧缩。而CPI同比增速也自2011年7月冲顶6.45%后持续回落，至2014年9月降至1.63%。

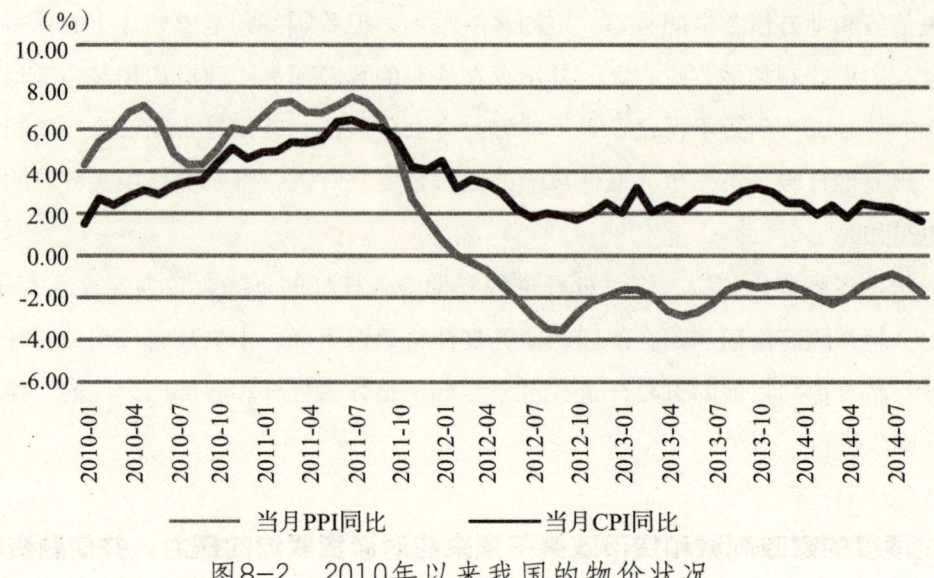

图8-2 2010年以来我国的物价状况

资料来源：Wind资讯，中信资本

在与经济增长低迷相伴的去杠杆进程中，通缩的压力可能来自以下几个方面：一是国内外需求端萎缩而供给端产能过剩，从而导致内生性的价格下跌压力；二是大宗商品等由全球定价的主要进口商品价格下跌，以及主要贸易伙伴国货币贬值而本币实际汇率坚挺甚至持续升值，从而导致"被动"地输入通缩压力；三是与供给端的产能和资产供给过剩相反，货币端的货币总供给增速和货币流通速度有所放慢，增长过快的资产追逐增长放慢的货币自然导致通胀压力下滑。

至于我国本轮物价下行压力的来源，上述三方面兼而有之。2011年三季度后，由于内生经济增长动力下滑，我国经济迅速从过热转变至偏冷，总需求低迷一直延续至今。但同期供给端的工业产能和房地产供给均继续提升，供给相对过剩和产能利用率严重不足的情况并存。国际货币基金组织统计2012年中国的产能利用率已降至60%左右，甚至低于美国2008—2009年金融危机期间的产能利用率。国家统计局数据也显示2013年上半年我国工业产能利用率降至2009年以来的最低点。2014年后，产能利用情况仍继续恶化。当严重过剩的总供给遭遇收缩的总需求，整体价格水平自然承压，而产能过剩最为严重的工业品领域更是首当其冲。货币总供给的速度也有所下滑，M_2同比增速从2010年的18.9%下滑至2013年的13.6%。而且2014年后该增速仍进一步下滑，2014年10月M_2同比增速仅为12.6%。资产和货币永远处于天平的两端，而当下天平的一端是严重过剩的工业产能和房地产等大类资产，另一端是因增速放慢而相对稀缺的货币。要平衡只能物价水平增速放慢，甚至出现局部通缩。此外，2005年以来，人民币持续对美元升值。如今，人民币已然是除美元外币值最为坚挺的大国货币。随着美元在震荡中走向强势，人民币的实际汇率持续上升，导致进口商品的人民币价格普遍下降，变相进口了通缩压力。

长期来看，平稳的去杠杆需要规避通缩，实现相对温和的通胀水平。需通过适时适度的财政刺激以托底总需求，这一点与稳增长的要求一致。在稳住物价方面，相较于财政政策，货币政策或可发挥更大作用。一旦出现严重的通货紧缩压力，货币政策当局需要采取宽松型的手段来支持物价恢复温和增长。在刺激手段之外，更为关键的是，设法逐步化解规模空前的产能过剩。相对激进的去产能模式是遵循优胜劣汰的市场规律，引导部分经营困难的过剩产能"关停并转"，快速实现市场出清。这在我国因各种成本过高而不易实现。缓和些的做法是逐步压缩过剩产能，推动存量产能技术升级和兼并重组以提高效率，缓慢走向市场出清。与之相配套的是推进"一带一路"之类与"马歇尔计划"有相似之处的战略规划。在这类战略构想中，政府将通过政策支持扶助国内过剩产能部分输出国外，以便利用境外市场部分消化我国过剩产能，典型的如海外承建港口和高铁等基础设施项目。这类产能输出和资本输出确有一定空间，对我国化解过剩产能、推进外交大战略、促进国际合作也有不少裨益。但是，由于我国过剩产能规模过于巨大，因此这类计划对于全盘解决过剩产能仍有"杯水车薪"之难。而且由于复杂多变的国际政经关系和各国国内的多重博弈，各类"走出去"的计划不仅在经济方面存在诸多问题，更受制于政治、法律等诸多因素。这类战略构想，事功多在长远，不可高估短期之利。我国过剩产能的消化仍需多种手段并举，不能一味通过政策刺激或扶持来逃避市场优胜劣汰的法则。如果产能过剩格局逐步好转，在财政和货币政策的扶持下，有望达到相对温和的通胀水平。

2. 货币政策主导，多种工具并用，引导融资利率下行。

要实现平稳的去杠杆进程，融资成本下行是至关重要且必不可少的条件。从宏观层面看，社会平均融资成本主要由资金供求关系决定。需求方资金需求的强弱、对融资成本的承受能力是需求端的主要影响因素；供给方的资金成本、风险偏好和资金来源的多寡及稳定与否则是供给端的主要影响因素。要引导融资成本下行，需综合考虑上述因素，以货币政策为主要工具，多种政策工具并用。

理论上，在中央银行掌握印钞权的法币制度下，如仅专注于融资成本下降这一目标，央行有足够的力量和工具来推动融资成本下降。但在实际的货币政策操作中，由于货币当局不仅要配合促改革、调结构、控通胀等诸多目标，还需与汇率政策、人民币国际化进程等相协调。多目标的复杂合力使得引导社会融资成本下行并非一帆风顺的过程。收益率下行的进程会在一波三折反反复复的震荡中推进，期间不乏阶段性的较大幅度收益率回升。

从整个去杠杆周期看，要引导社会融资成本下行，需权衡并处理好一些关键点。

第一个关键点：要控制并规范预算软约束主体，使得公共部门快速加杠杆驱动的刚性融资需求扩张得到抑制，从而在需求端制约推高社会融资成本的不合理因素。2011年以来，中国经济增速和物价水平均震荡向下，但名义利率水平并未从整体上随之下降，银行信贷利率甚至在长时间呈上行态势。

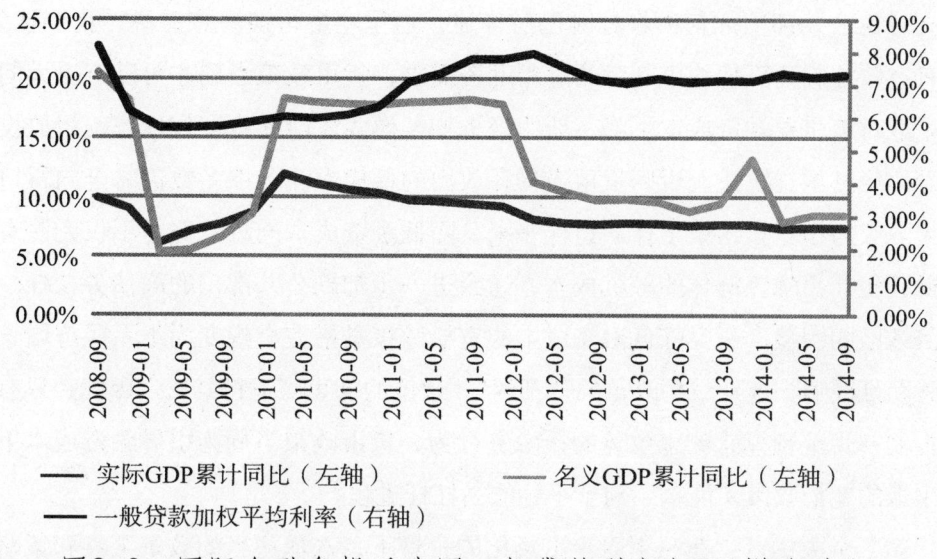

图8-3 国际金融危机后我国一般贷款利率与GDP增速对比

资料来源：Wind资讯，中信资本

融资需求并未随经济低迷而下行是一个关键原因。在2014年之前，由于地方政府保经济增长的需要、地方财政隐性信用支持和房地产行业相对较高的利润率，城投平台的刚性融资需求和作为广义地方财政链条中重要环节的房地产开发融资需求均十分强劲。而且城投平台和房地产企业能接受的融资利率水平也都高于多数其他社会融资主体。因此，这两类主体的融资需求实际上大幅挤出了其他主体的融资需求，并在经济下行的背景下了推高了融资利率水平。但是，2014年后形势开始发生重大变化。随着人口老龄化趋于加速、快速城市化阶段难再续和房地产供给相对过剩，进入2014年后房地产行业迎来了周期性的拐点。新增房地产开发投资增速和规模将迎来了趋势性的拐点，房地产投资领域的风险在提高而利润率在下降。与之对应，房地产行业的有效融资需求有所下降，资金供给方对房地产融资也趋于谨慎，因此房地产相关融资开始下降。房地产行业融资对其他社会主体融资的挤出效应减弱，利于社会融资成本下降。接下来，如果预算软约束主体的融资需求能得到持续控制，那么其几乎无成本约束的刚性融资需求对整个社会融资利率的推高作用就会得到持续抑制。关于如何控制预算软约束主体，前文讨论公共部门如何去杠杆时已有详述，这里主要再谈一点看法。我们认为，只有有效控制预算软约束刺激的过剩融资需求，货币政策当局才可以有更大的空间采取对策引导融资成本下降，新的经济增长模式才能逐步取代传统的粗放投资主导的经济增长模式。否则货币当局释放出的低成本流动性多数仍将奔向胃口近乎无限大的预算软约束主体。这样一来，降低融资成本的政策努力不仅无法有效降低其他社会融资群体的融资成本，还会进一步加剧公共部门的高债务杠杆、低经济效益的困境。一旦降低融资成本的宽松政策举措完全蜕变为维系经济增长旧模式苟延残喘、拖延结构改革的"帮凶"，政策的初衷将适得其反。因此，只有有效控制并规范预算软约束主体的投融资行为，货币政策当局为引导融资成本下降而采取的宽松政策才能真正利于平稳的去杠杆进程。

第二个关键点：在利率逐步市场化的背景下，选择适当的政策工具和策略引导融资成本下行。如果预算软约束主体的融资冲动能得以抑制，那么货币政策就可持续趋于宽松。由于银行在资金供求中均为规模最大、占比居绝对优势地位的主体，因此要调降社会融资成本在很大程度上等价于调降银行资产端的收益率。对银行来说，随着利率市场化加速，银行的净息差面临减小的压力。但净息差能下降的幅度其实有限，大致也就在100基点左右。一方面在经济下行过程中，银行需要一定的净息差来覆盖扩大的信用风险，另一方面过低的净息差也会压低银行放贷的动力，而银行惜贷则利于支撑净息差。因此，银行资产端收益率的水平在很大程度上受制于银行负债端吸收存款等各类负债的成本。在目前银行存量的资产负债中，仍有较大规模是钉住法定存贷款基准利率的，因此央行直接调降存贷款利率对降低存量融资的社会融资成本在短期内有直接的效果。但由于利率市场化在进行时，如果不缩小管制利率和市场利率之间的巨大利差，那么可能加速市场利率定价的资产负债对管制利率定价的资产负债的替代，从而使得全面降息对调降增量社会融资成本的长期作用有限。

2009年后我国利率市场化进程突飞猛进，宏观当局虽有能力放缓利率市场化的速度，但已无法从根本上逆转这一进程。贷款等银行资金运用端的利率初步实现了利率市场化，银行表内钉住银行业自行定价的最优贷款利率（LPR）的贷款份额增长，表外的债券融资和非标融资利率早已市场化。虽然落后于贷款利率市场化，但作为资金来源端的银行负债也部分实现了利率市场化。虽然受央行基准利率管制的定期和活期存款仍是银行负债端的绝对大头，但这类存款正在加速流失。理财存款在银行可用资金中的占比不断提高，而且理财利率已基本实现市场化。存款理财化正推动银行负债端市场化不断深入。由于利率逐步市场化，不论银行的资产端还是负债端，都分为了钉住管制利率和钉住市场利率的两部分。水往低处流，钱往高收益的地方走，货币当局通过法定存贷款基准利率而实施的利率管制作用不断减弱。

在银行资产运用端，虽然信贷资产的利率市场化程度低于债券和非标产品，但哪怕仍钉住贷款基准利率的贷款合约，其上行幅度也已相当市场化。如果由资金供求关系决定的市场化信贷利率不发生改变，那么银行完全可以在签订新信贷合约时通过在基准利率基础上多上浮一定幅度来对冲降息效果。货币当局降低基准贷款利率，更多只是降低银行表内缺乏弹性的长期信贷资产的融资成本，如长期限的居民住房抵押贷款和中长期的企业信贷合约。资产运用端的利率市场化进程未必一定抬高社会融资成本，虽然企业信贷综合融资成本低于信托等非标融资利率，但高于标准化的债券融资利率。要在资金运用端利率市场化的条件下更好地引社会融资成本下行，除了采取全面降息的措施外，还可采取以下措施。一是适当放松信贷规模管控，促进表外非标产品进表，持续用相对低成本的信贷来替换部分高成本的非标融资。非标融资的高利率在部分程度上归因于种种规模管制导致的信贷融资渠道萎缩。与其放任表外存在一个庞大而不透明的非标融资市场，不若引导部分融资回归表内。二是继续大力发展直接债务融资市场，扩大直接债务融资比重，用低成本的标准化债券融资替换其他融资渠道。三是设法有效地发展资产证券化等，逐步打破信贷市场、债券市场等债务融资市场之间的割裂局面，使各融资市场利率之间的联动关系更为紧密。四是推动金融机构改革，放松牌照管制，鼓励银行在规范监管的基础上进行存贷款利率竞争。这既利于为实体经济提供更好的金融服务，也有利于银行管理水平的提高和净息差的适当下降。最后，很关键的一点，银行资产运用端成本的下降需要其负债成本下降为基石，否则过低的净息差要么会导致银行惜贷，要么会倒逼银行冒险追求高收益的不审慎行为大幅增加。

在利率市场化初期，银行负债端的市场化利率总是趋向于上行，即高于服务于金融压抑下的管制存款利率，这会驱使市场化的存款不断替换与基准利率挂钩的核心存款，导致银行存款基础不稳。2009年后，我国银行业表内外的整体负债成本攀升，表内核心存款增长放慢，表外理财存款占比增加，银行存款基础的稳定性显著下降。在管制存款利率和市场化的理财利率存在较大息差的情况下，如果货币当局单方面降低法定存款利率，市场力量会导致银行存款进一步大量流失并理财化，并不会显著调低银行的长期负债成本。因此，除了降息，货币当局要引导银行负债成本下行至少还需要两方面的条件。

一是资金运用端的利率水平出现趋势性的下降，特别是市场上低风险高收益的资金运用机会逐渐减少。金融机构资金运用端收益率和负债端成本之间的影响往往是双向的。如果市场上存在系统性的低风险高收益资金运用机会，那么往往加剧金融机构在负债端的竞争，推动负债端成本上升。举个例子，由于近几年地产和平台类非标融资盛行且刚性兑付下非标融资利率高企，因此非标产品曾一度提供了阶段性的低风险高收益投资机会。为抢食这一"肥肉"，银行等金融机构通过各类渠道扩充负债规模，激烈竞争和期限错配严重等导致负债成本水涨船高。随着2014年以来银行类金融机构资金运用端静态收益率下降，自然会倒逼金融机构降低高成本的负债融资，而这会促使负债融资成本下降。只是这种系统内正反馈导致的负债成本下降幅度是有限的，对于平稳的去杠杆进程仍是不够的。

二是央行通过各种渠道向银行注入充足的相对低成本的流动性，直接降低银行负债成本。如果去杠杆过程较长，仅靠调降基准利率和系统内反馈作用来降低融资成本是不够的，也是失效的。在情景1中，名义利率较低而通胀相对偏高，使得实际利率偏低，这种组合在利率市场化条件下往往不是稳定解。特别是在美联储退出宽松政策推升全球无风险美元利率水平下限和我国外汇占款增速下降的背景下，外部廉价流动性趋于减少客观上限制了金融系统负债成本的下限。如果央行单方面大幅降息，可能导致银行存款基础不稳，使资金为寻求较高收益加速流出银行体系甚至境外，进而收紧境内资金面并对利率构成上行冲击。因此，"低利率与温和通胀"组合要稳定，需要在银行负债端有充足的低成本资金注入。由于经常贸易顺差带来的廉价外汇占款增长放慢、美元利率趋于上升等因素影响，充足的低成本资金的唯一来源只能是货币当局。实际上，随着外汇占款这一基础货币投放主渠道的萎缩，央行通过资产端主动信用创造提供的资金正成为我国基础货币供给的新主渠道。央行提供资金在银行业负债端资金来源中的占比将不断上升，央行资金成本对银行业负债端资金成本的作用将日益增强。这一点在2014年已初见端倪。2014年央行通过PSL、MLF、SLF、SLO（短期流动性调节工具）等新工具向金融系统提供了大量相对廉价的流动性，实际上已经起到了边际降息的效果。未来随着去杠杆进程的演化，甚至可能需要类似2008年后美联储采取的非常规货币政策的支持。2008年后美联储实行的零利率政策和量化宽松就使得中短端无风险利率低于通胀率，造成了在利率市场化条件下事实上的金融抑制，但上述环境确实有利于去杠杆进程的平稳。对我国而言，未来的非常规货币政策不仅体现在持续降息，更体现在通过央行创设各类工具推动央行资产负债表扩张，不仅向金融系统提供基础货币或者说新增存款，而且通过上述工具投放的规模和利率来引导各期限的市场利率及预期。比如，央行既可通过SLF、SLO等影响以7天回购利率为主的短期融资利率，也可通过PSL、MLF等工具或公开市场买卖债券来影响中长期端的利率水平。

低利率、较高的实体经济增速、基础货币供给的增长对风险资产市场构成利好，可能催生无实体经济支撑的资产泡沫或上涨。但存量债务压力制约公共部门加杠杆的空间，预算改革和国企改革等可抑制公共部门的投资冲动，受制于经济增长仍相对疲弱，私人部门的加杠杆力度弱，上述三因素使得资产泡沫只可能是局部的，而且往往出现在流动性较好、风险较低、规模相对有限的资产类别上，最典型的就是股票市场。情景1中股票市场的阶段性繁荣可期。权益类市场的阶段性繁荣也有利于企业扩大股权融资以替换债权融资，利于去杠杆进程。

资本外流为去杠杆进程中的重大外部风险，需综合运用降准等手段对冲

要实现情景1中的平稳去杆杠进程，还需妥善处理各种境内外因素的交互作用。我国经济已深深地卷入全球化浪潮，因此国际经济增长态势、主要经济体货币政策以及金融市场上利率和汇率等走势不仅影响我国外币债务规模和杠杆率的变动，还影响前述一揽子国内财政和货币等政策的效果。对我国而言，为实现前述一揽子政策组合的目标，既需选择合适的人民币汇率政策，还应审慎推进资本项目开放等金融改革，以及需特别注意防范大规模的资本外流风险。

2011年以来，境内居民部门的外币债务快速膨胀，使得人民币汇率和外币资金利率的变动对债务杠杆的影响增大。

从逻辑上看，人民币汇率持续维持强势，至少有以下三点好处：1.有利于降低居民部门的外币债务负担；2.吸引资本项下的资本流入，降低短期资本流出风险；3.利于扩大人民币对外投资和人民币在国际贸易中的使用等，显著推动人民币国际化快速发展。这三点好处均利于削弱债务问题的压力。不过，人民币可持续的升值空间已经不大，而且强势人民币也有若干弊端。第一，强势人民币会推高人民币实际汇率，进一步削弱出口竞争力，在很大程度上放弃了通过扩大出口改善经济增长的机会；第二，变相进口通货紧缩压力。根据前面的分析，这两点并不利于本币债务去杠杆。至于加总后的效果，则不是那么明确。

反过来说，人民币汇率贬值利于通过出口改善经济，以及利于通过进口商品价格上涨来对抗国内通缩压力。这与日本央行通过所谓超级量化宽松(即QQE)来实现通货膨胀预期的思路有相似之处。但失控的人民币贬值预期则可能使人民币大幅贬值，不仅导致外币债务负担陡增，还可能引发我国居民部门资产外币化或外资等直接跨境流出。

综上分析，需严防失控的单边持续贬值预期，因其会导致短期外债压力剧增，并引发资本剧烈流出，进而产生连锁反应，危及平稳的去杠杆进程；即使人民币汇率可控，强势或弱势人民币汇率政策也都有一定利弊，因此只能根据特定

时空下的利弊轻重来选择。

由于我国债务主要是本币债务,平稳去杠杆离不开相对宽松的货币政策和较低的利率水平,而利率水平的下降往往会降低境内外息差。境内外息差中最具代表性的是人民币和美元之间的息差。在美国将步入加息周期的背景下,如果我国持续引导利率水平下降,那么中美息差势必缩小。在中美相对通胀水平不发生显著变化的情况下,中美息差持续收窄,会降低中国境内人民币计价生息资产的相对吸引力,并提高美元计价生息资产的相对吸引力。于是,上述利率汇率平价关系不仅致使人民币对美元汇率面临一定贬值压力,还可能吸引境内资本流向更具吸引力的美元计价资产。在国际收支表上,境内居民部门的资产外币化就往往体现为资本项目下的流出。在人民币成为重要的储备货币或者次中心货币之前,如(15)式所示,$\frac{外汇及黄金储备等}{外汇储备}$约等于1,外汇储备相当于我国基础货币发行(存款准备金+流通中现金M_0)的信用保障,如果内生性基础货币供给增速很快,则$\frac{存款准备金+M_0}{外汇及黄金储备等}$增加较快,也会造成一定的贬值压力。对我国这样的非主要储备货币国,这往往意味着进一步的贬值和资本外流压力。

$$货币供应量 = \frac{货币供应量}{基础货币} \times \frac{存款准备金+M_0}{外汇及黄金储备等} \times \frac{外汇及黄金储备等}{外汇储备} \times \frac{外汇储备}{美元储备 \times 人民币汇率} \times 美元储备 \times 人民币汇率 \quad (15)$$

概括起来,前述情景1的政策组合可能带来汇率贬值和资本流出风险。在现有的外汇储备形成机制下,大规模资本流出会直接收紧国内人民币流动性,从而构成重大风险,并减弱宏观当局维持低利率环境的努力。面对潜在的资本外流,宏观当局可能有如下几种选择。

1. 随着资本流出的节奏,预防性地下调法定存款准备金率,通过增加银行可用资金和货币乘数来对冲资本外流的紧缩效应。这种办法利于立竿见影地稳定银行体系的流动性,是短期内必须果断采取的对策。但该策略中长期效果事实上受到金融体系信用货币创造效果的影响,且法定存款准备金率不能无限下调。如果法定存款准备金率下调到很低水平后仍面临资本流出压力，就只能采取别的工具手段来为国内市场补充人民币流动性。

2. 通过央行更大规模地向市场提供流动性（如多种期限逆回购、再贷款、购买国债等）来对冲。这种办法较法定存款准备金率更为灵活且操作空间近乎无限，是一类主动性更强的工具。不过其效果也受到人民币国际化实际成效的一定制约。成熟的人民币国际化对人民币成为货币政策相对独立的重要储备货币或次中心货币（如欧元而非卢布）至关重要。虽然近年来人民币国际化快速推进，但人民币国际化过于依赖强势人民币推动。一旦人民币阶段性走弱或者走强预期完全被逆转，人民币国际化进程会否放慢甚至倒退存疑。这使得人民币究竟是否已成为或能快速成为货币政策相对独立的次中心货币尚待事实检验。如果人民币已然是次中心货币，那么货币当局扩大基础货币供给的举动能补充境内人民币流动性并能达成其利率目标，而且其货币宽松所引发的资本流出将不会完全对冲货币宽松政策的效果。如果人民币尚未成为次中心货币，那么这类大规模的货币宽松手段可能增加人民币汇率贬值压力，并导致外汇储备大规模流失。不过，考虑到我国外汇储备的巨大规模，在多数情形下应足以覆盖上述流出。

3. 货币当局在外汇市场上通过中间价引导和直接干预等方式支撑人民币汇率，影响汇率预期。由于中国外汇市场的独特格局和货币当局巨额外汇储备所赋予的干预能力，因此货币当局的日常干预能在短期内支撑人民币汇率。问题是这种方式可能只有短期效果，如果基本面因素不变，则日常性的市场干预不能改变市场长期趋势。

4. 主动紧缩流动性并提高利率水平，增加境内外息差以抑制资本流出。这是外围货币国家抗击汇率贬值和资本流出的标准反应模式，如1998年和2014年俄罗斯央行抗击卢布贬值和资本流出时的举措。且不论这种反应模式的效果往往不能力挽狂澜，显然此种对策导致去杠杆进程偏离情景1，可能使一些部门发行流动性危机，并诱发资产价格雪崩、引发债务危机等。

5. 人民币主动对外贬值。贬值存在相机小幅贬值或者一次性相对大幅度贬值两种路径。如果是相机小幅度有限贬值，则可能不会对现有人民币国际化等资本输出计划和存量外币债务偿付造成太大冲击,但未必能充分释放人民币高估带来的压力。如果是一次性相对大幅度地贬值,可使阶段性的人民币贬值压力接近一次性释放,提高以人民币计价的外汇储备,并降低 $\dfrac{存款准备金 + M_0}{外汇及黄金储备等}$,稳定国内货币供给,支撑"低利率、偏高但仍属温和的通胀、较高的经济增长"组合。不过一次性贬值对资本项目下的资本输出和人民币国际化不利,也可能会招致一些操控人民币的国际压力。此外,大幅贬值还会剧烈加剧境内居民部门存量外币债务的还本付息负担,特别是考虑到人民币升值预期下这类债务大多没有对冲汇率风险的情况。概括来说,两种贬值策略共同的风险在于主动贬值后形成持续的贬值预期。但如果能抑制住短期资本外流并对冲其带来的流动性紧缩效应,则恐慌驱动的贬值压力并不可怕。而且贬值会增加后续的经常账户顺差,从经济复苏相对稳健的美国等进口"繁荣",推动经济增长和汇率企稳。

6. 审慎推进资本项下可兑换,必要时出台临时措施控制资本流动。我国经济去杠杆进程的一大风险在于资本外流。因此审慎起见,资本项下的开放置于汇率市场化改革的最后阶段为宜。临时资本管制措施与汇率市场化改革、推进资本项下开放并不矛盾,只是应对短期、剧烈的资本外流的应急性临时举措。

资本持续外流带来的紧缩效应是中国经济去杠杆进程中可能面对的重大外部风险之一。上述6种策略各有利弊,如果能根据形势变化妥善使用,相信货币当局能对冲未来可能的资本外流风险和汇率失控风险。

第四节
"丑陋"的情景：相对动荡的去杠杆进程

次优的去杠杆进程：先温和债务紧缩后再温和通胀的去杠杆（情景2）

情景2是情景1的变种，主要差别在于后者有一个持续一段时期的债务紧缩过程。

上文指出，宏观当局对公共部门加杠杆和去杠杆规模、速度的有力控制是进入情景1的重要条件。如果宏观当局无法有力约束公共部门潜在的过度加杠杆的冲动，那么情景1所需要的降准、降息、降银行利差和拓宽的内生性基础货币发行渠道等新金融抑制措施只意味着火上浇油，使经济减速导致的公共部门债务问题更加复杂，存在转化为公共部门债务危机的风险。因此，情景1之外，另一种成本较小的去杠杆模式就是：通过推进利率、汇率市场化改革，加强对表内外融资的监管，维持稳中偏紧的短期资金面，以紧缩的手段抑制债务扩张，挤压低效投资并淘汰过剩产能，挤掉部分资产泡沫，忍受短期经济下行的阵痛。经济下行会逐步带动利率下行和汇率贬值压力，甚至带动企业破产率和失业率的上升，推动信用风险溢价的系统性上升，但总的来说，此时经济着陆的代价要比下述的情景3、情景4小得多。在经济着陆后，宏观当局随后可通过减税、加强对中低收入群体的转移支付、优选带动作用大的公共投资项目等方式来进行公共部门去杠杆，去杠杆进程逐步进入情景1。

只是在泡沫破裂和去过剩产能的阶段，经济增速会比较低，各部门收入增长放缓甚至下滑，银行资产质量会大幅恶化，就业问题相对突出，社会矛盾也会凸显，要求进行更深入改革的压力也会增加，政府会承受很大压力。考虑到政治周期和社会承受力的影响，宏观当局可能无法承受上述后果，存在通过推动公共部门加杠杆来"以拖求变"的可能性。

需高度防范的恶性去杠杆进程：恶性债务紧缩主导的去杠杆（情景3）

如果宏观政策出现失误，在无法抑制公共部门债务扩张冲动的情况下出台进一步的大规模刺激措施，导致公共部门继续过快、过度加杠杆，那么公共债务水平可能上升到过高的水平，导致经济整体债务杠杆和资产价格上升到一个更加不可持续的水平。另一方面，随着人口老龄化的加剧，社会保障等方面的债务显性化和趋势增长率的下滑，会进一步恶化公共部门的债务水平。这会使得公共部门应对可能的经济阶段性恶化的空间愈加狭窄，使得公共部门债务危机显现，经济增长前景更为恶化。在经济增长前景恶化的情况下，由于调降利率的幅度受限，因此如要化解巨额债务，那就只有靠（6）式中弹性最大的 $\frac{ND_t - De_t}{D_t}$ 或 inf_t，即通过大规模的信用违约来降低债务增长率或通过恶性通胀来化解积重难返的债务负担。债务杠杆越高，降低其所需的通胀率越高。

如果去杠杆主要依赖降低 $\frac{ND_t - De_t}{D_t}$，则去杠杆进程从情景1滑向情景3；如果主要依靠大幅提高通胀（inf_t），则去杠杆进程从情景1滑向情景4。情景3或情景4的后果是所有人都不愿意看到的并且难以承受的。尽管不愿意，但还是要分析下情景3和情景4。

在情景3中，公共部门的债务占比不断提高导致的日益加剧的债务危机隐忧制约公共部门再融资的冲动。由于经济的债务杠杆已很高而经济增长乏力,各部门融资中投机性融资和庞氏融资占比过高,对冲性融资占比不断降低。企业盈利不振、财政增收困难,投机性融资和庞氏融资比例高导致的再融资难题所带来的经济不稳定性日益凸显。公共部门债务危机的隐忧使得个人和企业部门不愿或没有能力为公共部门提供足额融资。如果货币当局严守1993年金融体制改革时设立的不向财政提供直接融资的红线,不向公共部门提供足额融资,那么公共部门的债务问题只能通过大规模债务重组的方式解决。由于低 $\frac{ND_t}{D_t}$(债务增长率)波动范围小且刚性很强,如 $\frac{ND_t}{D_t}$ 增速放慢,则投机性融资和庞氏融资将面临更大困难,违约率将大幅增加。如果 $\frac{ND_t}{D_t}$ 保持稳定,要降低过高债务杠杆,也只能依靠债务重组导致的违约。$\frac{ND_t - De_t}{D_t}$ 的大幅负增长,将导致总需求的大幅下降,加剧产能过剩,使得经济体出现严重通缩。此外,债务违约将加剧抛售资产还债的行为,已被高估的风险资产特别是土地和房地产可能面临雪崩式的下跌,这将进一步降低抵质押物的价值,恶化金融系统资产负债表和信用创造能力。如果出现上述情况,经济将陷入远比2012年上半年更严重的债务紧缩循环,经济增速速度加大幅下滑,失业率激增。

需高度防范的恶性去杠杆进程:恶性通胀主导的去杠杆(情景4)

由于公共部门的债务问题会演变为财政问题,而国家拥有印钞权,因此面对本币债务问题时财政部门是可以不违约的,只要央行向财政提供足额融资。根据(6)式,当经济增速下行、利率降无可降、不发生大规模违约的情况下,上述足额的直接融资意味着超出一般温和水平的恶性通胀出现。恶性通胀使得市场价格信号紊乱,物资价格飞涨,经济大幅下滑,公共部门收入大减,债务负担愈加沉重,进一步加大债务货币化的规模,而这会动摇人们对人民币的信心,资金大规模外逃，通胀进一步恶化，从而陷入恶性循环。很显然，这种情况是需要竭力避免的。

目前经济趋势增长率下行的问题正演变为公共部门的债务问题。如果宏观当局不能控制公共部门的投资冲动，问题会演变为危机，公共部门债务危机逐渐演变为财政危机，如果财政危机倒逼货币发行或导致大规模公共部门债务违约，那么将进而导致货币币值危机，币值的混乱会导致市场价格信号和经济秩序的混乱，大量经济个体的财富将遭到惨重掠夺，进而对经济和社会产生严重的冲击。考虑到决策层的远见和改革决心，相信我国能够避免情景3或情景4的出现。目前看，这两种情景出现的可能性较小。

债务问题是当下中国经济面临的核心问题之一。通过本章分析，我们认为在未来中国经济去杠杆过程相对平和所需的环境是"低利率、偏高但仍属温和的通胀、较快经济增长"，要营造上述环境，需要以下条件。

1. 通过财税改革、预算制度改革等，抑制公共部门中预算软约束主体过快、过度加杠杆的冲动；

2. 采取适度的财政刺激，中央政府主导对部分地方政府和国企部门债务的重组；

3. 推进结构改革、国企改革等，挖掘经济增长潜力和活力，促进私人部门加杠杆和地方政府部门等去杠杆；

4. 持续货币宽松、适当降低银行净息差，以及降低存量债务的利息负担；

5. 结合利率市场化改革，拓宽内生性基础货币供应渠道、增加内生性基础货币供给，保持温和的通胀水平；

6. 需妥善对冲资本外流等的影响，综合使用降准、公开市场操作等工具，必要时选择快速贬值释放贬值压力、出台临时资本管制措施等。

上述环境下去杠杆成本相对较低。此外，恶性去杠杆进程的后果过于严重，需竭力防范恶性通缩或恶性通胀主导的去杠杆进程。

第九章
中期利率和汇率政策在夹缝中艰难平衡

利率和汇率是货币最基本的两个价格属性,其中利率是货币的对内价格,而汇率则是货币的对外价格。利率和汇率的走势反映并牵动着实体经济和金融市场的方方面面。从中长期看,如同一些经济学理论(如利率汇率平价关系等)所说,利率和汇率之间会通过一些机制相互影响、相互制约。在历史上很多时期,利率和汇率之间存在较为明确的"跷跷板效应",即一国或地区利率水平上升会提高境内相对境外的利差,增加本币吸引力,利于撬动本币即期汇率走强,反之则相反。

2001—2013年中国经济的高增长时代是在人民币汇率长期升值的大背景下进行的。由于种种原因,这一时期人民币存在较大的未释放升值压力,利率和汇率之间的相互影响在表面上并不显著。不过,2014年以来,形势发生很大变化。在我国经济走向"新周期"的大转型中,人民币汇率基本平衡,虽偶有短期性的升值压力,但已无较强的可持续升值预期。从内外部经济情况看,人民币中期面临一定的贬值压力,而且汇率和利率之间的相互制约关系越发清晰。

长期升值的人民币汇率已经成为国内资产价格、人民币国际化等的重要堤坝。2015年以及之后数年,人民币和人民币汇率何处去将对我国金融市场走势产生更大影响,甚至在相当程度上将成为左右中国经济未来路径的关键变量。国内外经济形势和政策的分化,以及不同政策目标的不同要求,都使得我国中期的利率和汇率政策面临抉择。

笔者认为，人民币较为现实的终极目标是从当前国际货币体系的"外围货币"上升成为"次中心"货币，中期汇率政策的首要着眼点在于控制经济金融系统性风险，稳定中长期经济基本面。国内经济金融系统性风险的主要引爆点在于资产价格大幅下行和居民部门资产大规模、持续的"去人民币化"，前者更关键。从防范系统性风险爆发的角度看，可能需要政策当局将相对宽松的资金面和适当下行的利率水平作为优先目标，并在人民币汇率相对稳定的前提下，增强对可能的人民币汇率有限贬值的容忍度，用政策腾挪的空间换取用改革化解存量问题的时间。

第一节
大转型中的人民币汇率

2009年以来，人民币利率和汇率形成机制正经历深度变革。汇率市场化虽相对落后于利率市场化，但也有诸多进展。特别是2013年以来，货币当局先后两次扩大人民币在岸市场即期汇率交易的日内波动空间，并逐渐减少对人民币汇率市场的日常干预。随着利率和汇率市场化的推进，进入2014年后，人民币汇率也展现出了一些新的特征。

人民币汇率和利率之间的相关性增强

理论上看，在境内外相对通胀率不变的情况下，一国或地区名义利率水平的相对上升会提高境内相对境外的息差，增加本币吸引力，利于本币即期汇率走强，反之则相反。一国境内外利差中最重要的是与全球主导货币——美元的利差。当一种货币（特别是新兴市场货币）面临较强的贬值压力时，货币当局支撑汇率稳定的最常规做法有两种：一是在外汇市场出售外汇储备干预本币汇率，二是通过连续加息来推升本国短端利率。典型的案例如2014年下半年的俄罗斯，俄罗斯央行应对卢布贬值时大幅加息超过1000基点，并抛售超过800亿美元外汇储备。虽然上述做法在严峻的经济和汇率危机时不见得有多大成效，但却是新兴市场国家货币当局不得不采取的常规防御手段。在美元汇率走强、利率趋升的情况下，若欧元区和日本等重要的储备货币国家推行更多的货币宽松举措，则欧元和日元的中期汇率也将面临一定的贬值压力，典型的如欧元2014年下半年和日元2012年以来的情形。在现实中，由于影响利率和汇率的重要因素较多、各因素介入市场的时机和次序不同，以及利率汇率可能面临较多管制，因此上述规律并非在任何情景、任何时间段都是普遍适用的，但从中期看上述规律还是具有相当的普遍性。

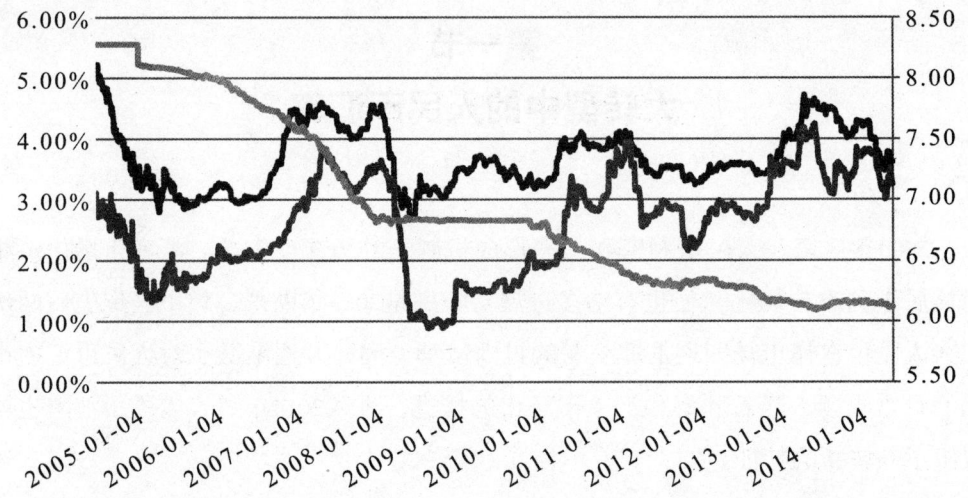

图9-1 2005年以来人民币汇率和国债收益率走势

资料来源：Wind资讯，中信资本。

如图9-1，自2005年人民币汇率改革启动至2013年，人民币利率出现多轮周期性循环，但这期间人民币汇率却总体处于单边升值的大周期。从表面上看，这一时期人民币利率、汇率走势之间缺乏如上述所言的显著相关关系。这背后至关重要的一个原因是：人民币汇率受到较严格管制，并处于长期积累的升值压力逐步释放的过程之中，巨大的未释放升值压力使得汇率走势相对超脱于利差变化的影响。

2014年以来，人民币汇率运行呈现许多较为鲜明的特点，下文主要谈两点。

一是2014年以来人民币兑美元即期汇率持续偏向双向波动区间的上限运行，而2013年以及2005年以来多数时期人民币兑美元汇率主要贴近区间下限运行。根据银行间外汇市场的交易规则，人民币即期汇率在中央银行规定的波动幅度内围绕人民币汇率中间价双向波动。2014年3月15日央行决定将人民币即期汇率波幅从之前的上下1%扩大为上下2%。如果即期汇率持续在中间价下方甚至持续贴近区间下限运行，通常说明即期汇率走势较为强劲、存在短期升值压力；反之则说明即期汇率走势较弱甚至存在短期贬值压力，特别是当同时期出现即期汇率和中间价汇率走势不一致时。

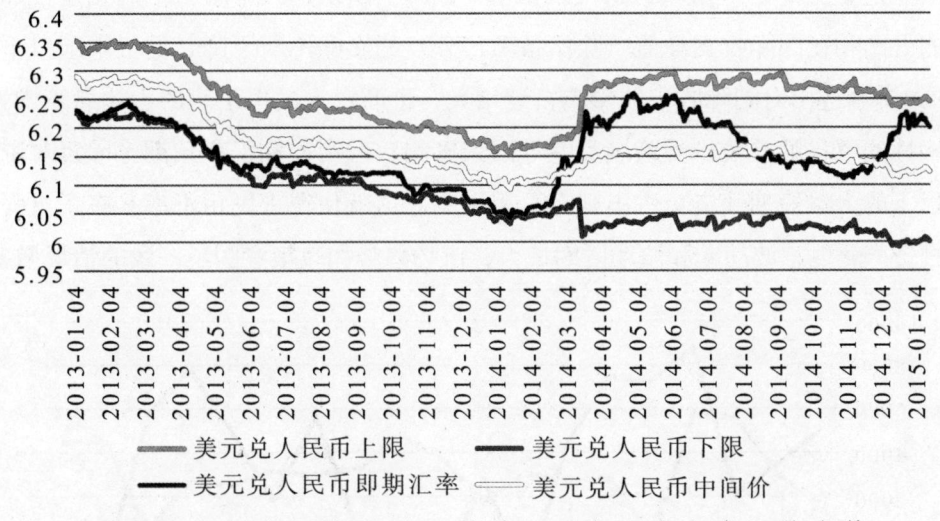

图9-2 2013年以来人民币兑美元即期汇率和中间价走势

资料来源：Wind资讯，中信资本

二是人民币利率和汇率之间的相关性增强。仅2014年人民币利率就和汇率出现了多次相关性较强的跷跷板式共振：2014年上半年以债券市场为代表的人民币利率市场收益率水平下行，而人民币兑美元即期汇率震荡走贬；6—8月份，利率市场收益率水平小幅回升而现汇市场上人民币即期汇率小幅走强；11月央行意外宣布降息以来，虽然期间人民币中间价多次连续下调，但人民币即期汇率仍震荡贬值。

对上述现象，有以下几点看法。

第一，这些现象说明人民币汇率基本达到均衡水平，虽然偶尔有阶段性升值压力，但市场已无很强的人民币升值预期。如果能遏制贬值预期和资本流出之间的恶性循环，那么阶段性贬值不只是一种理论可能，而且也可以是一种可行的现实选择。

第二，人民币汇率走势的核心驱动力发生变化，从经常项目驱动转向资本项目驱动，人民币汇率的金融资产属性越来越强，波动性越来越大。在2001—2013年的绝大多数时间里（特别是2001—2008年），由于我国拥有庞大的结构性贸易顺差，经常项目状况决定着我国国际收支和外汇零售市场的结售汇状况，从而人民币汇率走势主要由经常项目状况来驱动。2009年以来，经常项目下的顺差在GDP中的占比和在国际收支净值（除储备项目外）的影响不断下降，而资本项目下的非FDI资金进出对国际收支的影响持续增大，进而对人民币汇率的影响显著增强。结构性的贸易顺差较少受跨境利差等因素影响，但利差和汇率预期等因素对资本项目下的大量短期性资金进出则有显著影响。这就使得人民币汇率具有了更强的金融资产属性，波动率和波动区间扩大，市场趋势和政策意图不一致的情形增多。

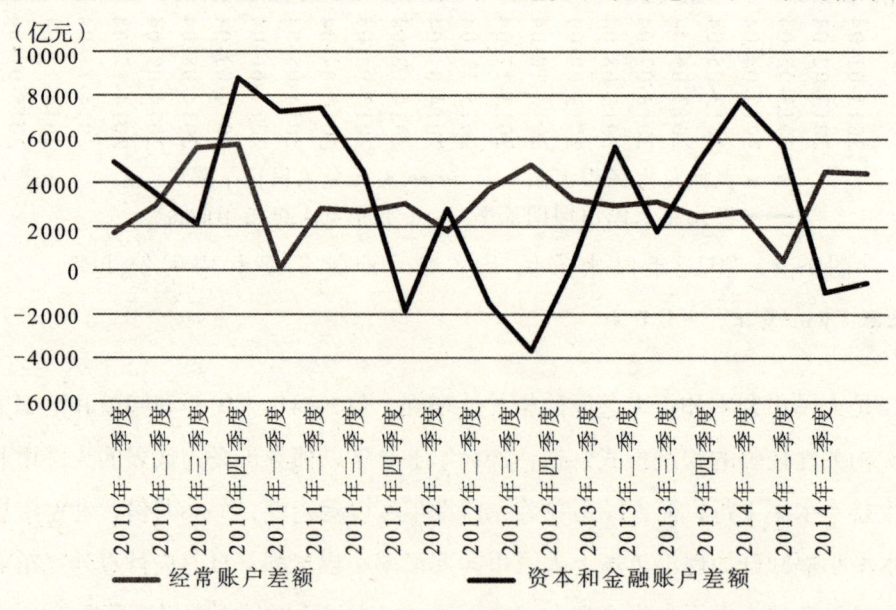

图9-3　2010年以来我国经常账户和资本账户状况

资料来源：Wind资讯，中信资本

第三，国内外利率走势的相对变化以及国内外货币政策趋势的相对变化对人民币即期汇率走势产生越来越直接的影响，央行汇率政策也将更多受到国内经济状况以及利率政策等的制约，利率政策和汇率政策的制约关系增强。

国内外形势的变化使得我国未来需艰难平衡利率政策和汇率政策

展望中期，三期叠加之下国内经济增长动力依旧疲弱、系统性风险仍在积累，客观上需要降低名义和实际利率水平来对冲经济下行以及通货紧缩压力；而美联储量化宽松政策退出并将迈入加息周期，美元有望震荡走强、美元利率水平趋于上升，在其他条件不变时将降低国内外利差、促使人民币汇率走弱和资本流出。若要以维持人民币汇率稳定为先，则需要国内利率水平跟随美元利率水平上升，而这不利于降低社会融资成本等；若要以稳国内经济增长和控金融风险为先，则要保持流动性相对宽松，引导市场利率适当下行，而这不利于人民币如2014年那般强势，也对人民币国际化带来一定冲击。中期视野内，货币当局在利率和汇率政策上将面临艰难平衡。

1. 中期看国内利率市场走势受到国内经济走势和国外美元利率走势不同方向的牵引作用。

从国内因素看，中期经济内生的增长动力仍不足，经济反弹多是阶段性的短周期反弹，实体经济下行周期远未结束，中国经济仍受以债务问题为中心的诸多问题的困扰。债务问题与资产价格问题紧密相关，大范围的债务违约或资产价格泡沫破裂都可能对彼此产生重大影响，从而对国内的经济增长和金融稳定产生严重冲击。疲弱的经济增长、规模庞大的存量债务、新增债务融资以及高估的房价和地价均无法承受长期过高的实际或名义利率水平。我们在第八章曾详细分析过，要维持存量债务相对稳定并防范恶性的资产价格崩溃风险，必然需要相对宽松的流动性和较低的利率环境。疲弱的经济基本面和复杂难解的问题都不支持过高的利率水平，而货币当局为应对上述复杂情况，也有动力采取政策引导利率水平下行。

但是，国际经济和政策形势的变化会对国内利率水平产生向上的牵引力。

多轮量化宽松措施之后，特别是2013年下半年以来，作为中期利率基准的中美10年国债收益率走势较为同步（见图9-4）。

图9-4　2012年7月以来中美国债收益走势对比

资料来源：中信资本，Wind资讯

2012年7月以来，中美10年国债利差的均值在150基点左右，波动区间大体在100基点以内，中美中期利率水平并未脱钩。

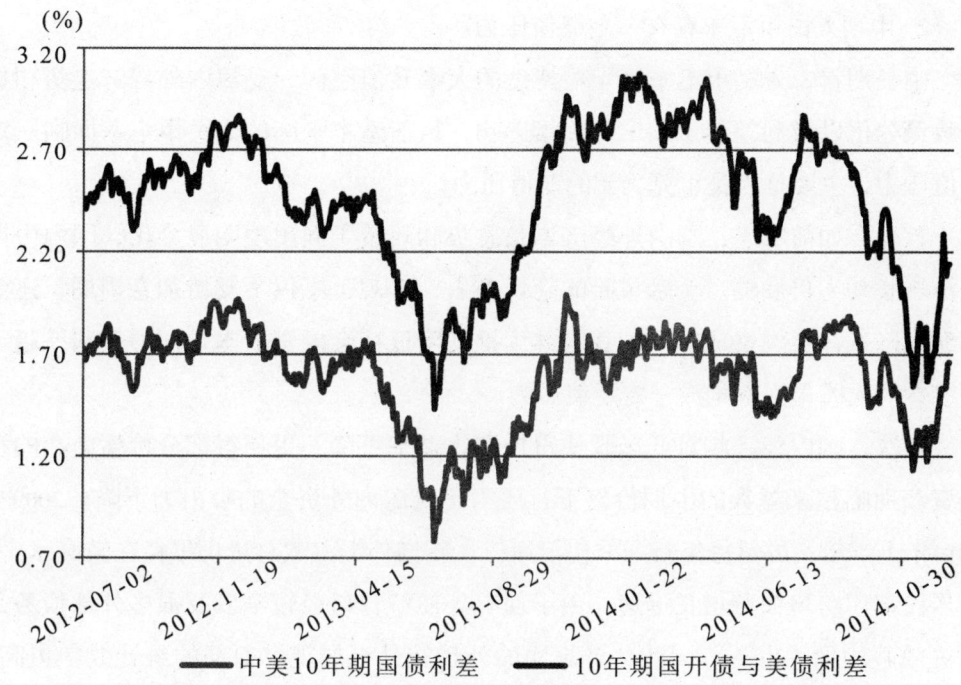

图9-5 2012年7月以来中美部分重要期限债券品种利差走势对比

资料来源：中信资本，Wind资讯

展望中期，美国经济复苏相对较强，美联储预计在2015年内开启加息进程，美元对新兴市场国家货币仍大概率震荡走强。由于美元是全球主导货币、美联储是全球最主要的基础货币投放源头，因此美联储退出量化宽松并步入加息周期，会收紧离岸市场美元流动性，提高全球美元利率水平，并缩窄其他非储备货币国的利差，增强美元资产的吸引力并降低非美元资产的吸引力。由于美元利率水平的走升、中美相对通胀水平没有发生显著变化，要维持强劲的人民币汇率，需要国内利率水平跟随美元利率水平，也即上行来保持一定的中美息差。

综合以上分析，国内外经济增长态势和政策走向出现明显分化，对国内利率水平产生方向不同的影响：国内的经济形势要求利率水平下行；而保持强势人民币汇率则需要维持一定的境内外息差，保持强势汇率的目标会限制国内利率水平的下行空间。

2. 中期人民币汇率存在一定贬值压力。

中长期看，人民币汇率已无可持续的大幅升值空间，受海内外经济走势和货币政策分化以及利差趋于缩窄等因素影响，目前基本平衡的人民币汇率面临一定贬值压力，主要是人民币兑美元的贬值压力。

首先，如前所述，国内外经济增长态势和政策走向出现明显分化，国内中期经济增长动力仍疲弱、金融风险的隐忧难去，客观上不仅不支持加息周期，还要求继续降低社会融资成本。若我国继续推动降低社会融资成本，则中美利差趋于缩窄，对人民币汇率构成一定贬值压力。

其次，国内经济相对低迷既使得投资收益率下降，更使得部分价格虚高的存量资产面临越来越大的中期价格下行压力，对海内外资金的吸引力下降。2009—2014年上半年，虽然每年新增结售汇净值、新增外汇占款总量仍维持在较高水平，但居民部门跨境债务增长迅速。由于现有外债统计口径较窄以及很多外部债务是以更隐蔽的形式借入，因此估计真实的外债较外汇局现有口径的统计数字更高。根据国际清算银行（BIS）的季度报告，2008年后中国已快速成为BIS报告银行中最大的新兴市场借款国。截至2014年6月底，中国居民的跨境未偿还贷款总额为1.1万亿美元，相较之下，巴西为3110亿美元，印度和韩国两国均为2000亿美元多一点。与外债增长形成鲜明反差，近几年不少境内资本通过各种渠道持续流出境外，比如中国买家已成为美国房地产市场最大的境外新增买方。上述情况对人民币汇率不利，并使得汇率水平的不稳定性提高、波动率放大。

最后，保增长压力渐大而汇率钉住美元会导致人民币实际汇率高企，使得通过适当贬值来促进出口的政策选择具备一定吸引力。

概括以上分析，国内因素特别是债务问题和资产端的压力，使得人民币在中期存在一定贬值压力，并要求利率水平下行；但国际因素特别是美联储加息周期，使得要保持人民币汇率稳定和避免资本外流则需要人民币利率跟随美元利率上行的方向。不过汇率问题十分复杂，可谓牵一发而动全身，仅凭上述分析还难以判断人民币汇率何处去。要更好地研判人民币汇率趋势，还需要对相关政策的方向作出分析和判断，特别是需要对不同政策组合的利弊和可行性进行缜密分析和判断。

　　虽然2014年我国在利率水平显著下行的基础上实现了人民币汇率的坚挺，但这并不表明降低社会融资成本和保持坚挺人民币汇率的政策组合在中期是稳定和可持续的。上述政策组合在2014年的成功离不开当年美债利率等全球主要货币利率显著下行的"东风"。2014年美债收益率的回调只是美元利率中周期向上过程中一次大的回调。虽然笔者预计本次加息周期美元利率上行幅度大幅低于1994年和2004年开启的两次加息周期，但美债收益率中期向上的趋势比较明朗。2015年及以后，随着国内外经济和政策走势的分化，我国终将在利率政策（降低融资成本）和汇率政策（维持强势人民币汇率）之间面临艰难选择。

第二节
人民币汇率走向何方

2014年下半年以来，国际汇率市场呈现明显的分化格局：美元持续走强，不仅反映美元对6种主要货币强弱的美元指数大涨超过10%，而且美元对澳元以及卢布、泰铢等新兴市场货币亦大幅走强。展望未来1—3年，日元和欧元等国际货币仍大概率将通过货币宽松和贬值来实现自身政策目标，众多新兴市场货币仍将继续承受美元走强、美元利率走升带来的压力。2014年以来，由于人民币兑美元维持强势，因此人民币对大多数非美货币大幅升值，实际汇率大幅上升。如果未来人民币实际汇率继续上升，那么维持坚挺汇率的成本将越发高昂，人民币汇率可能会承担不可承受之重。而人民币汇率趋势一旦变盘，将可能对资本流动、各类资产市场价格等方方面面产生连锁反应。2015年及之后几年，人民币汇率走向何方，将是中国经济和金融市场所面临的一个核心问题。

不应断然排斥人民币汇率适当贬值

自2014年11月央行意外降息以来，虽难以企及股票市场的火爆，但人民币汇率市场的走势也颇为引人关注。期间，人民币兑美元汇率中间价震荡升值，而即期汇率震荡走贬至6.20附近。在美国11月非农数据超预期推动美元指数更为强势的情况下，货币当局主导的人民币汇率中间价连续走强，但市场力量作用较大的即期汇率却持续走贬，显示政策方向和短期市场方向产生阶段性偏离。对于2015年及之后中期人民币汇率的走势，市场也出现明显分歧，对升值或贬值的利弊也有不同的看法。详细地分析这些不同看法所依赖的逻辑，利于更全面地理解当下的汇率问题并研判人民币汇率去往何方。

有一类观点认为，中期人民币汇率应该并且也能维持相对坚挺。大致有以下几点理由支持维持强势人民币。

第一，人民币国际化和人民币成为重要的储备货币需要相对坚挺的人民币汇率作为支撑。2010年以来，趋于升值的人民币汇率对人民币国际化至关重要，提升了非居民部门使用并持有人民币的动力。从历史上看，英镑、美元、日元等主要货币的国际化过程都十分依赖汇率坚挺，而硬通货的地位更是成为储备货币的敲门砖。既然人民币国际化并成为全球重要储备货币是我国的一大战略目标，那就需要人民币汇率政策做相应的安排。

第二，坚挺的人民币利于资本输出，"一带一路"等资本输出计划需要坚挺的人民币汇率作为支撑。中国外贸部门占全球贸易的比例已很高，由于全球经济走向低增长的"新常态"，其他国家的经济增长无力带动中国出口大幅改善，因此外贸对中国国际收支和经济增长的重要性下降，汇率政策应更多关注资本项目而非经常项目。

第三，相对坚挺的人民币有利于倒逼实体经济部门提升生产效率，并分享原油等大宗商品暴跌带来的红利。坚挺的人民币使得出口部门成本推升、竞争力减弱，倒逼这些部门通过技术升级等方式提升效率。提升效率是中国经济成功转型所急需的。

第四，由于资本是逐利的，因此坚挺的人民币有利于吸引资本流入并降低资本流出风险。2014年下半年，全球非美货币贬值成风，新兴市场国家货币承压更大。俄罗斯、委内瑞拉和泰国等新兴市场国家货币疯狂贬值和资本流出压力剧增共振，居民部门纷纷资产去本币化，类似1998年金融危机的魅影在新兴市场徘徊。在这种情况下，如果一旦放任人民币贬值，则可能形成持续的人民币贬值预期，从而带来资本外流和贬值预期的正反馈式共振，得不偿失。此外，如果人民币贬值太多，会对跨境债务敞口造成巨大负面影响，还会加剧国际层面对人民币汇率问题施加的压力；如果贬值太少，根本就没啥效果，何必贬值？如不贬值，则可能如1998年承诺人民币不贬值那样收获国际化声誉，提振中国经济以及人民币在亚太乃至全球经济的地位。

在持此观点的人看来，由于中国庞大的外汇储备，因此如果货币当局有意维持汇率坚挺是能够实现的。我国经济低迷导致的衰退式贸易顺差扩大虽不能构成人民币走强的有力支撑，但也阻遏了经常项目盈余继续恶化所推动的贬值预期。

应该说，上述观点似乎有一定道理。不过，也存在完全不同的另一个方向的观点，即：面对中期人民币的贬值压力，不应"打肿脸充胖子"，不能轻视强势汇率对我国经济的冲击，不能忽视强势汇率对我国国际竞争地位的负面影响，应通过适当贬值释放人民币汇率承载的过大压力；为避免恶性循环，宏观当局可采取政策来强力干预可能产生的人民币持续贬值预期。在持此观点的人看来，国内外经济形势的变化使得当前人民币无大幅升值空间，由于美元强势、美元利率中期趋升和欧日等货币竞相贬值是大概率事件，若勉强维持强势人民币，代价会很大。

首先，强势人民币会继续推升已高企的人民币实际汇率，这不仅不利于外贸改善，而且也不利于产业升级和经济转型。2015年及未来几年，美元走强而日元等货币继续贬值是大概率事件。其中对我国影响较大的是日元为代表的东亚货币和欧元。2014年12月自民党选举大胜强化了安倍政府的执政地位，安倍经济学有望更深入地推行。长达20余年的通货紧缩不仅伤害了日本经济的筋骨，也堕化了日本经济的灵魂，因此安倍经济学要成功就必须使日本经济走出持续了近一代人的温和通货紧缩局面。对安倍政府和日本央行而言，维持日元汇率疲软并阻遏日元汇率大幅回调至关重要，利于逐步扭转日本社会对安倍经济学前景的悲观。于是，在安倍经济学落幕之前，或者说在安倍—黑田组合退出政治舞台中心之前，任何导致日本通胀前景恶化的因素以及日元兑美元短期大幅走强都将大概率迫使日本央行采取新措施来干预日元汇率。日元兑美元汇率贬值会带来连锁反应：一是会在亚太周边迫使韩元等东亚货币步入贬值周期，而日元主导的东亚货币贬值将对我国外贸部门构成越来越大的竞争压力；二是日元贬值会在遥远的欧洲对欧元产生较大压力，欧元区经济正在"日本化"，欧洲央行仍会竭力进一步宽松来应对持续的通缩压力，欧元和日元竞相贬值的局面恐难避免。中国经济增长的状况比欧洲和日本好很多，人民币较这些国家货币较为坚挺，有利于给这些国家经济提供喘息的机会。不过，即使人民币不能与日元之类货币进行竞争性贬值比赛，但也大可不必"打肿脸充胖子"，去跟美元比谁更强势。人民币汇率保持强势，固然撑足了中美G2的面子，但实际上只是协助美国减轻了强势美元所承受的压力，并大大加剧中国自身汇率和外贸部门的负担。与美国不同而与日本、欧洲相似，中国经济也有诸多严峻的结构性问题需要化解。而且，与美国是相对内向型的经济体不同，中国经济要外向得多，外贸部门对我国的重要性要远大于美国。虽然外贸部门对我国经济增长的拉动作用大不如前，但在投资增速低迷、消费短期难有显著改善的情况下，外贸改善对于缓解经济增长的压力仍有一定好处。实际汇率过高导致的竞争力下滑甚至会倒逼部分健康的出口企业去产能去杠杆。若强势汇率导致外贸部门形势进一步恶化，会加剧中国经济增长的困难。此外，强势汇率也可能加剧中国经济转型和产业升级的困难。在产业层面，中国产业升级主要的竞争对象在亚洲是日韩、在欧洲是德国等，人民币相对于这些国家的货币升值，会使我国相关产业处在不利的竞争地位，加剧我国产业升级的困难。固然我国不少改革是倒逼的，但倒逼的目标在于激发改革的决心和魄力，而不是自己主动设置过多、过大且并不必要的障碍。就30年改革而言，改革的成功更多还是通过破除障碍、主动创造条件来发挥我国经济自身的比较优势。如果人为恶化比较优势来倒逼改革，其前景殊难预料，倒是竞争局面恶化带来的压力更为现实和直接。

其次，如前文分析，如果人民币兑美元保持强势，美元利率走高还会对国内利率政策的自主性带来影响。在人民币汇率的资产属性变强的情况下，如果我国利率水平进一步下降，那么中美息差势必进一步缩小，会使人民币兑美元汇率面临一定贬值压力，还可能吸引境内资本流出，转向更具吸引力的美元计价资产。这一点从2014年11月降息以来的汇率市场表现可见一斑。因此，要保持人民币强势，就需要维持一定的中美息差。但我国经济增长处于下行通道、通胀低迷和存量债务压力巨大等形势，要求货币政策仍需逐步再宽松以降低利率水平。国内形势更为需要独立利率政策，而非勉强支撑过于强势的汇率。

再次，人民币国际化和人民币成为全球重要储备货币都是长期的过程，保持货币在长周期坚挺，才更有利于人民币国际化和成为重要储备货币。货币在长周期保持坚挺并不意味着汇率不能随着国内外形势的变化进行贬值调整。人民币走向国际化并最终成为重要储备货币不是一个短期的过程，英镑和美元国际化并成为全球主导货币均耗时超半个世纪以上，日元乃至欧元等的国际化也不是一个一蹴而就的过程。在这些货币复杂而曲折的国际化进程中，在中长期维持只升不贬的货币汇率根本不现实。在当下所处的美元对多数非美货币走强的时代里，没有必要非得始终保持人民币兑美元强势来推进人民币国际化的战略目标。人民币汇率保持相对坚挺（与欧元、日元等相比）、汇率弹性适当放大、阶段性的适当贬值并不会危及人民币国际化进程。

最后，从长期看，允许人民币汇率适当贬值和维持人民币坚挺并不截然对立，适当贬值或许更有利于在中长期维持人民币汇率坚挺。毫无疑问，保持人民币贬值的可控性，有底线是必要的。政策当局应该致力于引导人民币汇率在双向波动中维持相对稳定，坚守人民币不能像卢布那样步入恶性大幅贬值的底线，但不必也很难阻遏阶段性的贬值调整。今后人民币汇率政策的制定显然要比以前更为注重资本项目相对稳定和人民币国际化等目标，不过也不必截然排斥通过中短期的贬值来为国内利率政策和汇率政策本身拓宽空间。作为人民币汇率改革主旨之一的双向波动本来也就不排斥贬值走势，只是宏观当局要坚决阻止持续的贬值预期，特别是在一旦出现恐慌导致的人民币抛售潮时更需强力维稳。如果能有效控制贬值预期，则适当释放贬值压力后，反而更有利于维持中长期人民币汇率的坚挺。这就如同我国1994年汇率改革后的情形。如果没有1994年汇率改革将人民币汇率从虚高状态一次性大幅贬值所留出的空间，那么我国1998年亚洲金融危机时承诺人民币汇率不贬值就要承受比当时高得多的成本，甚至这一承诺都难以维持。此外，本轮美元升值虽会使东亚货币承压，但不大可能发生类似1998年亚洲金融危机之类的货币危机。这客观上也使得我国没必要硬撑坚挺汇率以应对区域性或全球性金融危机。适当贬值有利于获得调整实际汇率和人民币利率的空间。

复杂的内外部形势下难有皆大欢喜的完美选择，选择的阵痛在所难免，在两难或多难之间只能取法中庸，争取成本最小化和利益最大化。不容否认，相对占优的适当贬值也会是一条惊险的"走钢丝"之路。可在美元强势升值的背景下维持人民币对美元强势更不轻松。虽然整个旅程会有惊险，不过人民币适当贬值还是具有一定可行性的。而且其可行性不比维持强势人民币汇率更差，关键是能够遏制越过人民币汇率总体稳定底线的一切恶性贬值进程或持续贬值预期。人民币坚挺论者认为，凭借我国已积累的数万亿外汇储备，足以震慑汇率市场上一切敢于持续做空人民币的力量，永保人民币汇率坚挺。暂且不管这种论点是否站得住脚，倘若这是对的，那就没多少理由怀疑在适当释放贬值压力后货币当局不能阻遏任何冒出来的持续贬值预期。归根到底，人民币汇率政策的最终出发点还是应围绕如何维护"稳经济，促改革"的大局。下文将从这个角度展开分析。

着眼防范国内经济系统性风险，平衡利率汇率政策两难

如前分析，当未来降低社会融资成本的努力遭遇强势美元和走高的美元利率，我国汇率政策和利率政策就会面临艰难的抉择和平衡。在我们看来，面对两难，抉择的首要着眼点在于：防范国内系统性风险，为国内全面深化改革争取时间。

当下中国经济最为关键的是：妥善化解"旧格局"下遗留的重重难题，通过改革为"新周期"释放足够的制度红利。因此，从中期看宏观政策选择最为"艰难"也最为关键之处在于：如何平衡两难，既防范国内经济金融系统性风险的爆发，并为通过改革等来化解诸多经济病症争取时间。要分析我国经济和政策的走势，需探讨经济系统性风险可能的触发点和传导路径，并权衡何者为重。我们认为：国内资产价格大幅下行风险和居民等部门资产"去人民币化"导致的"汇率持续贬值—资本持续流出共振"风险，是经济金融层面最重要的两个系统性风险触发点，相较之下前者更为重要。从防范系统性风险的角度出发，需要优先保国

内资产价格不恶性破裂,必要时候允许汇率适当贬值、采取临时资本管制等手段来避免形成持续的居民部门资产"去人民币化"。

1. 政策组合需谨慎权衡以防范经济金融系统性风险。

2008年后,中国经济增长越发依赖边际经济效益下降的投资和不稳定的融资条件支持,过剩产能和债务问题快速加剧,成为中国经济金融体系的重大风险。短期看,由于政府通过强力干预来坚守不发生区域性和系统性金融风险的底线,短期内我国经济系统性风险爆发的可能性不大。但短期性的政策刺激不仅无力解决,甚至还在加剧经济的系统性和结构性病症。短期性刺激政策固然能够为经济增长托底,但却把结构问题往后推,其最好的效果只是在用"政策应对的空间"换"通过改革化解结构性问题的时间"。中长期看,我国既需要逐步消化产能过剩和膨胀的债务等难题,还需要培育出更有效率的企业、行业和产业部门来支撑长期经济增长。如无法做到上述两方面,虽然短期不会发生大的系统性风险,但从日本、东欧等国的历史经验等看,增速低迷、活力下降、过于依赖刺激政策、僵而不死的僵尸型经济并非稳态,不过也是在冰湖上宿营,无法一直持续下去,冰面最终会融化。在内外力推动下,不断积聚的系统性风险最终以"硬着陆"方式爆发的可能性会不断扩大。因此,无论何种政策选择,均需谨慎稳健处理系统性风险可能的爆发点,为全面深化改革争取时间。

2. 我国经济金融系统性风险最可能的两个触发点:资产价格和汇率。

凡事预则立,不预则废。系统性风险最大的触发点是两个方面:资产价格和汇率。

具体来说:

第一是房地产等大类资产价格出现趋势性大幅下跌。在过去的10余年中,土地和房地产价格的膨胀已经与经济增长联系得十分紧密,难解难分。某种程度上,经济增长成了土地和房地产市场繁荣的衍生品。土地和房地产等不仅成为信用融资最大的抵押品,也成为居民部门最大的资产项。大类资产价格若出现日本泡沫经济破裂之后(1990年之后)的持续剧烈下跌,则将从多个渠道对经济产生重大冲击。

第二是居民部门大规模资产"去人民币化"推动的资本流出和汇率大幅贬值。居民部门大规模的资产"去人民币化",会自动导致外汇储备的减少。货币当局动用外汇储备干预汇率也意味着外汇储备持续减少。由于我国外汇储备对应着央行口径的外汇占款,因此减持外汇储备也就意味着央行口径外汇占款减少,对基础货币产生收缩作用,从而对国内利率水平、资产价格等方方面面产生冲击。

假定未来系统性风险发生,至关重要的问题是资产和汇率究竟哪个首先爆发以及何者更为紧要。对上述问题的不同答案,对应着不同的冲击经济和大类资产的路径,政策的应对策略也有所不同。要尝试解答上述问题,先要分析都有哪些因素可能导致资产"去人民币化"和资产价格大幅下跌,然后分析两类风险率先爆发之后的传导机制。

在经济层面,预计主要有三类因素会推动居民部门资产"去人民币化":一是国内经济出现"硬着陆"或此类风险大增,资产价格出现持续下跌,投资收益率显著下降而投资风险增大,即由资产价格下跌风险引爆资本大幅流出和汇率贬值风险;二是前文所述的美国经济走强和美联储宽松政策退出可能导致美元计价资产相对人民币计价资产更有吸引力,从而吸引资本流出;三是汇率加速贬值迫使居民部门和非居民部门蜂拥将人民币资产外币化(如2014年12月俄罗斯居民蜂拥抛售卢布及卢布计价资产并换汇),这种情形往往是前两种情形的升级版。出现上述风险时,居民部门中可能会采取"资产去人民币化"策略的主体可分为两类:一类是在华的外商投资企业等外资主体,我国累计通过FDI引进的外资在1万亿美元以上,这类企业历年积累的未汇出留存利润具体数目不详但数量级也在万亿元以上;另一类是私人企业和住户部门等内资主体,一旦经济遭遇严重的系统性风险并让很多经济主体有"覆巢之危",那也势必会有大量的内资选择将自己来之不易的资产"去人民币化",这就如同俄罗斯卢布危机时的情形。

可能导致资产价格下行风险的经济因素要多一些:一是美联储加息导致的国内利率走高压力、资本外流、美元走强等可能戳破国内资产价格泡沫;二是由于信用偏紧、名义或实际融资成本偏高导致国内债务出现大面积违约,使资产遭受抛售导致的价格下行风险;三是国内居民部门对国内经济前景悲观而出现的大规模自发式的资产"去人民币化";四是经济持续低迷,债务问题不断积聚,导致系统最终自发式的市场出清;五是汇率持续大幅贬值迫使居民部门持续抛售人民币计价资产以实现自身资产保值。

由以上分析可见,汇率和资产价格风险并不互相独立,一个风险爆发之后大概率会触发另一个风险,进而形成正反馈的链式反应。如果出现居民部门大规模的"去人民币化",则资本可能加速通过各种途径流出,造成严重的基础货币收紧,进而收紧信用环境。这样一来,利率市场将受到很大冲击,其中短端利率所受冲击尤其大。如果宏观当局届时不及时采取有力政策注入大量人民币流动性,则严重的流动性冲击可能会形成并蔓延,进而促进部分资产价格出现急破式的雪崩,经济增长也必然受到巨大冲击。但如果央行反应力度足够,比如快速多次降准、通过SLO等工具大量投放流动性,并采取临时资本管制等措施,则国内利率和资金面短期内总体可控。

维护短期流动性的稳定仅是第一步,要维护境内市场流动性局面总体稳定还必须消除持续的人民币贬值预期,否则居民部门的"去人民币化"就会通过各种或明或暗的方式持续,从而上述央行政策干预的中期效果存疑。2014年以来,资产端的信用风险"冒泡"明显增多,但由于货币当局和各级政府等的强力介入,因此此类信用风险虽在继续恶化但扩散有限,总体尚处于控制范围内。假定未来资产端价格泡沫全面破裂并大幅向下,由于债务的名义价值具有相对刚性,则债务比率较高的企业部门资产负债表将严重恶化,众多高杠杆的债务主体将出现严重债务破裂问题,大面积的债务违约难免,我国整体投资收益率将变为负值,经济也势必"硬着陆"。连锁反应之下,"居民部门资产去人民币化"导致的资本流出和汇率贬值压力也将难免。

政策当局要控制资产价格恶性崩盘风险,则要保持相对宽松的资金面并适当降低利率水平,但这可能使得汇率出现贬值风险。而保持人民币汇率相对强势,利于人民币国际化,并利于保证各种形式的资本流入以补充基础货币,但由于美联储2015年可能进入加息周期,这意味着资本项下资本流出可能增大,以及国内利率可能需跟随美元利率上升以维持境内外利差,但这会对国内资产价格和经济增长造成巨大压力。

  笔者认为，大幅汇率贬值风险当然要控制，不过防范资产价格大幅下跌风险并维护国内流动性相对宽松更为优先。这意味着，央行要通过主动的基础货币投放渠道来保持相对宽松的资金面和适当的利率水平，为全面改革见成效争取时间。只要能阻止持续贬值预期的形成，那么在汇率双向震荡中允许一次或者多次阶段性小幅贬值并不可怕。在现有外汇市场架构下，由于央行对银行间外汇市场的干预能力很强，因此只要货币当局及时大力干预，市场参与者并不容易很快形成一致的贬值预期。而且如果资产端尾部风险在较长时间内被控制住，那央行和其他政策当局干预汇率的难度也有限。只是必须注意，要避免形成长期的人民币贬值预期和居民部门资产持续大规模"去人民币化"，短期可以依靠政府通过中间价引导、抛售外汇等日常干预手段（必要时还可采取临时资本管制），长期只能依靠释放改革红利来化解存量问题、稳定中国经济中长期的基本面。

概括以上分析，要防范资产价格破裂风险并消除持续的居民资产"去人民币化"，短期的要务在于稳定短期经济态势，长期的核心在于稳定中长期的经济基本面，最终还是需要国内改革来挖掘经济增长的内生动力，否则资产泡沫终归还是要破裂，只不过是以先慢慢冒泡、后快速加剧的形式缓破。

第三节
对货币和汇率问题的再思考——
中心货币、次中心货币和外围货币

货币和金融是现代经济的核心，其影响实体经济的关键点有三：数量、价格以及新增货币供给介入经济的方式。利率和汇率是衡量货币价格的两个最基本维度。影响汇率和利率的因素众多，不同因素介入市场的时点和顺序不同，都会引起汇率和利率不同的价格变化路径。相比之下，汇率比利率更为复杂，其影响因子除了国内因素外还牵涉到国际货币格局等更多的国际因素。下文将在前文分析的基础上，选择若干角度展开对货币和汇率问题的一些再思考。

影响汇率和利率的因素众多，这些因素有短期因素和中长期因素之分。各类短期因素作为影响因子介入汇率和利率市场的时点和先后顺序不同，会使得汇率和利率变化的短期路径存在很大差异。而不同货币所面临的中长期影响因素不同，也会使得国际货币格局中地位不同的货币当局在面临相似情形时不得不采取不同的政策组合，并得到不同结果。

举例来说，在2014年下半年以来的强势美元背景下，虽然都面临一定的汇率贬值和资本外流压力，欧洲央行选择采取进一步宽松政策来提振经济增长、促进汇率贬值和对抗通缩压力，而如俄罗斯等新兴市场国家则不得不通过大幅加息和抛售外汇储备等方式来支撑本币汇率。对欧元区来说，汇率贬值有利于提振欧元区经济的国际竞争力,也有利于欧洲央行实现通胀目标,汇率贬值的负面效果可控,因此欧洲央行以及欧元区政府大都乐于看到欧元汇率贬值;但对于俄罗斯、委内瑞拉等新兴市场国家而言,汇率贬值会恶化国内通胀、推动资本外流、加剧外债偿还压力和国内资产价格泡沫破裂风险,因此这些国家的货币当局大都对持续的汇率贬值深恶痛绝。欧元区既不需要太担心资本外流带来欧洲美元市场流动性急速下降,也不需要担心欧元资金市场因资本外流而大幅收紧,更不需要过于担心欧元区居民部门普遍的资产"去欧元化";可对于俄罗斯等新兴市场国家而言,一旦形成汇率持续贬值预期,其货币就可能大幅贬值,而且大幅贬值往往激发居民部门的不安全感和居民部门普遍的资产"去本币化",整个国家的外币融资能力(特别是对全球主要储备货币的融资能力)会大幅下降,不仅居民部门,而且政府部门外币债务的违约率都大幅上升,因此这些国家的央行和政府大都特别担忧贬值和资本外流的共振。

上述种种反差寓意深远。根据第二章所构建的货币金融与实体经济的三重对应关系,货币对应的是资产,作为货币对外价格的汇率反映的是境内外资产价格相对价值的变化以及国内外经济基本面的相对变化。"苍蝇不叮无缝的蛋",俄罗斯卢布大幅贬值与油价暴跌、全球原油阶段性供需失衡等因素所凸显的俄罗斯经济脆弱性有关。新兴市场货币在美元走强的背景下承压,本质上还是因为新兴市场国家经济的结构性问题可能被美元流动性收紧而引爆。

更为重要的是,上述种种反差还表明:当前国际货币体系的基本结构是"中心—次中心—外围"结构,这一结构的国际货币体系还对应并支撑着"中心—次中心—外围"的国际体系结构。正如冷战时期的"两极格局"和如今的"一超多强格局",国际货币格局与国际格局总是有相似之处。在当前"中心—次中心—外围"结构的国际货币体系之下,不同国家的货币地位有中心货币、次中心货币和外围货币之分。美元是当前国际货币体系的中心货币,以欧元为代表的部分发达国家货币为次中心货币,众多新兴市场货币则是典型的外围货币,但次中心货币和外围货币之间的边界并不十分清晰,以至于有些国家货币的归属存在一些模糊性。下文从两种维度来划分并探讨三类货币。

从货币金融角度看中心货币、次中心货币与外围货币

从货币使用的角度看，中心货币是全球交易计价、国际支付和价值贮藏的首要货币。美元毫无疑问是当今世界的中心货币。美元在全球交易计价、国际支付和价值贮藏三方面均占绝对优势，其在国际交易计价和国际支付方面的份额还高于在其在储备货币中的份额。次中心货币大都是全球重要的储备货币，并在全球交易计价、国际支付中占有一定地位。目前欧元具有较明显的次中心货币特征，日元和英镑等也具有相当程度的次中心货币特征。外围国家货币几乎都不是全球重要的储备货币，其在国际支付和全球交易计价中的使用也较少。新兴市场国家货币大多属于外围货币之列。

中心、次中心和外围三类货币在汇率（政策）和利率（政策）上存在巨大差异。当主要国家货币政策走向发生大分化，特别是美元汇率持续走强时，其货币汇率贬值可控与否，能否可持续地实施相对独立于国际因素之外的货币政策至关重要，是区分（次）中心货币与外围货币的一个关键点。如前文所述，在2014年美联储政策走向加息、美元走强的背景下，欧元区和日本货币当局能够选择进一步的货币宽松、放任货币贬值，但俄罗斯和委内瑞拉这类外围货币国的汇率贬值就不可控，这迫使这些国家的货币当局不得不暂时"忽视"国内经济增长的困境，转而采取货币紧缩来应对汇率贬值和资本外流压力。

对于中心货币而言，其货币当局在货币政策制定方面拥有很大的独立性，较少受到国际因素的制约。以美元为例，这体现在：

第一，美联储无需过虑短期跨境资本流动和汇率波动对其利率政策的影响。作为中心货币国的美国没有积累大量外汇储备以备国际支付方面不时之需的必要。在发生国际金融危机时，美联储也无需动用外汇储备。美联储自身发行的美元，就是最畅通的国际流动性。美联储也无需向任何区域性或全球性救助机制求援。

第二，美联储的利率政策是其货币政策的核心，货币当局并不以汇率强弱作为货币政策的主要目标。

第三，美元在汇率层面具有无与比拟的优势：在浮动汇率制下，美元贬值的幅度是有限的，其影响更是可控的，美元贬值不会颠覆其中心货币的地位。布雷顿森林体系崩盘以来，美元汇率经历多轮周期性波动，但美元贬值的影响总体可控。从1980年到冷战结束的那段时期，虽然美元指数在［80，160］的区间内经历了大幅震荡，但无碍于美元在国际计价交易、国际支付和国际储备货币方面的主导地位。

次中心货币国（区）的货币政策通常也有较大的独立性，其汇率政策往往从属于利率政策，货币政策的目标也主要关注国（区域）内的物价稳定等目标，比如2014年以来欧元区和日本的货币政策。但对于外围货币国而言，其货币政策通常难以独立于中心货币和次中心货币的政策合力，这就使得外围货币国的利率政策在很大程度上受制于汇率政策和跨境资本流动。当中心货币走向紧缩时，外围货币国在利率政策上需跟随主导货币国的政策方向，并且往往会有过之而无不及。因此，在2013—2014年美联储加息周期虽相对确定但并未开始加息时，我们已经看到了俄罗斯等新兴市场国家因汇率承压而开始大幅加息。对所有国家而言，汇率贬值有利于提升出口部门竞争力。次中心货币贬值通常也不会对其货币地位和经济造成多大冲击，甚至通常会通过利好外贸部门来改善本国经济状况。但对存在结构性问题的外围货币国而言，持续的本币贬值预期将伴随着大规模的资本流出，会加剧该国陷入金融危机和经济危机的风险。外围货币国应对这一情况的标准防御模式往往是大幅提高短期利率。如果外围货币国通过大幅降息和货币投放来对冲资本流出，往往会进一步加剧汇率贬值和资本流出。因此，外围货币国的利率政策往往受汇率政策制约。

形象地说，中心货币国制定货币政策时几乎不用看别人脸色，次中心货币国制定货币政策时很少看别人脸色，但外围货币国家制定货币政策时往往要看其他人脸色行事，特别是中心和次中心货币脸色不好（政策紧缩）时。

更进一步分析，在全球货币格局中的地位不同，使得各国货币在全球范围的流动性不同。中心货币拥有最好的流动性，次中心货币有着较为广泛的流动性，而外围货币的流动性十分有限，基本只限于本国以及个别关系紧密的国家。资本的全球化流动已十分显著,而跨境资本流动的载体是货币,特别是高流动性的货币。当中心货币流动性泛滥时,高流动性货币通过资本项目进入新兴市场国家寻找高收益,于是新兴市场国家流动性通常较为充裕。其信贷等信用活动往往加速繁荣,对流动性的需求放大,结构性问题也不断滋长。随后,当中心货币或次中心货币因国内需要而步入货币收紧周期时,新兴市场国家面临的高流动性货币融资环境趋紧,内部结构性问题凸显,贬值压力和国内资本流出压力加大,很容易形成汇率贬值与跨境资本流出的共振。

从完整的经济和信用周期看,与次中心货币相比,外围货币国所拥有的高流动性货币融资条件太过脆弱。外围国家居民部门只能通过三种手段获得高流动性货币:经常项目下的贸易顺差、资本项目下的FDI和各类金融融资,以及存量外汇储备。遗憾的是,市场资金不仅是逐利的,更是顺周期的。在美联储量化宽松导致全球流动性泛滥的时期,大量高流动性的货币通过资本项目以债务融资等方式流入经济相对高增长的新兴市场国家,使得新兴市场国家可得的高流动性货币增加,并阶段性地掩盖了新兴市场货币在国际市场流动性不足的问题。但当主要货币走向紧缩、市场逆风飞扬时,外围货币国家的资本项目往往由流入转为大幅流出,通常这些国家只能靠抛售有限的外汇储备来为国内市场补充所需的高流动性货币。应该说,陷入困境的那些外围货币国普遍缺乏高流动性货币的最终贷款人。但对次中心货币而言,一方面其货币本身就具有较高的流动性,使用范围广,且能相对稳定地从市场上兑换为其他货币;另一方面次中心货币国和中心货币国之间通常有大规模、可持续的双边货币互换协议。与中心货币——美元的双边货币互换其实就是一种备不时之需的外汇储备,也意味着美联储充当起了该国市场高流动性货币最终贷款人的角色。与美联储可达成的货币互换规模越大、越便捷,则美联储起到的最终贷款人作用越强。在国际金融危机等极端市场情况下,拥有中心货币国货币当局作为最终贷款人,对稳定市场脆弱的流动性预期极为重要。当2008年金融危机导致欧洲金融系统美元流动性极度缺乏时,是美联储跨国充当了最终贷款人的角色,通过向欧洲输入以千亿美元计的巨量美元,才稳定了欧洲金融系统的流动性。从这个角度上看,国与国之间最有用的货币互换是与美联储的货币互换,其次是与欧元等次中心货币的互换。由于外围国家货币在国际交易、国际支付和价值储备功能上的不足,普通外围国家之间的货币互换意义不大。可以说,与中心货币国、次中心货币国的大规模货币互换协议有助于增强一国货币的次中心特征,而且也降低了维持日常性巨额外汇储备的必要性。

将讨论回归到人民币,人民币的情况要复杂一些。笔者倾向于认为,人民币还是正朝着国际货币方向努力的、具备有限的次中心货币特征的外围货币。人民币国际化有利于人民币成为名副其实的次中心货币,但距离典型的中心货币目前仍然不可望、不可即。人民币国际化的目标大体可分为两个层次,第一层次在于提升人民币在全球交易计价和国际支付中的占比;第二层次在于提升人民币在全球外汇储备中的份额,增强人民币作为全球价值贮藏货币的功能。在2009年人民币国际化提速以来,人民币在跨境贸易中的使用范围提升,人民币计价的跨境贸易信贷和离岸金融产品的规模也有显著扩大。当人民币国际化最终完成时,人民币就会具有显著的次中心货币特征。不过就当下而言,人民币在全球交易计价、国际支付和国际价值贮藏三方面的作用仍十分有限,而且人民币与美元之间尚未签订大规模的货币互换协议,因此人民币总体上还属于外围货币。

不过,人民币又确实与卢布之类的外围货币存在很大不同:一来中国经济的体量和国际贸易规模等经济指标远高于其他新兴市场国家,中国经济是当之无愧的世界经济增长主要发动机之一,这提升了人民币的地位;二来人民币国际化已有不少成绩,人民币和欧元、英镑等次中心货币均签订了较大规模的货币互换协议;三来虽然外汇储备的形成机制存在很大问题,以及现有外汇储备中大量资产缺乏流动性,但中国毕竟拥有了近4万亿美元的外汇储备,对市场逆风的抵抗力非一般新兴市场国家可比。因此,人民币也具有了很有限的次中心货币特征,哪怕全球美元走强、美元利率走升,人民币的利率政策不必非得从属于维持汇率稳定。

旧格局与新周期

从国际政治经济格局看中心货币、次中心货币和外围货币

国际货币格局与国际关系格局、国际经济格局等关系密切。若无在全球经济和政治格局中的地位作为支撑，一国货币难以成为中心货币或次中心货币。中心货币国通常也是全球政经格局中最为重要的一个或两个国家，这类国家的政治、经济、军事等影响力可以辐射全球，并且通常具有全球性的资源吸纳、消化、输出和整合的功能。典型的如冷战时期的美苏两极和后冷战时期唯一的超级大国美国。次中心货币国或区域通常也是全球政经关系中的区域中心国或国家联盟，在区域政经联系中居于中心地位，对全球经济有较强的影响力和辐射力。从这个角度上看，二战后通过一体化进程整合自身力量的欧元区（或者说欧盟）具有明显的次中心特征。

日本并非区域中心国家，但日本的情况也相对特殊，使得日元具有一定的次中心货币特征。在地缘政治上，由于跟随美国的外交战略和受二战历史问题纠葛等影响，日本难以成为太平洋西岸的区域中心国家。但作为美国在太平洋西岸战略支点的日本，在国际政治层面得到美国大力扶持，日本在一定程度上是中心国家美国在亚洲的"影子"，因此日本地缘政治上的弱点也就在很大程度上被美国的影响力所补充。此外，日本是国际性的经济强国，其经济在亚太地区和全球的辐射力很强，因此作为美国在亚洲"影子"的日本具有一定的次中心国家特征，日元也具有一定次中心货币特征。

需注意，地缘政治大国并不一定就是政经格局中的区域中心国家。这方面比较典型的就是俄罗斯。当下的俄罗斯仍是全球政治大国和军事大国，也还是全球地缘政治大棋局中的战略级棋手，但苏联解体后的俄罗斯已算不上经济大国和区域中心国家。从全球和区域经济格局上看，当下的俄罗斯不仅不是区域经济中心，而且在全球经济格局上也比较边缘。俄罗斯的经济结构过于依赖自然资源禀赋，在全球产业分工体系中的地位往往随着油价走势上蹿下跳。固然在油价高企、石油供应相对短缺的时代，作为能源出口大国的俄罗斯在全球经济格局中地

位上升。但在油价回落、石油供给相对过剩的时代，能源和资源供给的可替代性很强，俄罗斯经济在全球经济格局中的地位通常就急剧下降。特别是2014年下半年以来，随着油价暴跌，俄罗斯经济的脆弱性暴露无遗。于是乎，作为地缘政治大国的俄罗斯始终只是一个地地道道的外围货币国。

从国家战略的角度看，成为中心或者次中心国家是一国从既有国际格局中崛起后最自然而然的目标。为实现这一目标，一国就需要使其货币成为全球货币格局中的中心或次中心货币。只不过，成为（次）中心国和（次）中心货币国这两个目标是相互依托的。

谋求成为次中心国家应该是中国和平崛起较为现实和易行的战略目标，人民币成为次中心货币便是这一目标在经济金融层面的重要载体。中国经济总量已居世界第二，但第二经济大国并不必然就是西太平洋和欧亚大陆东部的区域中心国家，暂时更加谈不上全球中心国家。毫无疑问的是，我国正快速朝着区域中心国家的方向发展。在决策层的构想中，"一带一路"之类的战略规划应不只是着眼于资本输出和消化国内过剩产能，还应该包含了推动我国成为区域中心国家的战略目标。

从上述背景来看人民币和人民币汇率，也可以进一步印证前两节的三点结论：一是中国要真正成为次中心国家，就需要人民币成为次中心货币，就需要用国际化的人民币整合区域内的经济金融等资源。二是如果人民币要成为次中心货币，国内经济就应保持相对稳定，人民币国际化进程必须继续推进，人民币汇率不宜大幅贬值。三是归根结底，人民币要通过国际化成为次中心货币还得依靠中国经济在全球经济格局中的地位进一步上升，因此人民币汇率何处去必须优先服务于国内经济稳定并提升中国经济在中长期的基本面。

最后，再次强调，当下对中国经济最为关键的是：妥善化解"旧格局"下遗留的高债务等重重难题，通过改革为"新周期"释放足够的制度红利，推动中国和人民币在"新周期"中成为名副其实的次中心国家和次中心货币。在2015年及之后的若干年里，人民币和人民币汇率何处去应是影响我国经济的核心问题之一。人民币没必要始终充当全球汇率第一或者第二坚挺的大国货币，而应着眼于上述大局，聚焦稳定国内经济中长期的基本面，在保持汇率不失控的基础上为国内改革争取时间和空间。

后 记

经济是现代国家的中心，而金融则是现代经济的核心。中国经济正走在改革的深水区和转变经济增长方式的历史关口，内外部形势错综复杂。作为金融领域的从业者，经济和金融市场是笔者本职工作所围绕的中心。在错综复杂的当下，为了更好地看清中国经济未来的方向，有时需回望历史的车辙，对来时的路进行更全面更深刻的把握。

在笔者看来，自21世纪以来，中国以及全球经济经历了一个美国财政、金融扩张和中国过剩储蓄主导的繁荣时代。由于"9·11恐怖袭击事件"和中国加入WTO等极具代表性的事件，2001年不仅成为中国经济在新世纪的关键起点，也成为全球经济和金融格局发生划时代变化的分水岭。

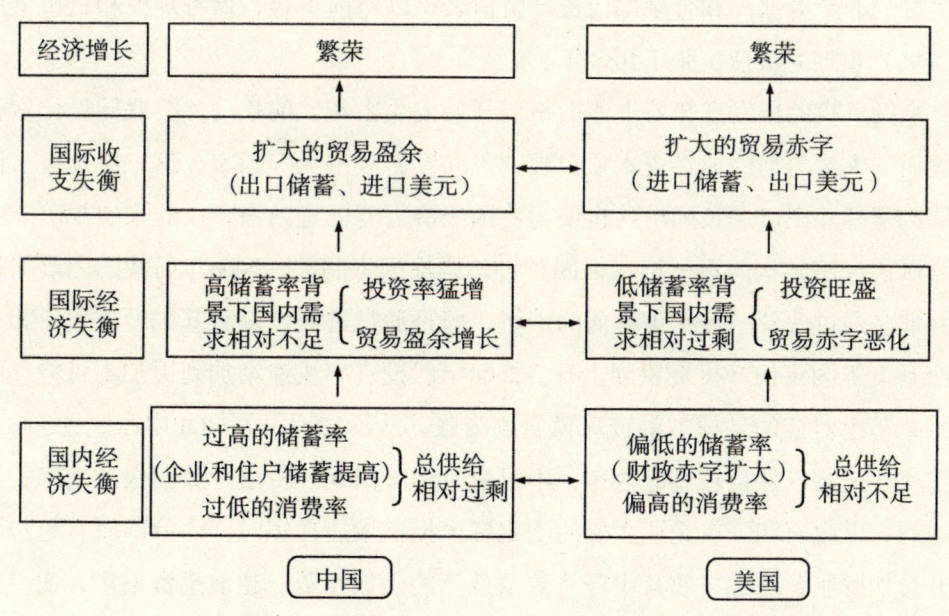

图1　2001—2007年中美经济失衡关系对照

资料来源：中信资本

在2001—2008年金融危机前，全球经济繁荣与主要国家经济的结构性失衡关系密切。主要国家国际收支失衡为这一轮全球经济繁荣提供了重要动力，而国际收支失衡加剧的背后是中美G2的国内经济结构失衡。中国和美国的种种结构性失衡如同一枚硬币的两面（见图1），互相对应。可以说，美国的财政、金融扩张和中国的过剩储蓄共同主导了这一轮全球化繁荣。结构性失衡的格局不仅涉及实体经济，更影响全球货币流动性安排。作为全球主导货币国家，美国扩大的贸易顺差使得美元通过经常项目输出到中国等新兴市场国家，这变相等同于美国在全球实行相对宽松的货币政策。

在上述结构性失衡的格局下，我国投资和出口主导的经济增长模式得以形成并不断强化，直至僵化和蜕化。与此同时，实体经济更深地卷入国际生产分工体系，产能和资产规模快速扩张，工业化和城市化快速推进，房地产、土地和大宗商品等大类资产市场出现长时期价格上涨的繁荣局面。在货币金融层面，中国通过经常项目盈余大量进口美元，外汇占款主导的基础货币机制得以形成，政府信用主导的非金融部门和金融部门资产负债表得以空前扩容，债务规模和货币供应量（M_2）也随之快速扩张了10余年。

金融危机的爆发意味着上述旧格局开始发生系统性的松动。美联储量化宽松实施后，大量流动性通过资本项目被"推向"新兴市场等国家，这一度延缓了旧格局的落幕。出口增长的滑落也使得我国经济需要促进内需，以此来实现国际收支和国内经济结构的再平衡。但因种种结构性因素制约，2008年后我国内需的提升并非是通过改善已经严重偏低的消费，而是通过进一步刺激基础设施建设和房地产开发等固定资产投资剧烈上升。2008年后投资率快速增加到更加不可持续的水平，与之对应的是债务融资规模急剧膨胀。从静态看，在GDP中占比约50%的投资实在太难以保持较高的效率，不可避免地会出现投资边际效益快速下降；从动态看，以政府和国有企业主导的固定资产投资增速在短时间内偏离原有趋势增速并过快膨胀，势必导致其中经济效益低下的无效投资、超前投资增多，使得投资边际收益率快速下降。膨胀的投融资与下降的效率，使得产能过剩和债务还本付息等压力猛增，工业产能和房地产价格开始先后遭遇周期性下行的压力。当下我国经济运行中很多亟待解决的问题在2010年以后开始浮现。

随着美国财政和贸易双赤字占GDP比例的缩减、美联储退出量化宽松计划并将步入加息周期等，美国和美元逐步走向财政和金融的收缩周期。国际大环境交织着国内产能过剩、债务压力加剧等总量和结构性难题，中国经济终将从"旧格局"步入"新周期"、从结构性失衡下的经济高增长时代走向设法化解结构性难题、建立经济增长新模式的新时代。

回顾这10余年，我国实体经济与货币金融日益紧密相连。货币金融并非实体经济的面纱，而是在很多方面主导并塑造着实体经济。在我们看来，过去10余年的中国实体经济和货币金融存在三重对应关系。

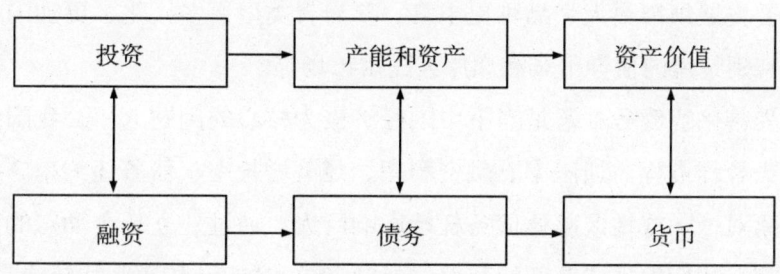

图2 实体经济和货币金融之间的三重对应关系

资料来源：中信资本

1. 投资对应融资，实体经济层面的投资增长对应货币和金融层面的融资扩张。在旧格局下，没有基础货币供给和金融系统信用供给的快速扩张，投资主导的经济增长模式就是无本之木、无源之水，难以维系。

2. 产能和资产对应债务，实体经济层面的产能和资产规模不断扩大对应着货币和金融层面的债务规模不断膨胀。2010年后工业产能和不动产等资产过剩恶化与存量债务压力加剧是制约我国经济中期稳定和增长的重要问题。

3. 资产价值对应货币，实体经济层面的资产价值变动对应广义货币供给的变动。大类资产价格是一国经济和金融稳定的重要堤坝，而中长期大类资产价格和货币供应量的变动趋势关系密切。当货币供给增长在基础货币供应机制和信用创造两方面遇到瓶颈，这就意味着我国货币金融体系需要调整以适应新周期。

在三重对应关系中，货币金融居于极其重要的地位。在过去10余年，我国货币金融的扩张既依赖于外汇占款主导的基础货币发行机制，也依赖于"大"政府主导下金融部门信用供给和非金融部门信贷需求的扩张。

2011年后，外汇占款机制由盛转衰，人民币基础货币发行机制转型成为日益迫切的大事。基础货币发行机制转型就意味着央行借以调整其资产负债表扩张的主渠道发生转变，从国外资产下的外汇资产渠道转向主要依赖对其他存款性公司债权等国内资产渠道。发行机制的转型涉及货币政策工具和货币政策传导机制的完善、利率和汇率市场化、资本项目开放和人民币国际化、债券等金融市场发展和国际化，以及货币政策独立性等方方面面的问题。毫无疑问，基础货币发行机制转型需要发展规模更大、品种更丰富、参与者类型更多元化、更加国际化的金融市场，特别是境内债券市场和离岸人民币市场等。

如何妥善化解债务难题是当下中国经济最为核心的问题之一，我国经济终将步入债务去杠杆进程。通胀率、融资利率、经济增长率、债务违约率、新增债务增速等因素对一国或地区整体债务杠杆影响巨大。通过建立一个动态的债务去杠杆分析模型，我们发现"较低的利率（或融资成本）、温和通胀和较快经济增长"主导的去杠杆是各类债务去杠杆进程中最为平稳的路径。中期看，虽然收益率仍存在阶段性反复，但债券等人民币固定收益市场仍存在较为确定的机会。

长期升值的人民币汇率已经成为国内资产价格、人民币国际化等的重要堤坝。2015年以及之后数年，人民币和人民币汇率何处去将对我国金融市场走势产生更大影响，甚至在相当程度上将成为左右中国经济未来路径的关键变量。人民币还是正朝着国际货币方向努力的、具备有限的次中心货币特征的外围货币。人民币国际化有利于人民币成为名副其实的次中心货币，但距离典型的中心货币目前仍然不可望、不可即。当下对中国经济最为关键的是：妥善化解"旧格局"下遗留的高债务等重重难题，通过改革为"新周期"释放足够的制度红利，推动中国和人民币在"新周期"中成为名副其实的次中心国家和次中心货币。大幅贬值固然不可取，但人民币也没必要始终充当全球汇率第一或者第二坚挺的大国货币。应着眼于上述大局，聚焦稳定国内经济中长期的基本面，在保持汇率不失控的基础上双向波动并择机阶段性适当贬值，为国内改革争取时间和空间。

海伦·瑞（Helene Rey）提出全球资本流动、资产价格和信贷增速存在一个明确的金融周期。按照笔者的理解，在全球金融大周期的上升阶段，国际资本从主导货币国等流出的规模上升，国际银行业的信贷活动更为积极，杠杆率和资产价格攀升；在全球金融大周期的下降阶段，国际资本流动规模收缩，信贷增速放缓并且与之相关的众多资产价格下降。因此，可以说，"旧格局"下的黄金时期近似于大周期的上升阶段，"旧格局"瓦解、"新周期"出现并主导的时期则处于大周期的下降阶段。不管是否乐意，我们首先需要面对的是现实，然后才能因势利导、趋利避害。

经济和金融是一个复杂的系统，仁者见仁、智者见智，需要不断探索。本书是笔者对这个复杂系统认真求索的过程，而探索求知的旅程没有终点，有的只是不断进步。

在本书的撰写过程中，得到了很多师长和领导的帮助。在此衷心感谢高坚教授（国家开发银行原副行长）对本书的大力支持，非常感谢于学军先生（国有重点金融机构监事会主席）、管涛先生（国家外汇管理局国际收支司司长）、张懿宸先生（中信资本董事长兼首席执行官）、曹彤先生（微众银行行长）对本书的肯定和鼎力推荐，十分感谢房四海先生、李蓓女士、刘海影先生、孟原先生、莫泰山先生、缪子美女士、彭文生先生、孙涛先生、唐毅亭先生、王家春先生、薛澜女士、徐小庆先生、杨爱斌先生、张晓朴先生和张智威先生对本书的精彩点评和大力推荐（以上排名按音序排列）。特别感谢中信资本董事总经理丁学兵先生，本书的许多想法直接或间接源自丁先生多年以来的指点和启发。最后，感谢中信资本总裁张海涛先生、中国金融期货交易所副总经理戎志平先生等对笔者完成本书的帮助和支持。